Международная академия каббалы

# В ПОИСКАХ СЧАСТЬЯ

каббалистические очерки

В поисках счастья.–
Издательская группа «Каббала сегодня», 2024 год. – 292 с.

V poiskah schastya.–
Publishing Group «Kabbalah segodnya», 2024. – 292 pages.

ISBN 978-965-7065-56-3
DANACODE 760-8

Летом 1940 года, когда европейская бойня уже разгоралась, в Иерусалиме произошло событие, значение которого тогда некому было оценить. Впервые каббалист обратился к людям через газету с ясным посланием. Это был Бааль Сулам – величайший каббалист нашего времени.

Потребовалось целых 67 лет, чтобы его газета «Народ» была продолжена. Сегодня она выходит под разными названиями во многих странах и на разных языках.

По следам ее публикаций написана эта книга. Она несет послание каббалы и рассказывает о том, без чего миру сегодня не обойтись: об истории, о современности, о будущем, о вечности и совершенстве, и, конечно, о счастье.

ISBN 978-965-7065-56-3
DANACODE 760-8

# Оглавление

Предисловие ................................................................................... 9

## ЧАСТЬ ПЕРВАЯ
## От замысла к действию

Глава 1. До начала творения ......................................................... 13
    «Древо жизни» АРИ ................................................................ 13

Глава 2. Механика творения ......................................................... 15
    Четыре стадии прямого света .................................................. 15

Глава 3. Взаимоотношения с Творцом ........................................ 18
    Сказка о печальном волшебнике ............................................ 18
    Навстречу Творцу ..................................................................... 28

Глава 4. Эволюция души ............................................................... 29
    Тайны перевоплощений ........................................................... 29
    Как больше не перевоплощаться ............................................ 34

Глава 5. Родиться духовно ............................................................ 35
    Решимо *(духовный ген)* ......................................................... 35
    Путешествие в душу человека *(фрагмент сценария)* .......... 39
    Духовное рождение .................................................................. 41

## ЧАСТЬ ВТОРАЯ
## Великие каббалисты

Глава 1. Адам – первый каббалист ............................................... 47

Глава 2. Авраам ............................................................................... 48

Глава 3. Моше ................................................................................. 50

Глава 4. Гилель ................................................................................ 51

Глава 5. Рабби Акива ...................................................................... 55

Глава 6. Рабби Шимон Бар Йохай (РАШБИ) ............................. 58

Глава 7. Рабби Ицхак Лурия Ашкенази (АРИ) ........................... 62

Глава 8. Хаим Виталь ..................................................................... 65

Глава 9. Рабби Исраэль бен Элиэзер (Бааль Шем Тов) ............. 68

Глава 10. Рав Моше Хаим Луцатто (РАМХАЛЬ) ....................... 72

Глава 11. Рабби Шалом Шараби (РАШАШ) ...................................................... 74

Глава 12. Рабби Менахем-Мендл из Коцка ..................................................... 79

Глава 13. Рав Авраам Ицхак Коэн Кук ............................................................. 83

Глава 14. Рав Йегуда Ашлаг (Бааль Сулам) ..................................................... 85
    Лестница в небо ............................................................................................ 85
    Из Бааль Сулама ............................................................................................ 89
    Из писем и дневников Бен-Гуриона ............................................................ 90
    Понять – значит ощутить ............................................................................. 91
    Пророчество (1926 год) ................................................................................ 93

Глава 15. Рав Барух Шалом Леви Ашлаг (РАБАШ) ...................................... 97

## ЧАСТЬ ТРЕТЬЯ
## Методика постижения

Глава 1. Носители духовной информации .................................................... 103
    Немного истории ......................................................................................... 103
    Вавилонская башня, последний ярус ........................................................ 103
    Контуры ........................................................................................................ 105
    Секретное средство ..................................................................................... 106
    «Знание – сила» ............................................................................................ 109

Глава 2. Каббалистическая книга ................................................................... 113
    Волшебный мир книги ................................................................................ 113
    Прикоснуться к «Зоар» ............................................................................... 114
    Эликсир жизни ............................................................................................. 119
    Тайны Торы .................................................................................................. 121

Глава 3. Как это работает ................................................................................. 123
    Подарок ........................................................................................................ 123
    Постижение высших миров ....................................................................... 124
    Построй себя сам ........................................................................................ 125
    Блог виртуального книгочея ..................................................................... 128
    Послесловие ................................................................................................ 130

## ЧАСТЬ ЧЕТВЕРТАЯ
## Носители методики

Глава 1. Возникновение народа ...................................................................... 133
    Духовное воспитание ................................................................................. 133
    Известная цель ............................................................................................ 136

Глава 2. Предназначение ... 139
    Пророк в своем отечестве ... 139
    Это состояние души ... 142
    Репортаж из будущего ... 146

Глава 3. Основа народа ... 149
    Преодолеть разногласия ... 149
    С уклоном в эгоизм ... 152
    Прислушаться к Ахмадинежаду ... 156

Глава 4. От внешнего к внутреннему ... 159
    Сквозь внешнее к внутреннему ... 159
    Углубляясь вверх ... 164
    Поступь мироздания ... 167

Глава 5. Израиль ... 170
    Каббалистическая география ... 170
    Изгнание и освобождение ... 173
    Нельзя никого обвинять ... 175

Глава 6. Путь к единству ... 179
    К читателю ... 179
    Война за мир ... 179
    Израиль – 2007 ... 181

## ЧАСТЬ ПЯТАЯ
## Ступени духовного развития

Глава 1. Рош а-Шана ... 187
    С Новым годом, с новым счастьем! ... 187
    Точка отсчета ... 189

Глава 2. Йом Кипур ... 193

Глава 3. Тайна Суккота ... 195

Глава 4. Ханука – праздник света ... 197
    Духовное противостояние ... 197
    Остановка ради исправления ... 201

Глава 5. Ту би Шват ... 204
    Праздник каббалистов ... 204
    Вырасти духовно ... 205

Глава 6. Пурим ... 207

  Пурим! Раскрытие скрытого ............................................................. 207
  Праздники Ханука и Пурим ........................................................... 210
  Каббалистический словарь Пурима ............................................ 211

Глава 7. Песах ............................................................................................. 216
  Пасхальное сказание .......................................................................... 216
  Прислушаться к Моше ....................................................................... 221

Глава 8. Лаг ба Омер ................................................................................. 223
  Лестница к свету ................................................................................. 223
  Главный отсчет ..................................................................................... 224

Глава 9. Шавуот ......................................................................................... 227
  Ночь невесты ....................................................................................... 227

Глава 10. Девятое Ава .............................................................................. 230
  Разрушение и созидание ................................................................... 230

## ЧАСТЬ ШЕСТАЯ
## Человечество

Глава 1. Неоспоримая правота природы ........................................... 235
  Единое поле ........................................................................................... 235
  Закон ........................................................................................................ 237
  Гармония природы .............................................................................. 238
  Река жизни ............................................................................................. 239

Глава 2. Мужчина и женщина ................................................................ 242
  Еще раз о любви .................................................................................. 242
  Врозь и вместе ..................................................................................... 244
  Отпечаток души ................................................................................... 245

Глава 3. К проблеме здоровья человека ............................................ 249
  Записки практикующего врача ...................................................... 249
  Натиск пустоты .................................................................................... 250
  Риталин и заблудшая душа ............................................................. 254

Глава 4. Экономика в призме каббалы ............................................... 258
  Природе вопреки ................................................................................. 258
  Дракон поднимает голову ................................................................ 263

Глава 5. Восприятие реальности .......................................................... 266
  Перевернутый мир .............................................................................. 266
  Где живут НЛО ..................................................................................... 266
  Реальность реальности .................................................................... 269

## ВМЕСТО ЭПИЛОГА
Секрет счастья ........................................................................................ 273

## ОТ ИЗДАТЕЛЯ
Международная академия каббалы .................................................. 279
Аннотации к книгам М. Лайтмана ..................................................... 283
Центры изучения каббалы ................................................................. 290

---

**На страницах нашей книги вы найдете особые примечания, обозначенные четырьмя видами значков:**

**ПОНЯТИЕ**
Под этим значком мы приготовили для вас основные понятия науки каббала.

**ОПРЕДЕЛЕНИЕ**
Под этим значком находятся определения, объясняющие каббалистическую терминологию.

 **ЦИТАТА**
Под этим значком вы найдете высказывания каббалистов, мыслителей и ученых.

 **НЕИЗВЕСТНОЕ ОБ ИЗВЕСТНОМ**
Под этим значком приведены малоизвестные сведения о широко известных фактах.

*Идущий по лабиринту не знает, по какой тропинке идет, но дошедший и уже находящийся в конечном пункте может сказать, по какому пути идти. Кто поверит – дойдет, не поверит – заблудится.*

*Рамхаль, «Путь праведных»*

# Предисловие

Взрослея, человек не просто растет – он расширяет свой кругозор и понимание жизни. С годами мы замечаем то, что раньше ускользало от нашего взгляда, и связываем все явления в органическую картину, в единый узор.

Точно так же должно повзрослеть и человечество в целом. До сих пор оно распространялось вширь, завоевывая жизненное пространство и удовлетворяя нарастающие потребности. Однако ему так и не удалось прийти к согласию, сформировать общий взгляд на мир, составить целостную картину и найти универсальный подход к проблемам, которые множатся день ото дня.

В наш век скоростей, когда даже рекламная пауза не оставляет времени на раздумья, легко проскочить мимо главного в тщетной погоне за мимолетными наваждениями. Нас обдает жаром «Ледникового периода», по небосклону проносятся светила, выпущенные «Фабрикой звезд», на наших глазах простые няньки «выходят в дамки», а невзрачные золушки за каких-то двести серий отыскивают принца своей мечты.

На этом фоне трудно представить себе процессы, которые начались не на прошлой неделе и закончатся не завтра. Однако именно от них зависит наша жизнь – не экранная, а реальная.

Понимание глубинных причин происходящего, глобальный взгляд на действительность – вот что отличает науку каббала. За тысячи лет существования ей ни разу не приходилось отступать перед неведомым или пересматривать ошибочные концепции. Напротив, благодаря системному подходу она всегда смотрела в будущее и готовила решения проблем, которые назревали на пути человечества.

Сегодня каббала несет миру простое послание: **нынешние проблемы можно решить только вместе.** Они не случайны, и отмахиваться от них нельзя. Более того, если мы правильно воспользуемся создавшейся ситуацией, наша жизнь вольется в новое, счастливое русло – ведь мы будем управлять ею по науке, а не по наитию.

Материалы этой книги не только познакомят вас с древней мудростью, но и дадут ключ к пониманию современного мира. Поток информации перестанет неудержимо проноситься сквозь ваше сознание, вы научитесь выделять из него главное и откладывать в сторону второстепенное.

Люди, постигающие фундаментальные законы природы, получают в свои руки мощнейшие механизмы развития и процветания. Они не враждуют, а сотрудничают, их действия трезвы и дальновидны, их объединяет одна цель и общее ви́дение. Так рождается лучшее будущее, без схваток и мучений, с согласия всех и каждого.

Главное помнить: завтра начинается не в полночь, а сейчас.

# ЧАСТЬ ПЕРВАЯ

От замысла к действию

# Глава 1
# До начала творения

*«Вначале», то есть до начала творения, существовал только Творец. Его самого мы никак иначе назвать не можем, потому что любое имя говорит о постижении объекта. А поскольку в Нем самом мы постигаем только то, что Он сотворил нас, мы можем назвать Его только Творцом, Создателем.*

*От Творца исходит свет – это желание Творца породить создание и дать ему ощущение наслаждения Собою. И только по этому свойству света, исходящего от Творца, мы можем судить о самом Творце.*

## «Древо жизни» АРИ

Обладая абсолютным знанием о происхождении мироздания, каббалисты разных времен оставили «свидетельские» описания процесса творения. Наиболее подробным и понятным, а не аллегорическим, иносказательным, как это принято у большинства каббалистов, языком об этом пишет АРИ – один из величайших каббалистов в истории человечества.

*Знай, до начала творения был лишь Высший,*
*Все собой заполняющий свет,*
*И не было свободного, незаполненного пространства –*
*Лишь бесконечный, ровный свет все собой заливал.*

*И когда решил Он сотворить миры и создания, их населяющие,*
*Этим раскрыв совершенство Свое,*
*Что явилось причиной творения миров,*

*Сократил себя Он в точке центральной своей –*
*И сжался свет, и удалился,*
*Оставив свободное, ничем не заполненное пространство.*
*И равномерным было сжатие света вокруг центральной точки,*

*Так, что место пустое форму окружности приобрело,
Поскольку таковым было сокращение света.*

*И вот после сжатия этого
В центре заполненного светом пространства
Образовалась круглая пустота, лишь тогда
Появилось место, где могут создания и творения существовать.*

*И вот, протянулся от бесконечного света луч прямой,
Сверху вниз спустился, внутрь пространства пустого того.
Протянулся, спускаясь по лучу, свет бесконечный вниз,
И в пространстве пустом том сотворил все совершенно миры.*

*Прежде этих миров был Бесконечный,
В совершенстве настолько прекрасном своем,
Что нет сил у созданий постичь совершенство Его –
Ведь не может созданный разум достигнуть Его.
Ведь нет Ему места, границы и времени.*

*И лучом спустился свет
К мирам, в черном пространстве пустом находящимся.
И круг каждый от каждого мира,
И близкие к свету – важны,
Пока не находим мир материи наш в точке центральной,
Внутри всех окружностей, в центре зияющей пустоты.*

*И так удален от Бесконечного – далее всех миров,
потому материально так окончательно низок –
Ведь внутри окружностей всех находится он –
В самом центре зияющей пустоты.*

С сокрытия Творца началось создание творения. Сократившись, свет создал все миры, и в их центре – мир, в котором мы живем. Всего лишь маленькая искра бесконечного духовного света проникла в материальное пространство, создав Вселенную и нас с вами. Этот процесс и описывал АРИ в своем стихотворении.

**МИР**

Слово олам (мир) имеет тот же корень, что и слово алама (скрытие). Мир, строго говоря, не является творением. Это система, за которой скрывается Творец.

# Глава 2
# Механика творения

*Не в состоянии человек полностью познать мироздание и себя в нем без полного представления о цели творения, акте творения, о всех стадиях развития вплоть до конца творения. А поскольку человек исследует мир только изнутри, то в состоянии исследовать лишь ту часть своего существования, которая осознается им.*

## Четыре стадии прямого света

О Творце нам известно лишь то, что у Него есть желание сотворить нас и наполнить наслаждением. Поэтому мы сами и все, что нас окружает, включая духовные миры, – это лишь различные величины желания получить наслаждение. Желание Творца создать творение и наполнить его наслаждением, светом (ивр. – ор), называется Кетер. В этой стадии, как в зерне, или зародыше, заключено все последующее творение от начала и до конца, все отношение Творца к будущему творению – замысел всего творения.

> **ТВОРЕНИЕ**
> 
> Творец (Высшая сила) создал творение в виде желания получить все то благо и изобилие, которое Он хочет дать. Желание творения направлено лишь на получение, и этим оно противоположно Творцу.

Все последующие процессы являются лишь осуществлением этого замысла. Развитие происходит сверху вниз, при этом каждая предыдущая стадия находится «выше», чем последующая, то есть она включает в себя все последующие, которые являются ее развитием.

Кетер порождает творение, которое условно можно представить в виде кли (сосуда), готового принять наслаждение. Желание получить наслаждение – кли – называется «сущее из ничего», то есть Творец создал его из «ничего», так как у Него не может быть даже тени желания получать.

Эта стадия развития называется Хохма. В стадии Хохма кли переполнено блаженством от заполняющего его света, называемого свет хохма.

Именно это желание – кли – и является собственно творением. Далее во всем мироздании существуют только его варианты: насладиться от получения, или от отдачи, либо смешение этих двух желаний.

В состоянии абсолютного наполнения кли не ощущает себя – оно растворено в море света, и каждая, даже мельчайшая его частица, наслаждается,

желая лишь оставаться в покое. Как не видны стенки чистого прозрачного стакана, в который налито молоко, так не виден духовный сосуд в стадии Хохма.

Но, ощущая полное наслаждение светом, кли, одновременно с этим, приобретает его свойство – желание отдавать, наслаждать. Вследствие этого кли из получающего наслаждение превращается в желающего отдавать, и поэтому перестает получать свет.

Поскольку в кли возникает новое, противоположное предыдущему, желание, оно переходит в новое состояние, которое называется стадией Бина. Наслаждение от добровольного отказа получать свет хохма называется свет хасадим.

Бина – это первое самостоятельное желание творения. В этой стадии впервые проявилось желание отдавать. Желание это возникло под влиянием света, полученного от Творца, и было заложено еще в замысле творения. Но самим кли это желание ощущается как его личное, самостоятельное. Так же наши желания: все они нисходят свыше, от Творца, но мы считаем их своими собственными.

Ощутив желание отдавать, противоположное желанию получать, кли перестает ощущать наслаждение от получения, перестает ощущать свет как наслаждение, – свет как бы покидает его, и оно остается пустым.

Итак, кли перестало получать свет. Однако свет продолжает взаимодействовать с кли и «говорит» ему, что, отказываясь принимать свет, оно тем самым не выполняет цель творения, не выполняет желание Творца. Кли анализирует эту информацию и приходит к выводу, что действительно не выполняет желание Творца, который хочет, чтобы оно наслаждалось светом. Кроме того, кли чувствует, что свет является жизненной силой, и что оно не может жить без него.

**ЦЕЛЬ ТВОРЕНИЯ**
Привести творение к такому состоянию, когда оно станет равным Творцу в свойствах отдачи и любви.

Поэтому кли, желая по-прежнему отдавать, решает все же начать получать хоть какую-то, жизненно необходимую, порцию света.

Получается, что кли соглашается принять свет по двум причинам: первая – из-за того, что оно хочет выполнить желание Творца, и эта причина является главной; вторая причина – это ощущение того, что оно действительно не может жить без света.

Таким образом, небольшое желание получать и преобладающее желание отдавать, создали третью стадию развития кли – Зеир Анпин.

Ощущая в себе два данных ему от рождения желания Зеир Анпин понял, что желание насладиться светом хохма естественнее, да и создан он таким образом, что каждая его «клеточка» желает насладиться лишь этим светом. То, что Бина предпочла другое наслаждение, близость к Творцу, было «противоестественно» – это Бина выбрала такой путь, а не он, Зеир Анпин.

> **МАЛХУТ**
> Фактически, Малхут и представляет собой все мироздание, потому что в ней царствует желание получить весь свет Творца.

Поэтому из двух желаний, с которыми он родился, Зеир Анпин выбирает одно – получать лишь свет хохма.

А поскольку это желание новое, то родился и новый объект – Малхут (царство желаний), так как именно на этой ступени кли приобрело свое собственное, изнутри идущее желание – насладиться всем светом, который дает Творец.

> **ЧЕТЫРЕ БОКАЛА ВИНА ПАСХАЛЬНОЙ ТРАПЕЗЫ**
> Бокал в каббале олицетворяет нашу возможность получить свет Творца. Каббалисты открыли, что единственным свойством Творца является любовь. Поэтому, если мы будем относиться друг к другу так же, как относится к нам Творец – с любовью, то будем подобны Ему. В мере нашего подобия Творцу мы можем получить Его свет.
> Почему же на пасхальной трапезе мы должны выпить четыре стакана вина, а не пять или три? Дело в том, что четыре бокала символизируют четыре этапа развития творения.

*Свет Творца пронизывает все творение, в том числе и наш мир, хотя никак нами не ощущается. Благодаря ему, творение, миры существуют, иначе бы не только остановилась жизнь, но исчез бы и сам материал, из которого они состоят. Этот оживляющий свет проявляет свое действие во всевозможных материальных одеяниях объектов и явлениях нашего мира перед нашими глазами.*

# Глава 3
# Взаимоотношения с Творцом

*Если человек вдруг почувствовал желание ощутить Творца, он сразу же должен осознать, что это не результат каких-либо его действий, а это Творец сделал навстречу ему шаг и хочет, чтобы человек почувствовал влечение, тягу к Нему.*

## Сказка о печальном волшебнике

Знаете ли Вы, почему сказки
рассказывают только старики?
Потому что сказка – это самое мудрое в мире!
Ведь все проходит,
и только истинные сказки остаются…
Сказка – это мудрость.

Чтобы рассказывать сказки,
надо очень много знать,
Необходимо видеть то, что не видно другим,
А для этого нужно долго жить.

Поэтому только старики умеют рассказывать сказки.
Как сказано в главной, древней и большой книге волшебств:
«Старец – это тот, кто обрел мудрость!»
А дети…
Они очень любят слушать сказки,
Потому что есть у них
Фантазия и ум думать обо всем,
А не только о том, что видят все.

И если ребенок вырос, но все же видит
То, чего не видят другие,
Он знает, что фантазия – это истина!
И остается ребенком, мудрым ребенком,
«Старцем, познавшим мудрость»,
Как сказано в большой древней книге волшебств –
книге «Зоар».

Глава 3. Взаимоотношения с Творцом

Жил-был волшебник.
Большой, особенный, красивый и очень-очень добрый...
Но он был один, и не было никого,
Кто был бы рядом с ним,
Не было никого, с кем бы мог он играть,
К кому мог обратиться,
Кто бы тоже обратил на него внимание,
С кем бы мог он поделиться всем,
Что есть у него.

Что же делать?..
Ведь так тоскливо быть одному!

Задумался он: «А что, если создам я камень,
Хотя бы очень маленький, но красивый?
Может, этого будет достаточно мне?
Я буду его гладить и чувствовать,
Что есть кто-то рядом со мной,
И тогда вдвоем нам будет хорошо,
Ведь так тоскливо быть одному…»

Сделал он «Чак!» своей волшебной палочкой,
И появился рядом с ним камень,
Точно такой, как задумал.
Глядит он на камень, обнимает его,
Но тот никак не отвечает, не двигается,
Даже если ударить камень или погладить его –
Он остается, как и был, бесчувственным!
Как же дружить с ним?

Начал пробовать волшебник делать еще камни,
Другие и разные,
Скалы и горы, земли и суши,
Земной шар, солнце и луну.
Заполнил камнями всю вселенную –
Но все они как один камень –
Нет от них никакого ответа.

И как прежде, он чувствует,
Как тоскливо быть одному…

Подумал волшебник:
«Может быть, вместо камня создам я растение –
Допустим, красивый цветок?
Я полью его водой,
Поставлю на воздух, на солнце,
Я буду ухаживать за ним –
Цветок будет радоваться,
И вместе нам будет хорошо,
Ведь очень тоскливо быть одному…»

Сделал он «Чак!» волшебной палочкой,
И появился перед ним цветок,
Точно такой, как хотел.

Начал он от радости танцевать перед ним,
А цветок не танцует, не кружится,
Почти не чувствует его.
Он реагирует только на то, что волшебник дает ему:
Когда волшебник поливает его – он оживает,
Не поливает – он умирает.
Но как можно так скупо отвечать такому доброму волшебнику,
Который готов отдать все свое сердце!.. Но некому…

Что же делать?..
Ведь так тоскливо быть одному!..

Начал волшебник создавать всякие растения,
Большие и малые, сады и леса, рощи и поля…
Но все они, как одно растение –
Никак не отвечают ему.
И по-прежнему очень тоскливо быть одному…

Думал волшебник, думал и придумал:
«А если я создам какое-нибудь животное?
Какое именно? – Лучше всего собаку. Да, собаку!
Такую маленькую, веселую, ласковую.

Я все время буду с ней играть,
Мы пойдем гулять, и моя собачка будет бегать
И впереди, и позади, и вокруг меня.
А когда я буду возвращаться домой, в свой замок,
Так вот, когда я буду возвращаться в наш замок,
Она уже заранее выбежит навстречу мне,
И так хорошо будет нам вместе,
Ведь так тоскливо быть одному!»

Сделал он «Чак!» своей палочкой,
И появилась рядом с ним собачка,
Точно как хотел.

Стал он заботиться о ней,
Давал кушать и пить, обнимал ее,
Мыл и водил гулять –
Все делал для нее...
Но любовь собачья...
Вся она только в том,
Чтобы быть рядом с ним,
Лежать у ног, ходить за ним.

Увидел волшебник с сожалением,
Что даже собака,
С которой он так хорошо играет,
Все-таки не способна вернуть ему ту любовь,
Которую он дает ей.

Она просто неспособна быть его другом,
Не способна оценить,
Что он делает для нее!
А ведь этого так желает волшебник!

Начал он создавать вокруг себя
Рыб и ящериц, птиц и животных –
Но стало только хуже:
Никто не понимает его,
И по-прежнему тоскливо ему одному...

Долго думал волшебник и понял:
«Настоящим другом может быть только тот,
Кто очень будет нуждаться во мне
И будет искать меня.
Это должен быть кто-то,
Кто сможет жить как я,
Кто все сможет делать как я,
Сможет любить как я,
Понимать как я.
Только тогда он поймет меня!

Но быть как я?.. ммм…
Кто же может быть таким, как я?
Чтобы оценил то, что я даю ему,
Чтобы смог ответить мне тем же,
Ведь и волшебник нуждается в любви.
Кто же может быть таким,
Чтобы вместе нам было хорошо,
Ведь так тоскливо быть одному!..»

Подумал волшебник:
«Может быть, это человек?
И, правда,… а вдруг именно он
Сможет стать близким и другом мне,
Сможет быть как я.
Только надо помочь ему в этом.
И тогда уж вместе нам будет хорошо,
Ведь так тоскливо быть одному!..

Но чтобы вместе было нам хорошо,
Он должен прежде ощутить,
Что значит быть одиноким, без меня,
Ощутить, как я… без него,
Насколько тоскливо быть одному!..»

Снова сделал волшебник «Чак!» –
И появилось далеко от него место,
И в нем – человек…

## Глава 3. Взаимоотношения с Творцом

Но человек настолько далек от волшебника,
Что даже не чувствует, что есть волшебник,
Который создал его и все для него:
Камни, растения, животных и птиц,
Дома и горы, поля и леса,
Луну и солнце, дождик и небо,
И еще много чего... весь мир...
Даже футбол и компьютер!
Все это есть у человека...

А вот волшебник так и остался один...
А как тоскливо быть одному!..
А человек... даже не подозревает,
Что существует волшебник,
Который создал его,
Который любит его,
Который ждет и зовет его:
«Эй, неужели ты не видишь меня?!
Ведь это я... я все тебе дал,
Ну, иди же ко мне!
Вдвоем нам будет так хорошо,
Ведь тоскливо быть одному!..»

Но как может человек, которому и так хорошо,
У которого есть даже футбол и компьютер,
Который не знаком с волшебником,

Вдруг пожелать найти его,
Познакомиться с ним,
Сблизиться и подружиться с ним,
Полюбить его, быть другом его,
Быть близким ему,
Так же сказать волшебнику:
«Эй!.. Волшебник!..
Иди ко мне,
вместе будет нам хорошо,
Ведь тоскливо
быть без тебя одному!..»

Ведь человек знаком лишь с такими, как он,
И только с тем, что находится вокруг,
Знает, что надо быть, как все:
Делать то, что делают все,
Говорить так, как говорят все,
Желать того, чего желают все.

Больших – не злить, красиво просить,
Дома – компьютер, в выходные – футбол,
И все, что хочет, есть у него,
И зачем ему вообще знать,
Что существует волшебник,
Которому тоскливо без него?..

Но волшебник – он добр и мудр,
Наблюдает он незаметно за человеком…

…И вот в особый час…
Тихо-тихо, медленно, осторожно
Делает…
«Чак!» своей палочкой,

И вот уже не может человек
Жить как прежде,
И ни футбол, ни компьютер теперь
Не в радость ему,
И хочет, и ищет он чего-то,
Еще не понимая, что это
Волшебник проник маленькой палочкой
В сердце его, говоря:

«Ну!.. Давай же,
Иди ко мне, вместе будет нам хорошо,
Ведь теперь и тебе тоскливо быть одному!..»

И волшебник – добрый и мудрый –
Вновь помогает ему:
Еще один только «Чак!» –
И человек уже ощущает,

Что есть где-то волшебный замок,
Полный всяких добрых чудес,
И сам волшебник ждет его там,
И только вместе будет им хорошо...

Но где этот замок?
Кто укажет мне путь к нему?
Как встретиться с волшебником?
Как найти мне его?

Постоянно в его сердце: «Чак!»... «Чак!»
И уже не может он ни есть и ни спать,
Везде видятся ему волшебники с замками,
И совсем уж не может быть один,
А вместе будет им так хорошо!..

Но чтобы стал человек как волшебник,
Мудрым, добрым, любящим, верным,
Он должен уметь делать все,
Что умеет делать волшебник,
Должен во всем быть похожим на него,
Но для этого «Чак!» уже не годится –
Этому человек должен сам научиться.

Но как?..

Поэтому волшебник незаметно... осторожно,
Медленно... нежно...
«чак – чак... чак – чак»...
Тихонько ведет человека
К большой древней книге волшебств,
книге «Зоар»...

А в ней все ответы на все-все,
Весь путь, как все делать,
Чтобы было, в конце концов, хорошо,
Сколько ж можно быть одному...

И человек торопится быстро-быстро
Пробраться в замок, встретиться с волшебником,
Встретиться с другом, быть рядом с ним,
Сказать ему: «Ну!..
Вместе нам будет так хорошо,
Ведь так плохо быть одному…»

Но вокруг замка высокая стена
И строгие стражники на ней,
И чем выше взбирается на стену человек,
Тем грубее отталкивают его,
Тем больнее падает он,
Обессилен и опустошен,
Кричит он волшебнику:
«Где же мудрость твоя,
Зачем мучаешь ты меня,
Зачем же звал ты меня к себе,
Потому что плохо тебе одному?
Зачем сделал ты так,
Что плохо мне без тебя?..»

Но… вдруг чувствует: «Ча…ак!» – и снова
Он стремится вперед, вверх по стене.
Обойти стражников, взобраться на стену,
Ворваться в закрытые ворота замка,
Найти своего волшебника…

И от всех ударов и неудач
Обретает он силу, упорство,
Мудрость.
Вдруг из разочарования растет желание…
Он учится сам делать все чудеса,
Которые делает волшебник,
Он сам учится создавать то,
Что мог только волшебник!

Из глубин неудач растет любовь,
И желает он больше всего и только одного:
Быть с волшебником, видеть его,
Все отдать ему, ничего не прося взамен.

Ведь только тогда будет ему хорошо,
И совсем невозможно быть одному!..

И когда уже вовсе не может без него,
Открываются сами большие врата,
И из замка навстречу ему
Спешит волшебник, говоря:
«Ну! Где же ты был! Иди ко мне!
Как нам будет теперь хорошо,
Ведь мы оба знаем, как плохо,
Как тоскливо быть одному!»

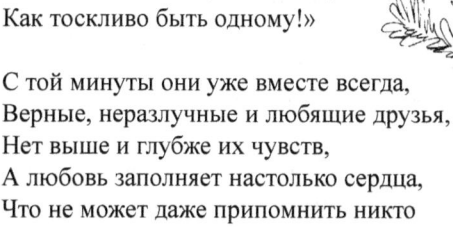

С той минуты они уже вместе всегда,
Верные, неразлучные и любящие друзья,
Нет выше и глубже их чувств,
А любовь заполняет настолько сердца,
Что не может даже припомнить никто
О том, как тоскливо быть одному!..

Если чувствует кто-то в сердце своем
Тихо-тихо: «…чак …чак»
(Прислушайтесь внимательно, каждый),
Что главное в жизни – встреча с волшебником,
Соединиться, слиться с ним,
Что только тогда будет Вам хорошо,
А пока так грустно и плохо…
Обратитесь к помощникам волшебника

*Мы ждем…*
*Ваши «Чак - чак»…*

*В начале пути Творец при каждом удобном случае обращается к человеку, вызывая в нем тоску и страдания по духовным ощущениям. Но каждый раз на данное человеку влечение Творец ждет такой же реакции со стороны самого человека. То есть, если человек понимает, что с той же силой чувств, с какой он хочет ощутить Творца, Творец хочет ощутить его, и пытается развить в себе эти чувства и усилить их, он тем самым движется навстречу Творцу, пока не соединяется с Ним по своим желаниям и свойствам.*

## Навстречу Творцу

Каким образом человек, созданный со свойствами абсолютного эгоизма, не ощущающий никаких желаний, кроме тех, которые диктует его тело, и даже не имеющий возможности представить себе нечто, кроме своих ощущений, может выйти из желаний своего тела и ощутить то, чего не в состоянии ощутить своими природными органами чувств?

Человек сотворен со стремлением наполнить свои эгоистические желания наслаждением, и в таких условиях у него нет никакой возможности изменить себя, свои свойства на противоположные.

Для того, чтобы создать такую возможность перехода от эгоизма к альтруизму, Творец, создав эгоизм, поместил в него зерно альтруизма, которое человек в состоянии сам взрастить с помощью изучения и действий методом каббалы.

Когда человек ощущает на себе диктующие требования своего тела, он не властен противостоять им, и все его мысли направлены только на их выполнение. В таком состоянии у него нет никакой свободы воли – не только действовать, но и думать о чем-либо, кроме самоудовлетворения.

Когда же человек ощущает прилив духовного возвышения, появляются желания духовного роста и отрыва от тянущих вниз желаний тела, он просто не ощущает желаний тела и не нуждается в праве выбора между материальным и духовным.

Таким образом, находясь в эгоизме, человек не имеет сил выбрать альтруизм, а, ощущая величие духовного, уже не стоит перед выбором, потому что сам его желает. Поэтому вся свобода воли состоит в выборе, кто же будет управлять им: эгоизм или альтруизм.

**РЕАЛЬНОСТЬ**
Все, что существует, состоит только из Творца, который дает, и творения, которое получает. Из Творца и творения. Дающего и получающего.

Поскольку первичное духовное создание, именуемое «общая душа», или «первый человек», было не в силах произвести такой переворот в своих замыслах при получении огромного наслаждения от Творца, оно разделилось на 600000 частей (душ). Каждая часть, каждая душа получает «нагрузку» в виде эгоизма, который должна исправить. Когда все части исправятся, они снова сольются в «общую исправленную душу». Такое состояние общей души называется концом исправления – «гмар тикун».

**ЦЕЛЬ ТВОРЕНИЯ**
Получение от Творца бесконечного, не ограниченного рамками эгоизма наслаждения.

Это подобно тому, как в нашем мире человек в состоянии удержать себя от кражи незначительной суммы денег, от небольшого наслаждения или из-за страха наказания, или стыда, но если наслаждение больше, чем все его силы сопротивления, то не в состоянии удержать себя.

*Поэтому, разделив душу на множество частей, и каждую часть – на множество последовательных стадий работы в виде многоразовых облачений в человеческие тела (гильгулим), и каждое состояние человека – на множество подъемов (алиет) и спусков (еридот) в желании изменить свою природу, Творец создал нам условия свободы воли для преодоления эгоизма.*

# Глава 4
# Эволюция души

## Тайны перевоплощений

### Умирать – не нужно

Испокон веков люди задумывались о смерти и перевоплощении души, но темы эти всегда были окутаны непроницаемой завесой тайны. Бесчисленные теории и вымыслы тщетно пытались объяснить нам то, что происходит за порогом смерти.

Каббалисты, исследующие полную картину мироздания, не воскресают, для того чтобы рассказать нам о происходящем в «будущем мире». Каббала говорит, что будущий мир – это мир духовный, следующая ступень в нашем развитии. И все каббалисты, одновременно ощущающие как наш, так и духовный мир, говорят об одном: для того чтобы ощутить духовный мир, не нужно умирать – наоборот, каждый из нас может и должен ощутить его уже при этой жизни. С этой целью каббалисты разработали методику, которая позволяет каждому взойти по духовным ступеням, совершив на этом пути чудесные открытия.

Вся наша жизнь, подобно спектаклю, расписана на сцены, и судьбоносным моментом в сценарии является встреча с наукой каббала. Именно тогда перед нами распахиваются ворота в духовный мир, и лишь с этого мгновения мы начинаем перевоплощаться, поднимаясь с одной ступени на другую – до самой вершины духовного развития. Ну, а перипетии прошедших тысячелетий были лишь чередой мизансцен, вереницей сменяющихся образов.

Сегодня мы приглашаем вас, дорогие читатели, в увлекательное путешествие – познав цель нашей жизни и многочисленных кругооборотов душ, прийти к прекрасному финалу этой великой пьесы.

**О жизни, смерти и бессмертии**

Вопросы о жизни и смерти никогда не оставляли человечество в покое. Сколько сил и времени было потрачено на поиск эликсира бессмертия. Средневековые алхимики искали философский камень, способный подарить вечную молодость. Современные ученые с той же целью ищут гены, отвечающие за продолжительность жизни. Религия веками использует идею бессмертия, обещая вечную жизнь в загробном мире. Паразитируя на страхе человека перед смертью, всевозможные маги и колдуны рисуют нам картины потустороннего мира, заставляя поверить в его существование и собственное могущество.

И мы верим или одним, или другим, или третьим. Верим, несмотря на то, что ни у кого из них не имеется ни единого реального доказательства существования загробного мира. Мы охотно смотрим телепередачи с участием людей, переживших клиническую смерть. Слушая их рассказы, мы надеемся, что они, все-таки, окажутся правдой. Ведь не может быть, чтобы смерть навсегда обрывала сознание, и человек – венец творения – превращался в простое ничто. Для чего ж тогда жить?

На самом деле, наша вера в бессмертие диктуется не просто страхом небытия. Она является частичкой нашей сути, нашего внутреннего «я». На этом, настолько глубинном, что даже не ощущаемом нами уровне, каждый из нас абсолютно точно знает, что жизнь вечна и не прерывается со смертью нашей биологической оболочки. Ведь каждый из нас уже много раз переживал состояние смерти и снова возвращался в этот мир. В каббале этот процесс называется кругооборотом душ.

**Зарождение души**

«Когда мы видим тела, сменяющиеся при переходе из поколения в поколение, – это касается лишь тел. Душа, являющаяся сутью тела, не исчезает в процессе замены тела, а переходит из одного тела в другое.

Таким образом, в нашем мире нет новых душ, которые обновлялись бы подобно тому, как обновляются тела. Есть лишь определенное количество душ, которые совершают кругообороты, облачаясь в следующем поколении в новое тело. Поэтому все поколения, от начала творения до конечного исправле-

## Глава 4. Эволюция души

ния, являются одним поколением, которое развивается в течение нескольких тысяч лет и достигает своего исправления» (Бааль Сулам, статья «Мир»).

Что же представляет собой душа, о которой говорит нам Бааль Сулам, и почему она должна исправляться?

Все началось с замысла Творца насладить созданное Им творение – но не просто наполнить его наслаждением, а сделать равным Себе. Однако свойство творения – получать наслаждение, а свойство Творца это наслаждение давать. Как же достичь равенства противоположностей? Для этого вместо желания получать наслаждение творение должно развить в себе желание отдавать подобно Творцу. Это и есть исправление. А поскольку созданное Творцом желание бесконечно по величине, то сразу исправить его невозможно. Поэтому его разделили на маленькие части, чтобы постепенно исправить каждую в отдельности.

Так общая душа творения, называемая Адам Ришон, разбилась на множество частичек-желаний. И для того чтобы стал возможен процесс исправления, Творец присоединил к ним искру желания отдавать, которая находится в нас в таком зачаточном состоянии, что совершенно не ощущается. Это даже не желание, а зародыш, в котором, как в генах, заложена программа нашего развития. В каббале его называют «решимо» – духовный ген. Это и есть та душа, которую каждый человек развивает в себе на протяжении многих кругооборотов.

Мы не ощущаем ее (согласно замыслу Творца), но именно она определяет все происходящее с нами в жизни. Плачем мы или смеемся, стремимся к знаниям или не спим ночами, мечтая прославиться, – все наши желания и ощущения определяются заложенной в душе программой нашего развития.

**Ступени развития**

В соответствии с этой программой, каждый из нас в своем нынешнем желании ощущает себя как биологическое тело, находящееся в материальном мире. Наши органы ощущений устроены так, что рисуют в мозгу именно такую картину. Когда нынешнее желание наполняется, накапливаются разочарования в бесплодных попытках удержать в нем ускользающее наслаждение – мы приобретаем определенный опыт, и наступает время перейти на другую, качественно новую ступень развития. Тогда ощущения в нашем желании пропадают, старое восприятие действительности исчезает, и мы умираем.

Это происходит потому, что желание нынешней ступени получило определенное наполнение, ведь желание – это всегда ощущение недостатка наполнения, а на новой ступени желание другое, поэтому старое нужно заменить. При этом все, что было приобретено на предыдущей ступени, переходит на новую, более высокую, в виде врожденных свойств.

Этот процесс очень хорошо виден на детях. Родившись с иным восприятием действительности, они, например, легко управляются с новейшими достижениями техники, тогда как люди старшего поколения разбираются в них с большим трудом.

При переходе со ступени на ступень у человека должна поменяться основа восприятия мира. Новый взгляд на вещи должен быть естественным – не приобретенным, а врожденным. От старых желаний, прежнего подхода к жизни не должно остаться и следа – тогда это будет действительно иная ступень развития.

Так мы проходим различные уровни желаний, переходя от стремления к телесным наслаждениям к желаниям славы, богатства, власти или знаний. Только пройдя все эти желания, наполнив их и разочаровавшись в наполнении, мы получаем возможность для раскрытия желания совершенно иного рода – зародыша души, стремления выйти за пределы нашего мира и вернуться в то наивысшее духовное состояние, когда мы были соединены в душе Адам Ришон.

**За жизнью жизнь**

Если человек не развивал свою душу в течение жизни и не вышел в ощущения духовного мира, то после смерти он почти ничего не чувствует. Тело с пятью органами чувств исчезает, ощущение этого мира пропадает и остается только зародыш души. Но много ли может ощутить зародыш? У него есть лишь слабое, неразборчивое ощущение некоего подобия существования.

Поэтому такой человек обязан совершить новый круговорот – соединиться с материальным телом, чтобы продолжить свое развитие. И пока он не постигает духовный мир, то есть не отождествляет себя с душой, а остается только в ощущениях своего материального, биологического тела, он снова и снова совершает круговороты...

Когда же человек перестает отождествлять себя только со своим телом и становится неотделим от духовного, от вечности, от души, он перестает ощущать, что жизнь материального тела является для него главной. Ведь в душе ощущение жизни намного более сильное, чем в органах ощущения тела. Материальная жизнь тогда воспринимается человеком лишь как незначительное дополнение.

Так, например, относится к жизни на растительном уровне тот, кто находится на уровне животном. Поэтому, состригая волосы или ногти, мы не испытываем никакого сожаления. Ведь наше тело находится на животном уровне, а волосы и ногти – на растительном, то есть более низком по отношению к нашему телу.

И когда человек поднимается в себе на уровень «человек», он начинает относиться к своему телу так же, как мы относимся к своим волосам. Расставаясь с телом, он не ощущает никакой потери и меняет его на новое, как мы меняем загрязнившуюся рубашку.

При этом он не испытывает никакого страха, не чувствует неудобства или затруднения. У него нет ощущения утраты. Теряя биологическое тело, он замечает, что начал ощущать немного меньше, чем прежде, но это не имеет для него никакого значения – настолько слабым и невыразительным является теряемое им ощущение.

Ощущение биологического тела необходимо человеку для духовного развития, но когда он завершает его, ощущение материального перестает играть какую бы то ни было роль. Выходя в ощущения духовного мира, человек видит, как меркнет все, что он чувствовал до сих пор, даже если это были самые сильные впечатления в его жизни. Каббалисты пишут, что все наслаждения этого мира, когда-либо испытанные всем человечеством за всю историю своего существования, в миллиарды раз меньше наслаждения самой маленькой духовной ступени.

**Последний кругооборот**

Нынешний кругооборот должен стать для нас последним кругооборотом без связи с вечностью. Достичь ее каждый из нас может уже в этой жизни. Тогда он перестанет ощущать, что расстается с жизнью, – наоборот, увидит, что смерти не существует, и будет чувствовать, что жизнь все больше наполняет его. Он начнет ощущать то, что раньше было недоступно, обнаружит, что живет в мире, намного большем и светлом, чем жил до сих пор.

Такие возможности предоставляет человеку наука каббала. Раскрывая новые горизонты и новые ощущения, она соединяет его с вечным жизненным потоком, выводит в бесконечный мир абсолютного наслаждения.

Когда человек попадет в этот мир, зависит только от него самого. Случайностей в нашей жизни не бывает.

## Как больше не перевоплощаться
*Статья рава Баруха Ашлага (РАБАШ)*

Какой ступени должен достигнуть человек, чтобы ему не нужно было перевоплощаться и снова возвращаться в этот мир?

В книге «Врата перевоплощений» великого АРИ сказано: «Каждый человек обязан перевоплощаться, пока не наполнит светом пять уровней своей души». Иными словами, каждый человек должен исправить только свою часть, достигнув корня своей души, и не более того. Так он выполнит свое предназначение.

Следует помнить, что все души происходят из общей души, называемой Адам Ришон. После прегрешения Адама эта душа разделилась на 600 000 душ, и единый свет, наполнявший ее в «райском саду», тоже разделился на множество частей.

Причина разделения общего света, наполнявшего душу Адама, на маленькие порции заключается в том, что после того как вследствие прегрешения перемешались Добро и Зло, у эгоистических сил появилась возможность получать энергию от света. И для того чтобы защититься от этого, общий свет разделился на такие маленькие порции, что эгоизм уже не мог за них уцепиться.

Существует притча о Царе, который хотел послать сыну в заморскую страну сундук с золотом и не мог никому довериться, потому что все его подданные были склонны к воровству. Тогда Царь разделил содержимое сундука на маленькие части, дав каждую из них отдельному посланнику. И оказалось, что каждый посланник получил настолько маленькую сумму, что из-за нее не стоило совершать преступление.

Таким же образом можно получить и весь Высший свет: разделить его на ничтожно маленькие порции, а затем с помощью многих душ в течение длительного времени очистить эти искры, упавшие во власть эгоизма вследствие греха Адама.

Наличие множества душ соответствует разделению света на множество внутренних светов. А причиной развития процесса исправления во времени стало появление из единого света множества окружающих внешних светов.

Внутренние света светят в настоящем, давая ощущение настоящего, а окружающие света светят в будущем, создавая нам ощущение будущего. Поэтому время – это чисто психологическое восприятие разницы между внутренним и внешним светами.

Частица за частицей во множестве душ накапливается общий большой свет, на уровне которого согрешил Адам, и когда он накопится, наступит состояние, называемое окончательным исправлением.

Получается, что каждый из нас рождается только с маленькой частицей души Адама. И когда человек исправляет свою частицу, ему не нужно больше перевоплощаться. Ведь только для исправления этой частицы он и рождается в нашем мире.

И следует помнить, что у каждого человека есть свобода выбора. Как сказано в Талмуде, еще до рождения человека решается, будет он сильным или слабым, умным или глупым, богатым или бедным, но вот будет ли он праведником или грешником – это не устанавливается.

Следовательно, человек не рождается праведником, он сам выбирает себе этот путь – каждый, согласно своим усилиям, очищает свое эгоистическое сердце и этим завершает возложенную на него работу. И ради этих праведников, «притягивающих» на себя Высший свет, существует мир.

# Глава 5
# Родиться духовно

## Решимо
*(духовный ген)*

Сегодня все знают, что есть такое понятие – ген. Говорят ребенку: «Нервный ты – в папу, а вот умный – в маму, деловой – в дедушку, хозяйственный – в бабушку». То есть все понимают, что в поведении ребенка большую, чуть ли не главную роль играют гены, которые он получил по наследству. Они помогают ему устраиваться, или не устраиваться в нашем мире.

Но мы поговорим сегодня о других генах – духовных. В каббале духовный ген называется «решимо» (мн.ч. – решимот), то есть запись, воспоминание о бывшем, исчезнувшем состоянии.

В решимо записан весь путь человека до его рождения и после, записан каждый его шаг, каждая мысль, которые ведут его к тому состоянию, что было в нем когда-то, было и исчезло.

А был он в состоянии полного слияния с Творцом, был он бесконечно наполнен светом, наслаждением. Тогда все человечество представляло собой единую душу. Но затем произошло разбиение этой единой души на многие частички, искорки. Высший свет исчез. И только благодаря записи, решимо, мы можем существовать сегодня в мире, в котором нет света Творца.

Решимот свернуты, как спираль, и они постоянно неотвратимо раскручиваются, раскрывая все новые и новые желания. Мы ощущаем их, как свои собственные, и тут же хотим реализовать, то есть наполнить наслаждением. Схема известная и очень простая: есть желание, а это значит, есть для чего жить, и мы торопимся наполнить его. Наполняем, наслаждаемся и нам уже срочно необходимо следующее желание, которое запускается с помощью решимо.

Вот так мы и бежим от одного решимо к другому. Смена решимот дает нам ощущение движения, времени, жизни.

Когда решимот медленно сменяют друг друга, мы начинаем испытывать депрессивные состояния, а если новые решимо не проявляются совсем, то человек умирает.

Получается, что мы абсолютно лишены свободы воли и вся наша жизнь – это ответ на требования решимот?

Да, на нашем земном уровне так оно и есть. И это происходит до тех пор, пока в одном из кругооборотов спираль решимот не раскрывает в нас качественно новое желание – желание того, чего мы сами не знаем, чего-то такого, чего нет в нашем мире, что находится за пределами пяти органов чувств. Нас вдруг начинает куда-то тянуть, но куда?!..

Вот так в нас раскрывается желание к духовному, или, другими словами, в нас проявляется некая маленькая точка, которая еще называется точкой в сердце. Эта точка напрямую связана с Творцом. Она ощущает Его, находится с Ним в постоянном диалоге, и вся задача человека состоит только в том, чтобы начать развивать эту точку, то есть начать «питать» ее, выращивать своими мыслями, направленными к духовному.

С этого момента мы перестаем существовать только в объеме нашего мира, то есть наших земных желаний. Мы как бы становимся на первую духовную ступень и начинаем свое истинное возвращение «домой», к тому великому, бесконечному наслаждению, которое было когда-то в нас, и запись о котором осталась в нашей духовной памяти.

Вот тогда-то в нас и возникает настоящая свобода воли. Мы уже не ждем, что решимот потянут нас за собой, мы не бежим за ними, лишенные воли и разума, а самостоятельно вызываем их в себе. Это становится возможным, потому что, контактируя с духовным, мы как бы приподнимаемся над решимот.

### РАЙ И АД

Наука каббала изучает только желания человека. Рай и ад – это различные состояния человека, которые он проходит, поднимаясь по духовным ступеням. Раем называется ощущение подобия свойствам Творца; адом — состояние противоположности этим свойствам.

Как сделать так, чтобы ускорить движение решимот? Есть только один способ это сделать: надо начать читать книги, написанные каббалистами – теми, кто уже постиг духовные миры. Они описывают нам наши будущие духовные состояния, ведь они уже прошли весь этот путь сами.

Читая их книги, мы как бы подтягиваемся к этим своим совершенным состояниям и тем самым вызываем на себя свет наших будущих ступеней. Этот свет возбуждает в нас решимо, которое тут же раскрывает нашу новую духовную ступень.

Вот так, читая книги, возбуждая в себе все новые и новые духовные желания, мы и двигаемся от решимо к решимо, со ступени на ступень, самостоятельно поднимаемся вверх, к Творцу.

Это ощущение несравнимо ни с какими наслаждениями нашего мира. Как проверить, что это правда? Очень просто – начать читать каббалистические книги.

### ЧТО ТАКОЕ ДУША?

Душа – это желание к тому, что находится выше нашего земного существования, возникающее в человеке на определенном этапе его развития. Поначалу это желание пробуждает глубинные вопросы о жизни, ее смысле и цели. В итоге своего развития, это желание приводит человека к встрече с наукой о постижении Высшего мира – с каббалой.

**ЧТО ПРОИСХОДИТ С НАМИ ПОСЛЕ СМЕРТИ?**

В момент смерти прерывается существование нашего физического тела. Если за время жизни нам удалось развить в себе душу, то мы продолжим в ней свое существование. Если же мы не развили душу, то снова окажемся в этом мире, в новом теле, в новом жизненном цикле.

### У КОГО ЕСТЬ ДУША?

Вопреки общепринятому мнению, душа есть не у всех. Душа – это особый орган чувств, в котором каббалист ощущает высшую совершенную управляющую силу – Творца, Его свойство абсолютной отдачи. Рождение души в человеке происходит под воздействием этой силы в результате занятий наукой каббала – методикой постижения Творца.

### ЧТО ТАКОЕ ПЕРЕВОПЛОЩЕНИЕ ДУШИ?

Перевоплощением души называются этапы осознанного ее развития под воздействием Высшей развивающей силы, воздействующей на душу в процессе изучения науки каббала. Каждое перевоплощение – это новое, более высокое состояние, которого достигает душа.

### ЧТО ПРОИСХОДИТ С ДУШОЙ, КОТОРАЯ НЕ УСПЕЛА ЗАВЕРШИТЬ ИСПРАВЛЕНИЕ?

Если человек уже обрел душу и вывел ее на одну из духовных ступеней, то на следующем жизненном витке он не должен все начинать заново. Его душа продолжит свое духовное развитие с того уровня, которого она достигла в предыдущем воплощении.

### МОЖЕТ ЛИ ЧЕЛОВЕК ПЕРЕВОПЛОТИТЬСЯ В ЖИВОТНОЕ?

Наперекор всем суевериям, душа никогда не облачается в неживые, растительные или животные объекты. Душа рождается только в человеке и только под воздействием Высшего света.

### ЖИВЕТ ЛИ КАББАЛИСТ ВЕЧНО?

Каббалист живет в нашем мире, пока может приносить пользу своему поколению. Он ощущает в телесных органах чувств наш мир, а в душе – Высший мир. Когда его миссия в нашем мире завершается, тело умирает. А поскольку он обладает вечной и совершенной душой, подобной Творцу, в ней каббалист и продолжает существовать в мире духовном.

### КТО МОЖЕТ РАССКАЗАТЬ, КЕМ Я БЫЛ В ПРОШЛОМ ПЕРЕВОПЛОЩЕНИИ?

Ни гадалки на кофейной гуще, ни мистики и хироманты не могут знать о том, что происходило с вами в прошлых перевоплощениях. Многие убеждены, что были когда-то сияющими монархами или прекрасными принцессами, однако, как правило, дело ограничивается пустыми фантазиями. Только подъем в духовный мир, осуществленный посредством каббалистической методики, позволяет человеку «окинуть взглядом» свои прошлые кругообороты и понять те причины, по которым он прожил каждый из них.

### КАК МНЕ НАЙТИ БЛИЗКУЮ ДУШУ, КОТОРАЯ СТАНЕТ ВЕРНЫМ СПУТНИКОМ ЖИЗНИ?

Выбирая спутника жизни, не стоит витать в облаках фантазий и заблуждений. Прислушиваясь к сердцу и трезво глядя на вещи, нужно выбирать партнера по жизни просто и здраво, стараясь найти как можно более похожего на себя.

# Глава 5. Родиться духовно

**И НАПОСЛЕДОК, ТРИ ВОПРОСА.
ПЕРЕДАЕТСЯ ЛИ ДУХОВНОСТЬ ПО НАСЛЕДСТВУ?
ВЫБИРАЕТ ЛИ НАША ДУША СВОИХ БУДУЩИХ РОДИТЕЛЕЙ В ЭТОМ МИРЕ?
МОЖНО ЛИ УСТАНОВИТЬ СВЯЗЬ С ДУШАМИ УМЕРШИХ ЛЮДЕЙ?**
И один короткий ответ: Нет!

## Путешествие в душу человека
*(фрагмент сценария)*

*До нисхождения по духовным ступеням наша душа является частью Творца, Его маленькой точкой. Эта точка называется корнем души.*

*Творец помещает душу в тело, чтобы, находясь в нем, она поднялась вместе с желаниями тела и вновь слилась с Творцом.*

**Представим себе, как мы, разместившись в специальной капсуле, въезжаем внутрь ощущений человека.**

Перед нами широкие зеленые поля – необъятные просторы человеческих желаний.

Постоянно то тут, то там появляется новая реклама: как получить удовольствие от всего на свете, даже от домашней работы, купив особое устройство.

Как увеличить наслаждение от еды, питья, секса, езды на машине, и даже в состоянии болезни насладиться процессом лечения.

Только об этом люди говорят, пишут, думают. Все заняты поиском источников наслаждения, бурят скважины, чтобы оттуда выкачивать его, как нефть из земли. Ученые тяжело работают в своих лабораториях, желая лучше узнать наш мир, чтобы человек меньше страдал и больше наслаждался.

Все думают, как за минимальные усилия получить максимум удовольствия, и ищут пути решения этой глобальной человеческой проблемы. Все пытаются выяснить друг у друга, как бы им прожить, где найти усладу, необходимую каждому, как глоток воздуха.

А когда все возможности исчерпаны, люди идут войной друг на друга – авось это принесет им дополнительные возможности насытить стремление к гордости и власти. Так наслаждение господствует над людьми.

---
✎ **ДУША**

Каждая душа – это часть единой мозаики под названием «общая душа» или «Адам Ришон». Лишь соединившись с остальными частями мозаики и дополнив общую картину, человек ощутит Высший свет, наполняющий его душу.

---

Лучшие умы раздумывают, как развить человечество до такой степени, чтобы никто не наслаждался за счет страданий другого. Весь мир в поисках: как бы получить максимум от всех, при этом ничем не поступаясь самому и, в то же время, не навлекая на себя возмездия, чтобы наслаждение «не вышло боком».

Из капсулы мы видим не внешнее одеяние, а само наслаждение – коробочки, на которых обозначено его качество и количество. Например: «Обменяю удовольствие от десятиминутного секса на удовольствие от десятиграммовой порции героина». В газетах и интернете помещаются только такие объявления, оголенные от внешней обертки и ненужных одеяний.

В судах обвиняются те, кто украл чужие наслаждения. В магазинах стоят продавцы наслаждений и покупатели, желающие их получить.

– Я считаю, – говорит продавец, – что эта кровать доставит вам больше удовольствия, чем вы готовы заплатить.

А покупатель с этим не согласен.

Прижавшись к иллюминатору, мы видим последствия регионального конфликта желаний: остались и выживают лишь те, кто умеет находить крупицу удовольствия среди руин сладострастия, в грудах разочарований.

Люди бродят по миру, летят в самолетах, кричат на всех углах только для того, чтобы обменяться наслаждениями.

В итоге мы видим, что весь мир как будто толпится у прилавка под вывеской «Люблю себя», и каждый выбирает то, что ему вдруг приглянулось в этот момент.

Так же ведут себя и животные: когда голодные – озираются в поисках добычи, когда сытые – лежат не двигаясь, когда время случки – не спят, бегают по улице, подчиняясь зову инстинкта, когда накал спадает – спокойны и ленивы.

> **РАЗВИТИЕ ДУШИ**
>
> Все знания и весь опыт, накопленные в каждом кругообороте, становятся врожденными качествами и наклонностями души в ее будущем перевоплощении. Наглядный пример тому – наши дети. Они легко усваивают современные знания и технологии, тогда как старшему поколению для этого требуется немало времени и усилий.

Смотрите: человек приходит к врачу и просит отключить ему центр сексуальных удовольствий, чтобы спокойнее жить. Он подсчитал, что страданий от этих стремлений больше, чем наслаждений. Стоит ли прилагать такие усилия, если наслаждения проходят в мгновение ока?

Перед нами мелькают всевозможные картины: ищут друг друга молекулы, элементы, люди – потому что в общем законе мироздания все сводится только к наполнению желаний.

Мироздание устроено очень просто, но именно эта простота и недоступна нашему осознанию. Есть только человек и Творец, который его создал.

> **КРУГООБОРОТЫ ДУШ**
>
> Душа с каждым кругооборотом продвигается от реализации одного желания к реализации следующего, пока не доходит до наибольшего из них – стремления к духовному. С этого момента человек и начинает выполнять свое предназначение – подъем на духовную ступень под названием «райский сад».

Человек ощущает Творца – а кого же еще? – закамуфлированного Творца, скрытого во всевозможных «одеяниях», в объектах нашего мира, от которых мы получаем наслаждение.

**Капсула поднимается, и ландшафт под нами принимает обманчиво мирный вид. Путешествие не прошло даром: теперь мы лучше понимаем себя самих и видим, что нам не поможет этот мир преходящих, торгующихся друг с другом желаний. Все их облачения нужны только для одного – чтобы мы потянулись к Тому, кого они скрывают, к Творцу всех желаний и всех наслаждений.**

## Духовное рождение

### Возможно ли это?

Нет ничего более удивительного в мире, чем рождение. Таинство рождения вдохновляет писателей, скульпторов и художников. Исследованием этой темы занимаются во всем мире множество ученых. Кажется, мы знаем о рождении все. Но это в нашем материальном мире.

А что происходит в духовном мире, как родиться там? И вообще, реально ли это?

## Тайна

Есть в нашем появлении в этом мире одно обстоятельство, о котором никто из нас даже не догадывается. Дело в том, что все человечество составляет один большой духовный объект – Адам Ришон. На определенном этапе Адам Ришон разделился на мелкие части – души. Но это не все. Разрыв связи между душами

привел к потере состояния совершенства и вечности, которое эта связь создавала. Вместо этого появилось состояние ограниченности, вместе с ощущением времени, места и движения. Совокупность этих ощущений представляет собой наш материальный мир.

## Духовный зародыш

Под властью ощущений материального мира человек даже представить себе не может, что существует что-то еще. От прежнего, совершенного состояния у него осталась лишь маленькая точка – решимо (запись, воспоминание). Подчиняясь внутренней программе, эта точка начинает пробуждаться и требовать наполнения. Человек пытается выполнить ее требование, но в нашем мире это невозможно. В итоге человек приходит к каббале, с помощью которой он может и должен духовно родиться.

**СКРЫТИЕ**

Абсолютное неощущение Творца. Следствие этого: неверие в Творца и в управление свыше, вера в свои силы, в силы природы, обстоятельств и случая. На этом этапе (духовном уровне) находится все человечество.

## Абсорбция

Изучая каббалу, человек постепенно приходит к состоянию, которое называется «три дня абсорбции семени» или «три линии» (правая, левая и средняя). Правая линия – ощущение высшего состояния альтруистической отдачи. Левая линия – эгоистическое получение ради себя. Средняя линия – совокупность первых двух состояний, находящихся под контролем человека.

Духовное рождение в корне отличается от рождения в нашем мире. Факт собственного рождения в нашем мире человек осознает лишь много времени спустя. Еще позже приходит понимание того, что от новорожденного не зависело ничего: он не выбирал родителей, ему неизвестно, будет он умным, красивым или...

Того, что с ним происходило до рождения – внутри матери, он тоже не знает и не понимает, а на вопрос, зачем он родился в этом мире, человек часто так и не получает ответа.

Рождение в духовном мире возможно лишь, если человек сам захочет этого.

### Рост зародыша

Затем запускается процесс, называемый «40 дней создания зародыша». Все разнообразие духовных желаний проявляется и оформляется в будущем духовном объекте – парцуфе. Этот процесс полностью контролируется парцуфом более высокой ступени, главное свойство которого – отдача. Основная задача растущего парцуфа – полностью принять на себя свойство отдачи, вместо своих эгоистических свойств. Это приводит к росту его органов – желаний.

### Созревание

Сорок дней включаются в этап под названием «9 лунных месяцев». Этот этап делится на три стадии, которые характеризуют законченные состояния духовного развития. На каждой стадии человек каждый раз заново работает с бóльшим уровнем эгоизма.

Девять месяцев также говорят о приобретении девяти сфирот (частей) будущей духовной конструкции – парцуфа.

### Выход в духовное

Полное созревание парцуфа характеризуется его готовностью к самостоятельному духовному развитию. Состояния, пройденные им за время созревания, не нужны на следующем этапе, и потому он «отрывается» от них. Это называется «переворот». Теперь, когда все органы-желания созданы, и все готово для дальнейшего самостоятельного развития, – высший парцуф выталкивает вновь созданный объект в духовный мир.

### Вскармливание и взросление

Следующие этапы – этапы развития и роста уже в духовном мире. Они характеризуются активным использованием желаний, которые были выключены во время созревания парцуфа. Сила Бины, которая называется «халав» (молоко), используется самим парцуфом для духовного роста. Этот этап называется «два года кормления».

Затем следуют этапы, которые называются: «13 лет», «20 лет», «70 лет» и «120 лет». Эти этапы отличаются один от другого нарастающим уровнем эгоизма (желания получать), который необходимо переводить на следующий уровень отдачи (желания отдавать).

---

**КОРОТКИЙ ПУТЬ В «РАЙСКИЙ САД»**

На пути к ощущению «райского сада» душа проходит множество кругооборотов. Обычно этот процесс занимает большое количество перевоплощений. Однако достичь совершенной ступени высшего наслаждения можно уже в течение этой жизни. Для того чтобы ускорить этот путь, и дается человеку наука каббала.

---

**P. S.**

В заключение мы предлагаем остановиться на минуту и оглянуться назад. Сделав это, мы можем заметить удивительную вещь — человечество пытается получить ответ на вопрос: в чем смысл жизни, и одновременно с этим каббалисты безуспешно пытаются помочь человечеству этот ответ получить. А ведь ответ, который они дают, очень прост: человек должен духовно родиться.

**Достаточно человеку маленькой точки в сердце, чтобы вернуться к Творцу.**

# ЧАСТЬ ВТОРАЯ

※

## Великие каббалисты

*Людей всегда интересовали тайны Вселенной. Многие из нас помнят, как в детстве смотрели ввысь и размышляли: «А что же находится там, за звездами?» Со временем этот вопрос у многих стушевался, но были и такие, которым нераскрытая тайна жизни не давала покоя еще многие годы. Такие не отступали и продолжали поиски.*

*Если мы откроем ранние каббалистические книги, то увидим, что первые каббалисты тоже занимались вопросами бытия, и было это более пяти тысяч лет назад. Уже тогда они писали, что действительность, предстающая перед нами, началась с маленькой искры духовной энергии, прорвавшейся в материальное пространство.*

*Так была создана Вселенная.*

# Глава 1
# Адам – первый каббалист

*(четвертое тысячелетие до н.э.)*

*Адам Ришон был первым, принявшим порядок знаний, достаточных для понимания и полного использования всего, что увидел и постиг.*

Человек живет в нашем мире и при этом ощущает природу не только нашего мира, но и природу высшего, духовного, мира. Адам был первым, кто ощутил природу обоих миров. Это произошло 5768 лет тому назад, в нулевом году по каббалистическому летоисчислению. Свои впечатления он описал в книге «Разиэль а-Малах» (Тайный Ангел) – первой книге по каббале. Читая эту книгу, дошедшую до нас в первозданном виде, изучая рисунки, схемы с его пояснениями, мы видим, что это был выдающийся каббалист, который поведал нам об основных тайнах мироздания. Он исследовал высший мир, где существует наша душа до нисхождения в этот мир.

**Адам не говорит нам о телах, которые рождаются в этом мире.** Он рассказывает нам о душах, которые должны будут пройти земной путь, спускаясь для облачения в тела, и что будет с ними происходить, когда они снова поднимутся к своему Источнику, то есть когда они – все вместе – соберутся в одну общую душу, уже на другом, более высоком уровне.

# Глава 2
# Авраам

*(на рубеже второго тысячелетия до н.э.)*

*Человек рождается, живет со своей семьей в определенном окружении и завершает жизнь не столь уж далеко от дома. Так происходит со всеми.*

*Но внезапно этот порядок вещей разрывается, и человек обнаруживает, что есть еще целый мир – духовный, вечный, совершенный. Каждый может приподняться над материальным существованием, ощутить эту духовность, как свою вечную духовную жизнь, и жить в двух сферах: в своем теле, что называется, в этом мире, в ощущении нашей реальности, и в своей душе – в ощущении духовного мира. Человек может жить в двух мирах.*

*Именно Авраам первым открыл это и преподнес людям в качестве методики духовного возвышения, методики правильной жизни.*

Древний Вавилон, третье тысячелетие до нашей эры. Относительно однообразную и вялую жизнь круто меняют события, которые переворачивают жизнь вавилонян.

Историки говорят, что созрели особые условия, каббалисты говорят иначе: согласно замыслу творения произошел взрыв эгоизма. Каждый сосредотачивается на своих личных нуждах и думает лишь о том, как удовлетворить собственные желания. Трения и конфликты раскалывают людей. Любовь уступает место ненависти. Вавилонская семья перестает быть семьей.

– Зачем же, – спросите вы, – надо было разрушать эту безмятежную жизнь вавилонян? Зачем?!

Лишь один человек знает ответ. И имя ему – Авраам.

Как и его соплеменники, он был идолопоклонником. Более того, его семья пользовалась известностью и уважением благодаря тому, что изготовляла и продавала фигурки божков, неплохо зарабатывая этим ремеслом. Вот такого человека Творец избирает стать «великим Авраамом».

Как настоящий учёный, он начинает исследовать реальность. Прибор, которым он пользуется, называется «душа». Именно этим прибором он раскрывает силу, которая управляет миром. На основе этого открытия он разрабатывает методику единения и любви и называет ее «наука каббала».

Авраам первым в истории обнаружил, что существуют лишь две формы отношения к реальности, в которой мы живем: или человек шаг за шагом постигает истинную высшую реальность во всех своих внутренних ощущениях, работая с возрастающим эгоизмом, или подчиняется его требованиям.

Методика Авраама была абсолютным новаторством и стала прорывом во всем, что касается восприятия человеком себя и окружающей действительности. Свои открытия он изложил в книге «Сефер Ецира» (Книга Создания).

Последовавшие за ним вавилоняне стали группой каббалистов. Эта группа разрослась настолько, что стала настоящим народом, который с течением времени превратился в народ Израиля, отличающийся от других лишь своей исторической миссией, ради которой и был создан. Эта миссия – реализация духовной методики Авраама.

*Авраам спросил у Творца: «Как я могу знать, что Ты спасешь моих потомков?» Иными словами: «Как я могу быть уверен, что мои дети смогут выйти из эгоизма путем Торы? Зачем им свет, если нет у них стремления к нему?» Ответ Творца: «В рабстве (Египетском изгнании) смогут они сравнить тяжкое бремя эгоизма с ощущением света».*

 **ЧТО ОЗНАЧАЕТ ИДОЛОПОКЛОНСТВО? ЧТО ТАКОЕ ИДОЛЫ?**

Идолы – это не языческие божки. «Идолы» – это мой эгоизм, которому я поклоняюсь. Я не обожествляю ветер, дождь, луну или солнце. Эти образы не являются для меня святыми. Святым для меня является лишь мой собственный эгоизм, мое «я», которое я должен удовлетворить. Желая насладиться, я наполняю свое желание, то есть «поклоняюсь» ему и живу в нем. Такое состояние в каббале называется неживым, ведь идолы безжизненны. Если же я хочу выйти на ступень «человек», то мне необходимо увидеть в себе безжизненность этих идолов и «разбить» их.

В свое время Авраам обнаружил, что, желая наслаждений ради себя, он на самом деле служит «идолам» – своей эгоистической природе – и покорно следует за ней, куда бы она его ни вела. Тогда он решил, что не может больше продвигаться этим ложным путем, и начал искать возможность выхода из-под власти эгоизма..

# Глава 3
# Моше

*(XIII век до н.э.)*

В первые годы пребывания в Египте евреи радуются. Они сыты, их положение прочно, их предводитель Йосеф – почитаемый человек и любимый министр у фараона. Они едины, будущее представляется им безоблачным. Однако у Высшей силы другие планы…

Эго пробуждается в них с новой силой, гораздо больше, чем в Вавилоне. Все свое усердие, ум, талант они направляют на то, чтобы использовать ближнего для получения ради себя.

Будущее, казавшееся столь светлым, моментально превращается в мрачную действительность.

Фараон вдруг ожесточается на них. Почему? Ведь они всё такие же прилежные слуги и работают на него, не покладая рук. На самом деле, здесь нет ничего личного. Указание из «Высшего командного пункта» заставляет его так поступить. Творец, скрытый режиссер этой напряженной сцены, тянет за ниточки и «отягощает» сердце фараона. У Творца есть своя программа: сыновья Израиля должны научиться хранить любовь между собой даже в стране, где правит огромное эго.

Итак, фараон давит. Эго растет. Невыносимые страдания заставляют народ взмолиться о лидере, который сумел бы вывести их из этого ужаса. Из темноты рабства поднимается и крепнет крик о помощи. И тогда на сцене истории появляется Моше – великий каббалист, единственный, способный на чудо.

**МОШЕ**

Желание обрести связь с Творцом называется в каббале «Моше» (от слова «лимшот» – вытягивать).

Моше открывается народу. Перед ним стоит невыполнимая задача. В Вавилоне один Авраам восстал против эгоизма, в Египте это должен сделать целый народ. Но как?

Моше пользуется той же методикой, что и Авраам, но только приспосабливает ее к новому всплеску эгоизма. Он ставит диагноз: тяжелые проблемы вызваны отсутствием единства между сыновьями Израиля; только любовь к ближнему может вывести их из рабства. Но как же полюбить, когда эго стало еще более черствым и жестоким, когда каждый опутан цепями эгоизма, как вырваться из-под власти фараона, как?!..

И вот начинается кропотливая работа, требующая огромных усилий Моше, – работа по возвращению народа к Творцу, к единственному свойству, которое отличало их от всех народов, свойству отдачи.

Проходит время, и любовь проникает в сердца сыновей Израиля. Они начинают слышать. С помощью Высшей силы Моше объединяет народ и увлекает его за собой. Единым сплоченным народом сыновья Израиля выходят из Египта. А оттуда уже проложен путь к горе Синай. Завершается второй этап развития.

# Глава 4
# Гилель
*(I век до н.э.)*

*Постигнув закономерность всего мироздания, он знал, что нам легче любить себя, но учил нас любить ближнего. Гилель возродил свет любви и показал нам дорогу к ней.*

«Делать, как Гилель» – это образец, точно соответствующий духовным корням. Дело в том, что Гилель, согласно особенностям корня своей души, постиг точное выполнение духовных действий и их выражение в материальной форме: в тексте, в словах, в примерах различного рода. Опираясь на эти материальные примеры и написанные слова, человек может понять и постичь их духовную суть, «делая, как Гилель».

**Начало пути**

С рассветом, в самом разгаре занятий иерусалимских каббалистов, первые лучи зимнего солнца пробирались к ним через маленькое окошко в крыше здания. Однако в эту субботу с наступлением утра мрак не рассеялся. Тогда Шмая, глава Синедриона, обратился к верховному судье: «Авталион, брат мой, каждый день помещение наполняется светом, а сегодня у нас темно...» (Вавилонский талмуд, трактат «Йома»).

Взглянув в окошко на потолке, они увидели чей-то неподвижный силуэт и поспешили на крышу. Там лежал совершенно окоченевший человек, покрытый одеялом выпавшего за ночь снега. Его сразу внесли в дом и окружили заботой. Обсохнув и согревшись, он пришел в себя и поведал свою историю.

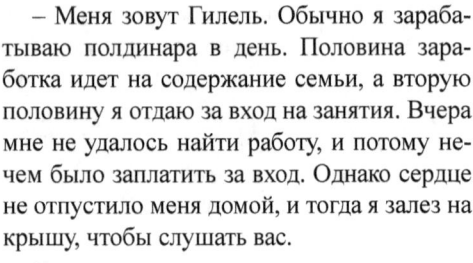

— Меня зовут Гилель. Обычно я зарабатываю полдинара в день. Половина заработка идет на содержание семьи, а вторую половину я отдаю за вход на занятия. Вчера мне не удалось найти работу, и потому нечем было заплатить за вход. Однако сердце не отпустило меня домой, и тогда я залез на крышу, чтобы слушать вас.

Так описывается начало духовного пути Гилеля, одного из величайших каббалистов всех поколений, прозванного «старейшиной».

### Повторение греха Вавилонской башни

Это было во времена Второго Храма, когда страной правил царь Ирод. Каббалистическая группа, основанная Авраамом на законе любви и ставшая впоследствии народом Израиля, вот уже несколько сот лет переживала духовное падение. Любовь к ближнему, оплот народа, таяла на глазах. Люди устремлялись в эгоистическую погоню за богатством, славой и властью, сан Великого Первосвященника превратился в политическую должность, и беспричинная ненависть разрушала наследие прежних времен.

*«Что ненавистно тебе, не делай другим».*

*— Гилель, трактат «Шаббат»*

Гилель был родом из Вавилона. Он пришел в землю Израиля, чтобы учиться, и спустя много лет, умудренный опытом, стал главой Синедриона. На его глазах повторялось то, что уже случилось в эпоху Вавилонской башни: эгоизм вновь вскружил людям голову и разобщил между собой. На это нельзя было смотреть безучастно, и Гилель стал действовать, подобно отцу, который с любовью и терпением объясняет ребенку, что нельзя совать руку в огонь.

*«Там, где нет людей, постарайся быть человеком».*

*— Гилель, трактат «Авот»*

### Навстречу совершенству

Гилеля прозвали «старейшиной» за его духовную мудрость, а не потому, что он прожил 120 лет. Он считается учителем всех мудрецов. Галаха, свод законов еврейского права, написана с его слов.

Термин «Галаха» происходит от слова «алиха», на иврите – ходьба, и согласно каббале подразумевает движение человека к Творцу. На этом пути он исправляет 613 эгоистических желаний своей души с помощью 613 духовных сил, или «светов». Эти внутренние исправления именуются в каббале «613 заповедями».

«Лишь тот старейшина, кто приобрел мудрость».

– *Гилель, трактат «Кидушин»*

Изучая Галаху, человек того времени мог прийти к совершенному состоянию, в котором все его желания, согласно воле Творца, обращены на любовь и всеобщее благо. Окунаясь в совершенство, человек ощущает то бесконечное изобилие, которое Творец дарует Своим творениям. Вот какой ступени достиг Гилель в своем духовном развитии.

Галаха – это комплекс законов, который называется «системой света хохма». «Хохма» на иврите – мудрость. Раскрывая систему мироздания, человек «обретает мудрость» и потому называется в каббале «старейшиной», «мудрецом».

Теперь, немного ознакомившись с источником мудрости Гилеля, мы сможем понять его известное изречение, знаменитое своей емкостью и лаконичностью.

**Свет, возвращающий к Источнику**

Однажды к Гилелю пришел чужеземец и попросил: «Научи меня всей Торе, пока я стою на одной ноге». Гилель не промедлил с ответом: «Что ненавистно тебе, не делай другим. В этом заключена вся Тора. Остальное – лишь толкования. Иди и учись» (Гилель, трактат «Шаббат»).

Гилель, будучи человеком, полностью познавшим тайны мироздания, знал, что ненависть ведет к разобщению, а любовь к единению. Пока над нами довлеет взаимная ненависть, мы разобщены также и с Творцом – Источником всех наслаждений. Гилелю было ясно, что мы по природе эгоисты и потому ближнего любить не в силах. Вместе с этим он знал, что существует особая сила, которая изменяет человеческое естество и позволяет нам перейти от ненависти к любви. Это и есть «свет, возвращающий к Источнику», который заложен в каббалистических книгах.

«Не говори ничего непонятного, надеясь, что, в конце концов, это будет понято».

– *Гилель, трактат «Авот»*

Развив пробудившееся в нем духовное желание, Гилель начал исследовать себя самого и окружающий мир. Тогда-то он и обнаружил, что свет обрисовывает перед человеком картину духовных сил, действующих в природе мироздания. С высоты альтруистического восприятия человек видит, как эти силы любви пронизывают все элементы творения связующими нитями. Каббалист чувствует себя интегральной частью совершенства, гармонии, которая объемлет всю природу непреходящей любовью. Он больше не желает делать другим людям то, что ему ненавистно, и начинает действительно любить их.

Этому Гилель хотел научить нас, и потому сказано: «Когда забылась Тора в Израиле, поднялась помощь из Вавилона (события Пурима) и утвердила ее. Когда снова забылась, поднялся Гилель-вавилонянин и утвердил ее» (Вавилонский талмуд, трактат «Сукка»).

Во времена Гилеля мудрецы знали, что цель занятий состоит лишь в одном: поднимать человека над его эгоистическим естеством и формировать в нем новую природу – природу любви и отдачи, подобную природе Творца. Они описали это так: «Я создал злое начало и создал Тору ему в приправу» (Мишна, трактат «Кидушин»).

Иными словами, заложенное в человеке злое начало, или эго, можно аннулировать лишь с помощью света, который ведет нас к любви. Духовное крушение следующих поколений и наступившее затем изгнание скрыли это от нас на две тысячи лет.

«Если не я себе – кто мне? А когда я себе – что я?»

– Гилель, трактат «Авот»

Единственное средство, которое позволит нам сегодня возродить «свет любви», – это каббала. А потому «каббалисты обязали каждого человека изучать науку каббала и однозначно констатировали тот факт, что наше освобождение зависит от повсеместного распространения ее знаний» (Бааль Сулам, «Предисловие к ТЭС»).

Наука каббала не читает нотаций – она объясняет, как устроена система, связывающая наши души нитями любви. Каббала пробуждает в человеке желание очутиться внутри этой системы, желание столь сильное, что в итоге оно сбывается. Человек поднимается на духовную ступень, в новое состояние, которое и называется «будущим миром». Причем сделать это нужно «здесь и сейчас», при жизни в нашем мире.

Нас ожидает «признание» в совершенной, вечной любви, ради которой мы и были созданы. Вот о чем говорил Гилель: «Если не я себе – кто мне? А когда я себе – что я? И если не сейчас, то когда?»

# Глава 5
# Рабби Акива
*(около 50–135)*

*Рабби Акива жил в I–II вв. нашей эры. Величайший каббалист и выдающийся учитель, вдохновитель восстания Бар Кохбы, он был не просто одной из ключевых фигур в жизни народа Израиля периода Второго Храма – он был человеком, открывшим миру закон любви.*

### Перемены

До 40 лет рабби Акива ничем не отличался от остальных людей своего поколения. Плывя по течению жизни, он не мог себе даже представить, что в один прекрасный день вся его жизнь совершенно изменится.

До наступления перелома в своей жизни рабби Акива был пастухом у известного иерусалимского богача Калба Савуа. Неожиданно, в возрасте 40 лет, в нем пробудилось совершенно непреодолимое желание постичь смысл жизни и познать законы духовного мира. В тот же период у него завязались отношения с дочерью Калба Савуа, Рахелью. Вскоре они поженились, вопреки воле ее отца.

Именно Рахель побудила рабби Акиву оставить родной дом и поехать в Лод изучать каббалу. В ее сердце не было и тени сомнения в том, что там ее муж найдет ответы на свои вопросы. Она взяла с него слово, что он не вернется домой, пока не постигнет законы Высшего мира. Так, при поддержке жены, начался духовный путь рабби Акивы.

Он учился у многих известных каббалистов того времени, постепенно превзошел своих учителей и вскоре стал самым выдающимся каббалистом поколения.

Школа, которую открыл рабби Акива, приобрела огромную популярность. В ней занимались 24 000 учеников, прибывших со всех концов страны.

### Общий закон мироздания

В разных источниках рассказывается, что среди учеников рабби Акивы царила атмосфера братской любви, и причина этого крылась в его уникальном учении. Природа (числовое значение этого слова на иврите равно числовому значению слова «Бог») действует согласно единственному закону – закону любви. Если человек живет в соответствии с ним, то находится в равновесии с природой, ощущая совершенство и вечность, подобно самой природе. В мере своего несоответствия закону любви, когда, вместо любви к ближнему им движет эгоистическая любовь к себе, человек страдает. На него обрушиваются беды и невзгоды.

Рабби Акива раскрыл, что закон природы, закон любви, является постоянным и неизменным. Он обнаружил, что когда человек изменяет свое отношение к ближнему, то начинает ощущать, как изменяется вокруг вся действительность. Таким образом, причина всех несчастий в мире – эгоистические отношения между людьми.

Мы не ощущаем, что именно эгоизм заточил нас в рамки ограниченной реальности и не позволяет вырваться на простор вечной жизни. Единственный способ почувствовать это – изменить отношение человека к обществу. Свое открытие рабби Акива сформулировал в известном выражении: «Возлюбить ближнего своего, как самого себя – это великое правило Торы».

«Возлюби ближнего своего, как самого себя»

–Тора, глава «Ваикра»

### Восстание Бар Кохбы

В 132-м году новой эры Иудейское царство одержало победу в восстании, которое было начато под предводительством Шимона Бар Кохбы. Римляне, потерпевшие поражение на этом этапе войны, отступили и были вынуждены вызвать подкрепление. Когда оно прибыло, ход войны совершенно изменился. Римляне разрушали все, что попадалось им на пути. В результате Иудейское царство было вновь завоевано, десятки тысяч евреев уничтожены, а захваченные в плен проданы в рабство.

Подавление восстания положило начало одному из самых тяжелых периодов в истории еврейского народа. Смертные указы издавались тысячами, на руинах Иерусалима был воздвигнут языческий город Элиа Капитолина, а осмеливавшихся продолжать изучение каббалы нещадно казнили.

Тяжкая участь постигла и рабби Акиву. Продолжавший изучение и распространение каббалы, он был схвачен римскими властями, заключен в тюрьму в Кейсарии и по приказу римского правителя подвергнут жестокой казни.

### Взрыв человеческого эго во времена рабби Акивы

С начала своей истории человечество прошло несколько этапов, характеризующихся всплеском человеческого эгоизма. И каждый раз все начиналось заново. Не успев наполнить новые желания, люди желали большего.

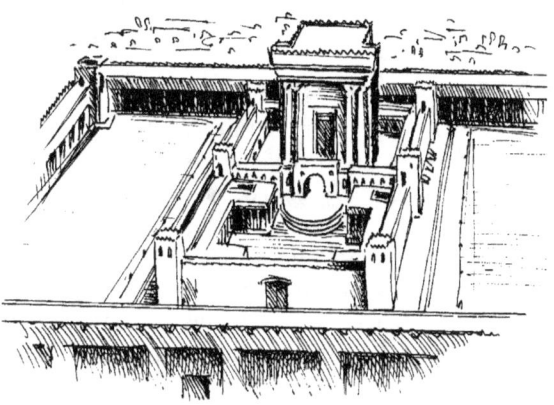

Первый скачок эгоизма произошел в Вавилонский период, во времена Авраама, второй – во времена Моше, а третий – самый большой – относится к периоду жизни рабби Акивы.

Любовь, царившая между его учениками, сменилась беспричинной ненавистью. И это явилось причиной их падения с уровня духовного мира на уровень ощущений этого мира.

Беспричинная ненависть привела к гибели почти всех 24 000 учеников рабби Акивы. Только пятерым из них удалось сохранить между собой отношения, соответствовавшие закону любви. Поэтому они и выжили. Наиболее выдающимися из них были рабби Йегуда а-Наси, составитель Мишны и рабби Шимон Бар Йохай, автор книги «Зоар».

### Первооткрыватель

Образ рабби Акивы увенчан ореолом славы и окружен легендами. С его именем связано множество необыкновенных историй. Возможно, когда-нибудь все это бесследно исчезнет, но главная идея, основная мысль его учения не исчезнет никогда. Она уже удостоилась вечной жизни в истории.

Его принцип – «Возлюби ближнего, как самого себя» – совершенно изменил ход истории. Своим титаническим трудом рабби Акива проложил духовный путь для всех нас, идущих за ним. Соединив в себе воедино все виды любви – к своему народу, человечеству и Творцу – рабби Акива стал первым человеком, принесшим в мир Любовь.

# Глава 6
## Рабби Шимон Бар Йохай
## РАШБИ
*(110–190)*

**Историческая справка**

Это было во втором столетии новой эры, в то великое и трагическое для Иудеи время, когда она почти полностью находилась под властью Рима. Чуждые законы, чуждая культура, чуждые ценности проникли в страну и пытались подорвать ее основы. Но, несмотря ни на что, страна держалась: мудрость все еще ценилась выше меркантильности, и честью считалось быть учеником мудреца, а не торговца.

Именно в то время, когда над народом нависла угроза изгнания, на небосводе мировой истории засияла звезда человека, предсказавшего будущее не только народа, но и всего мира. Этим человеком был рабби Шимон Бар Йохай – РАШБИ. Родившись через 40 лет после разрушения Второго Храма, он был учеником выдающегося каббалиста рабби Акивы и автором знаменитой книги «Зоар».

Имя его упоминается в Талмуде 2300 раз, оно окружено множеством легенд, его жизнь соткана из тайн, но неоспоримо одно – его имя не исчезло в тумане

> Да не скажет непонимающий: «Как я могу понять сказанное в книгах каббалы?» Хотя он и не понимает этого, но язык книги «Зоар» исправляет душу и доступен всем, как малым, так и большим, каждому в соответствии с его разумением и душой.
>
> *– Рав Цви Гирш, «Анагот Яширот»*

истории, а, наоборот, упоминается сегодня все чаще и чаще. И на это есть веская причина.

Уже в детстве РАШБИ волновали вопросы, которые никогда не задавали его сверстники. «Кто я? Для чего живу? Как устроен мир?», – постоянно теребил он взрослых этими вопросами, и было ясно, что мальчик растет особый – он не успокоится, пока не найдет ответы. В дальнейшем это и произошло.

РАШБИ углубился в изучение каббалы. Дни и ночи просиживал он над каббалистическими книгами, проникая в их глубины, пока за библейскими историями ему не открылась сила, управляющая миром. Так, слой за слоем снимая внешние покровы с тайных знаний, он постигал смысл жизни. Его дух замирал от раскрывающейся перед ним Бесконечности, и пришло понимание, что без учителя дальше не продвинуться. Так в его жизни появился рабби Акива, и начался новый этап постижения Творца.

**Ученик рабби Акивы**

РАШБИ был наиболее требовательным, а потому и самым любимым, и лучшим учеником рабби Акивы. Отдыхать он себе почти не позволял – спал по три часа в сутки. Над столом, сбитым из двух неоструганных досок, за которым РАШБИ изучал каббалу, ночи напролет горела свеча.

Через два года учебы РАШБИ женился, и на свет появился сын Эльазар, ставший впоследствии гордостью отца. Учеба у рабби Акивы продолжалась более тринадцати лет.

В те времена жизнь евреев была невыносимо тяжелой. В нашем маленьком народе император Адриан видел реальную угрозу своей власти и держал в Иудее два легиона. И все равно, народ ему не покорялся. Тогда Адриан понял: для того чтобы его победить, нужно искоренить веру. Поэтому все ограничения, вводимые им в Иудее, были направлены на то, чтобы народ забыл Единого Творца и навсегда прекратил изучение каббалы – внутренней части Торы.

Согласиться с этим означало подписать себе смертный приговор. В стране вспыхнуло восстание Бар Кохбы. Оно охватило всю Иудею, став судьбоносным для государства и, особенно, для учеников рабби Акивы. Двадцать четыре тысячи его учеников погибли в кровопролитных битвах и вспыхнувших эпидемиях. Выжило только пятеро, и одним из них был РАШБИ.

Император Адриан мстил непокорным с особой жестокостью. По его приказу выжигались поля, тысячи людей были казнены, сотни тысяч уведены в рабство. Решив сломить дух народа, римляне публично казнили рабби Акиву.

Дошла очередь и до РАШБИ. Адриану постоянно доносили, что он дерзок, не признает власть римлян, но самое страшное – его слушают, уважают и любят.

Адриан приказал схватить РАШБИ и казнить его так же, как и рабби Акиву – на площади, перед всеми, чтобы боялись и знали: есть только одна власть, и это власть Рима. Искали РАШБИ по всем дорогам Иудеи, но поймать не смогли. Обойдя все римские посты, он вместе со своим сыном Эльазаром ушел от преследователей на север страны.

### Пещера в деревне Пкиин

РАШБИ и его сын нашли убежище в Галилее, в маленькой, пропахшей сыростью пещере возле деревни Пкиин. Они прожили там 13 лет, посвятив все свое время углубленному изучению тайной науки. Не возвращаясь на землю даже на мгновение, их мысли рвались вверх, к истине, скрытой за пятью духовными мирами.

Для пищи отцу и сыну хватало плодов рожкового дерева и родниковой воды из близлежащего источника. Ощущения голода не было – было ощущение счастья от близости цели, от постоянного постижения все новых и новых духовных ступеней.

В пещере прошли 13 трудных и счастливых лет. Умер император Адриан, и РАШБИ с сыном получили известие об отмене вынесенного им смертного приговора. Они вышли из пещеры другими – готовыми указать миру путь к Свету. Книга уже ощущалась ими, осталось ее только написать. Вместе с десятью учениками РАШБИ уединился в пещере на горе Мерон и с их помощью написал книгу «Зоар» – главную книгу каббалы.

### Книга «Зоар»

Инструкцию постижения духовного мира рабби Шимон должен был изложить в таком виде, чтобы она могла раскрыться лишь тому, кто страстно этого желает, в ком уже не осталось корыстных помыслов использования этих знаний во вред другим. Из десяти учеников только рабби Аба мог записывать духовные знания в скрытом виде, облекая их в форму простых рассказов. Поэтому РАШБИ и избрал его для написания книги: «И таким образом организую я нашу работу: рабби Аба будет писать, рабби Эльазар, мой сын, будет проговаривать слова, а остальные товарищи будут говорить в сердцах своих» (книга «Зоар», гл. «Аазину»).

Работа над книгой не прерывалась ни на минуту. Однако вскоре после ее написания она исчезла, словно ее никогда и не было. Мир еще не был готов принять этот дар, поскольку не достиг ступени развития, позволяющей правильно понять книгу.

Появилась она только через долгие 800 лет. Нашел ее арабский мальчик в окрестностях Мерона. Нашел и тут же продал случайным прохожим, как оберточный материал. Часть разрозненных листов попала в руки одного мудреца, который смог оценить написанное. Бросившись на поиски, много страниц он обнаружил в мусорных ящиках, а часть перекупил у торговцев, продававших пряности. Из найденных страниц и была собрана та книга, которая известна нам сегодня.

## Мудрость книги

Около двух тысяч лет назад РАШБИ предсказывал: «В будущем народ Израиля вкусит от «Древа жизни», которым является книга «Зоар», и силой этой книги выйдет из духовного изгнания милостью Творца» (книга «Зоар», гл. «Насо»). И это не единственное пророчество.

В книге «Зоар» предсказано, что в конце двухтысячелетнего периода, отведенного для исправления человечества, все постигнут тайны этой книги, потому что без нее мир развиваться не сможет: «По мере приближения к окончательному исправлению даже новорожденные познают тайны мудрости и средство освобождения. В те времена это раскроется каждому» (книга «Зоар», гл. «Ваера»).

Изучение книги «Зоар» исправляет тело и душу и в состоянии быстро приблизить освобождение в дни «последнего поколения».

-- «Матэ Эфраим», гл. «Катан»

Вне всякого сомнения, книга «Зоар» — одна из самых выдающихся каббалистических книг. В истории человечества нет другой такой книги, которая так притягивала бы к себе, вызывая бесконечные споры. О ней сложено тысячи легенд, она таинственна, непонятна, поэтична, по ней предсказывают настоящее и будущее, миллионы читают ее, несмотря на полное непонимание, учителя-самозванцы трактуют ее, как хотят, а между тем она – врата в Вечность, и понимают это только каббалисты.

Только они учат читать ее правильно – чтобы ощутить разлитые вокруг нас Вечность, Покой и Любовь.

## Уход РАШБИ

РАШБИ умер в день праздника Лаг ба Омер в 190 году н.э. и похоронен на горе Мерон. Великий каббалист выполнил свое предназначение, и его душа вернулась к Творцу. Место его захоронения на горе Мерон из года в год посещают сотни тысяч людей. Они безуспешно пытаются ощутить в этом мире свет, раскрывшийся рабби Шимону, а заключен он в книге «Зоар». Недаром все каббалисты не устают повторять, что благодаря этой книге сыны Израиля выйдут из изгнания.

Мы называемся последним поколением. Последним, потому что именно нашему поколению предстоит завершить долгий путь в темноте и выйти к Свету – раскрыть духовный мир, раскрыть книгу «Зоар», написанную великим каббалистом рабби Шимоном Бар Йохаем.

# Глава 7
# Рабби Ицхак Лурия Ашкенази
# АРИ
*(1534–1572)*

*Ари открыл Источник света, но стало труднее бороться с эгоизмом – он стал более сильным и изощренным.*

### Первые легенды

Образ Ицхака Лурии Ашкенази, основателя лурианской школы каббалы, окутан множеством легенд. Одна из них гласит, что к рабби Шломо, будущему отцу АРИ, явился пророк Элияу и сказал: «Жена родит тебе сына, и назовешь его именем Ицхак, и освободит он Израиль из-под власти тьмы... и благодаря ему в мире раскроется учение каббалы».

### Становление

В 1534 году в Иерусалиме, на улице Ор а-Хаим 6, родился мальчик, которого назвали Ицхак бен Шломо. Очень рано в нем обнаружились необычные задатки. Уже в семилетнем возрасте он поражал учителей своими способностями, и ему прочили большое будущее.

Смерть отца вынудила его семью переехать в Египет к брату матери. Мордехай Франсис, богатый откупщик налогов, радушно встретил сестру и племянника. Маленького Ицхака он полюбил всем сердцем и взял на себя дальнейшую заботу о его образовании. Благодаря стараниям дяди, у Ицхака были лучшие, по тем временам, учителя: рав Давид бен Шломо ибн Замра, главный раввин Египта, и рав Бецалель Ашкенази, автор многих трудов. Учеба шла успешно – вместе с рабби Бецалелем он написал комментарий к одному из трактатов Гмары.

### Встреча с книгой «Зоар»

В возрасте 15 лет АРИ женился на дочери своего дяди. Тот был счастлив иметь такого зятя и с удовольствием оказывал материальную поддержку молодой семье.

Чтобы полностью сосредоточиться на учебе, АРИ поселился на маленьком острове посреди Нила. Там он вскоре приходит к выводу о необходимости изучения каббалы. Занятия не прекращались ни на минуту. Народная молва гласит, что АРИ «даже во сне изучал тайны каббалы с душами праведников в Ган Эден (райский сад)». Огромное желание и умение сконцентрироваться на изучаемом материале позволили АРИ проникнуть в глубь мудрости книги «Зоар» – величайшей книги по каббале, написанной во втором веке н.э.

Именно с этого времени начинает формироваться его методика изучения каббалы.

**Блестящий поэт**

При удивительной скромности и уважении ко всем без исключения, АРИ блистал во всем, что делал, включая торговлю, которой зарабатывал на жизнь, и даже в поэзии. Широко известны три его гимна к субботним трапезам. Они включены в большинство молитвенников. Написанные языком книги «Зоар», его стихи полны глубокого смысла. Они раскрывают значение субботы и связь человека с мирозданием в этот день. А в стихотворении «Древо жизни» удивительно поэтично описан процесс сотворения нашего мира.

Интересно, что почти пять веков спустя современная наука пришла к теории возникновения Вселенной в результате «большого взрыва», которая, по мнению многих, и описывается в стихотворении АРИ:

*«...И сжался свет, и удалился,*
*Оставив свободное, ничем не заполненное пространство.*
*И равномерным было сжатие света вокруг центральной точки,*
*Так, что место пустое форму окружности приобрело,*
*Поскольку таковым было сокращение света...*

*И вот, протянулся от бесконечного света луч прямой,*
*Сверху вниз спустился, внутрь пространства пустого того.*
*Протянулся, спускаясь по лучу, свет бесконечный вниз,*
*И в пространстве пустом том сотворил все совершенно миры...»*

**Цфат**

Конец XVI века. Начинается новая эра, кардинально изменившая мировоззрение человечества. Открыта Америка, проводятся радикальные реформы государственности в России. В Англии, Франции, Германии созревают условия грядущих революций. Вся Западная Европа переживает удивительную эпоху Ренессанса.

В 1570 году АРИ переезжает с семьей в древний город Цфат – центр изучения каббалы того времени. Молва о его мудрости быстро распространяется среди старейших каббалистов Цфата, которые готовы учиться у него, 36-летнего. Сам Моше Кордоверо (РАМАК), о котором АРИ говорил: «Учитель наш, да не иссякнет свет его», приходит к нему учиться. Вот что сказал об АРИ этот выдающийся каббалист незадолго до своей смерти: «Знайте, есть среди вас один, который поднимется после меня, и проникнутся поколения мудростью каббалы».

### Великий учитель

АРИ преподает каббалу по своей новой методике. Он постиг все тайны мироздания и готов открыть их всем желающим. Народная молва приписывает ему даже понимание языка зверей и птиц, шуршания листьев и голосов ангелов. Люди говорили, что он «знал все, что происходит с душами людей, и видел пути их исправления».

Наше время отличается от предыдущих поколений тем, что раньше врата каббалы были закрыты, и поэтому было мало каббалистов. После выхода трудов АРИ, открывающих нам врата света, закрытые со дня сотворения мира, нет никакого страха заниматься каббалой.

-- Рабби Йосеф Кимхи, «Сэфер а-Брит»

Одним из 33 учеников АРИ был молодой человек Хаим Виталь. Особые свойства души позволяли ему правильно понимать сказанное его великим учителем, а уникальная память давала возможность запоминать и безошибочно записывать все услышанное во время урока. Именно Хаиму Виталю было дано воспринять всю глубину величайшего знания.

### Смерть АРИ и рождение книги «Древо жизни»

АРИ покинул этот мир в 1572 году в возрасте 38 лет. Перед своей смертью он завещал продолжить занятия каббалой только Хаиму Виталю. Остальные ученики не были способны понять суть его методики.

После смерти учителя Хаим Виталь продолжает заниматься и преподавать каббалу по методике своего учителя. Он систематизирует свои записи уроков, но категорически отказывается опубликовать эти материалы, зная о преждевременности их раскрытия массам. Часть бумаг он спрятал, часть завещал похоронить с собой, а часть оставил в наследство своему сыну.

Только после его смерти, в 1620 году, эти материалы стали издаваться. Процесс растянулся на пятьдесят лет. Из спрятанных страниц ученик Хаима Виталя, рав Цемах, собрал книгу «Древо жизни». В ней содержится вся мудрость книги «Зоар», адаптированная для последующих поколений. Листы, извлечённые из могилы, легли в основу книги «Восемь врат».

АРИ оставил нам новую уникальную методику постижения духовных миров. Он создал её для грядущих поколений. Сегодня, пользуясь этой методикой, любой человек, изучающий каббалу, независимо от национальности, возраста и пола, может прийти к цели творения.

Так через книги «Зоар» и «Древо жизни» осуществилась связь времён.

# Глава 8
# Хаим Виталь
*(1543–1620)*

Хаим Виталь – выдающийся преемник и ученик величайшего каббалиста всех времён, Ицхака Лурии Ашкенази, известного под именем АРИ. Все каббалистические источники, принадлежащие учению АРИ (они объединены названием «лурианская каббала»), были записаны именно Хаимом Виталем.

Он родился и вырос в Цфате – этом знаменитом городе каббалистов.

Хаим Виталь не довольствовался занятиями открытой части торы, а стремился постичь её внутреннюю суть, испытывая непреодолимое желание раскрыть тайну жизни.

Он начал заниматься наукой каббала у известнейшего в то время в Цфате каббалиста, рабби Моше Кордоверо (РАМАК). Рассказывают, что когда в их городе поселился АРИ, именно РАМАК отправил Хаима Виталя к нему на учёбу. С приездом АРИ Цфат становится духовным центром человечества, а наука каббала превращается из методики для избранных в методику исправления всего мира.

Рав Йегуда Ашлаг (Бааль Сулам) в одном из писем рассказывает своим ученикам об особой миссии Хаима Виталя, возложенной на него АРИ. С самого начала своей учёбы Хаим Виталь тщательно записывал всё, что говорил его учитель, хотя смысл большей части слов оставался для него скрыт. «Слушая и записывая, Хаим Виталь ещё не поднялся на ступень совершенства, необходимую для постижения этих слов в их корне, поскольку был тогда молод. Тридцатилетним стоял он перед АРИ» (Бааль Сулам, «Плоды мудрости», Письма).

Между Хаимом Виталем и АРИ существовала особая, глубокая внутренняя связь. Даже в последние мгновения своей жизни АРИ трогательно отзывается о своем любимом ученике. Об этом упоминается в книге «Врата перевоплощений»:

«К смертельно больному АРИ вошел один из его учеников, Ицхак Коэн, и, заплакав, сказал:

– На это ли мы надеялись, желая при Вашей жизни увидеть благо, учение и великую мудрость в мире?

Ответил ему АРИ:

– Скажи товарищам от моего имени, чтобы с этого дня не занимались вовсе той мудростью, которой я их обучал, ибо не поняли они ее, как должно. Пускай занимается ею лишь Хаим Виталь, в одиночку и скрытно.

Ученикам АРИ трудно было смириться с тем, что учитель собирается покинуть их. Отказываясь в это верить, Ицхак Коэн с волнением спросил:

– Неужели нет больше надежды?

Ответил ему АРИ:

– Если заслужите – я приду и буду учить вас.

Не поняв этого, Ицхак Коэн вновь обратился с вопросом:

– Как же вы придете и будете нас учить, если покидаете сейчас этот мир?

– Не в твоем ведении таинства, – ответил АРИ».

После смерти учителя Хаим Виталь сосредоточил свои усилия в работе над записями. АРИ вел занятия устно и никому, кроме Хаима Виталя, не разрешал записывать. Как говорил этот великий каббалист, среди его учеников не было ни одного, кто сумел бы, подобно Хаиму Виталю, до конца понять смысл вещей.

**Труды АРИ**

Великим каббалистам во все времена необходим был ученик, обладающий особой душой, чтобы с его помощью можно было раскрывать миру свои духовные постижения. Рабби Аба записывал слова РАШБИ, и таким образом была составлена книга «Зоар». И Хаим Виталь записал вслед за своим учителем всё его учение, известное нам сегодня как «каббала АРИ». Из его основных произведений можно выделить «Древо жизни» – книгу, которая научно описывает систему Высших миров, а также «Восемь врат» – серию книг, объясняющих, в числе прочего, кругообороты душ.

## Глава 8. Хаим Виталь

К словам АРИ Хаим Виталь не добавил от себя ничего. Он всегда указывал на те места, в понимании которых испытывал сомнения. Поэтому понятно, что написанные им книги являются трудами АРИ.

Книги на основании записей Хаима Виталя были составлены лишь спустя поколения после его смерти. Вообще, для каббалистических книг характерен таинственный процесс исчезновения и раскрытия.

Труды АРИ тоже окутаны тайной: еще при жизни Хаима Виталя из них было похищено шестьсот листов. Кроме того, перед смертью Хаим Виталь предписал своим ученикам положить вместе с собой в могилу часть записей, поскольку не был уверен, что правильно понял всё, услышанное им когда-то от АРИ. Спустя годы ученики извлекли из могилы треть записей, которые легли в основу книги «Древо жизни».

Хаим Виталь приложил множество стараний, чтобы передать миру духовное послание АРИ. Если в прежние времена каббала была уделом избранных, то с этого времени ее врата раскрылись перед всеми.

Хаим Виталь считал, что каждый человек обязан изучать каббалу: «…и пускай не говорит теперь человек, что он освобожден от занятий этой наукой».

Хаим Виталь – яркий пример бескомпромиссной преданности делу всей своей жизни – передаче людям внутреннего послания каббалы АРИ.

> Нет у Творца большего удовольствия, чем видеть занимающихся каббалой. И более того, только для того создан человек, чтобы изучать каббалу.
>
> -- *Рав Хаим Виталь, «Введение к Шаар Акдамот»*

Лурианская эпоха стала поворотной в духовной истории народа Израиля и науки каббала. Именно тогда был проложен путь для каждого, в чьем сердце пробуждается желание понять, для чего он живет.

В наше время эту работу продолжил Бааль Сулам. Он адаптировал труды АРИ для нужд нашего поколения и снабдил их необходимыми комментариями. В их число входят знаменитый шеститомный труд «Учение Десяти Сфирот», а также книги «Сияющий лик» и «Врата намерений». Это было особой миссией Бааль Сулама. Сам он говорит об этом так: «По Высшей воле я удостоился перевоплощения души АРИ – не за свои хорошие дела, а именно по Высшей воле. От самого меня сокрыто в высотах, почему избран я для этой чудесной души, которой не заслуживал ни один человек со времени смерти АРИ и до сего дня» («Плоды мудрости. Письма»).

Благодаря книгам Бааль Сулама мы сегодня можем напрямую приобщиться к высочайшим откровениям АРИ, которые донес до нас Хаим Виталь.

# Глава 9
# Рабби Исраэль бен Элиэзер Бааль Шем Тов
*(1698–1760)*

*«До Бааль Шем Това только самые великие мудрецы поколения могли постичь Творца».*
*Рав Барух Ашлаг, «Даргот а-Сулам»*

Бааль Шем Тов стал связующим звеном между лурианской эпохой и современностью. Он посеял семена каббалы в массах и бережно поливал всходы, пока на них не поспели духовные плоды.

### Предыстория

В XVI веке АРИ, рабби Ицхак Лурия Ашкенази, осуществил гигантский прорыв, благодаря которому наука каббала, создавшая еврейский народ и забытая им в изгнании, возродилась, чтобы стать всеобщим достоянием. Преобразив и адаптировав ее для новых времен, АРИ проложил для нас путь в духовный мир.

Через 130 лет после смерти АРИ в неизвестном миру польском местеч-

ке Окуп берет начало следующий этап развития каббалы. В бедной еврейской семье рождается мальчик Исраэль, который в будущем будет назван великим именем – Бааль Шем Тов. Немногие биографические сведения о жизни этого человека настолько переплелись с легендами, что сегодня трудно отделить правду от вымысла.

В раннем возрасте он лишается родителей. В памяти его остается лишь последнее напутствие отца: «Помни, что Творец с тобой, и ничего не бойся». До двенадцати лет он за общественный счет учится в хедере (религиозная школа), а затем, чтобы заработать на жизнь, служит помощником меламеда (учителя). Его обязанность – сопровождать детей в хедер и обучать произношению молитв.

Позднее он получает должность сторожа в синагоге. Днем он работает, а ночи отдает учебе и впоследствии становится превосходным знатоком Торы. Это позволяет ему получить должность учителя в одном из местечек Галиции. Авторитет его столь высок, что Исраэля неоднократно избирают негласным судьей в житейских спорах.

Спустя несколько лет он встречается с Эфраимом Кутовером – богатым ученым евреем из Бродов. Познания и сила духа Исраэля произвели неизгладимое впечатление на Эфраима. Эфраим обещает ему в жены свою дочь.

Однако, вернувшись домой, Эфраим заболел и умер. Приехав в Броды, Исраэль не смог найти общий язык с рабби Гершоном, старшим братом своей невесты. Поэтому после свадьбы рабби Гершон, кстати, будущий ученик Бааль Шем Това, дает молодым супругам деньги «на обзаведение» и просит покинуть Броды.

**Буква и дух**

Исраэль поселяет семью в маленькой деревушке в Карпатах, а сам уединяется в горах. Проникая в тайники человеческой души, он готовится к реализации той миссии, ради которой пришел в этот мир – ему назначено принести народу свет каббалы.

Дважды в неделю его навещает жена и забирает в повозке добытую мужем глину, чтобы продать ее в городе и обеспечить себе и детям средства к существованию.

Между тем погромы, наветы и убийства делают жизнь евреев невыносимой. Помощи ждать неоткуда – руководители народа не могут договориться между собой. Один из учеников Бааль Шем Това, рабби Яаков Йосеф, позднее скажет: «Каждый горделиво заявляет: «Я буду царствовать, я самый умный ученик».

Раввины изучают и преподают Тору, забывая о ее единственном предназначении: поднять человека над эгоизмом, дабы он обрел свойство Творца, свойство любви и отдачи. В почете самомнение и буква закона, но дух закона неведом поколению. «Гордыня и алчность – вот главные препятствия. Они присущи и ученикам, и судьям, и предводителям народа, и служкам, и канторам... Учебу они делают средством насыщения, предаваясь своим многочисленным порокам», – так пишет другой современник тех событий, рабби Зелиг Маргалиет.

Проходит несколько лет. Исраэлю покоряются высокие духовные вершины, и он решает действовать. Он готов излить в мир вечную мудрость: «Все мое учение – это лишь та малость, которая вылилась за край переполненного сосуда моей души».

### Рождение хасидизма

Великий каббалист возвращается к людям, чтобы распространить в народе науку каббала и научить людей методике АРИ. Поселившись в украинском городке Тлуст, он набирает первых своих учеников, начинает преподавать им каббалу и приобретает известность под именем Бааль Шем Тов.

В 1740 году рабби Исраэль переносит свою школу в Меджибож, где и остается до конца жизни. «Он видел мир от края до края, – скажут о нем позднее, – и все вершилось светом, сокрытым в Торе».

«Где мысли человека, там весь человек».

*— из высказываний Бааль Шем Това*

Бааль Шем Тов разработал особый способ распространения каббалы. Хасидизм укоренял в народе каббалистические понятия путем введения особых обычаев, которые отражали внутреннюю суть вещей.

Внешнее выполнение заповедей, одежда, учеба, отношения друг с другом – все было выращено на каббалистической основе и символизировало те духовные процессы, которые протекают внутри человека, исправляющего свою душу. К примеру, вода миквы указывала на сфиру Бина, очищающую человека от заложенного в нем эгоизма.

# Глава 9. Рабби Исраэль бен Элиэзер (Бааль Шем Тов)

Так внешние действия лишились своего прежнего самостоятельного значения и стали лишь отражением подлинной внутренней работы. Новое учение стремительно распространилось по всей Восточной Европе.

## Явное и скрытое

Бааль Шем Тов дал ответ всем тем, кто желал узнать, для чего мы живем и как реализовать себя.

Раньше всюду изучалась только открытая Тора, и почти нигде не занимались наукой каббала. В результате, не находя ответов на жизненно важные вопросы, многие блуждали в потемках. Бааль Шем Тов сделал возможным изучать эту науку. С тех пор каждый человек, почувствовав неодолимую тягу к истине, знал, куда ему обратиться.

Бааль Шем Тов произвел настоящую революцию в сознании. Он указал путь к душе человека, которая является его сутью, самым внутренним пластом, сокрытым даже от него самого. В душе сосредоточено все: мысли и внутренние побуждения человека, но, самое главное, душа – это связь человека с Творцом. Она поднимает нас над врожденным эгоизмом к вечности и любви.

## Каббала в народ

Внедрение каббалистических традиций в массы принесло свои плоды. Люди, которые искали в происходящем более глубокий смысл, становились учениками Бааль Шем Това. Он помогал им выходить на духовные высоты постижения, а затем они продолжали реализовывать его методику. Каждый из них становился главой хасидской общины и набирал из ее среды новую группу каббалистов. Указания Бааль Шем Това были предельно ясны:

«Нам следует всем сердцем, всей душой и всем существом… следовать путем каббалы, ибо это истинный путь».

Итог деятельности Бааль Шем Това – это тысячи каббалистов, которые повели еврейский народ по пути духовного возрождения.

---

 «Сказал Бааль Шем Тов: «Выходя утром из дома, человек обязан сказать: «Если не я себе, никто не поможет мне». Но перед сном обязан разобраться и поверить, что не силами человека, а только силой Творца, который заранее все продумал за него, были совершены все деяния».

– Бааль Сулам, «Плоды мудрости. Письма»

# Глава 10
# Рав Моше Хаим Луцатто
# РАМХАЛЬ
*(1707–1747)*

*Все земные муки, душевные страдания, стыд, порицания – все приходится переносить каббалисту на пути духовного слияния с Творцом: история каббалы полна подобными примерами...*

### Первые шаги

Уже в детстве РАМХАЛЬ задался вопросом о смысле жизни. Стремясь познать тайны мироздания, он проявил удивительные способности в учебе, а также феноменальную память. Мальчик был признан гением, ему дали широкое образование, включающее литературу, научные дисциплины и классические языки.

Однако на первом месте стояла, конечно же, наука каббала. Он изучал ее с раннего возраста, а в 17 лет написал свои первые труды. Вскоре весть о нем разлетелась по городу, и РАМХАЛЬ начал проводить занятия для широких масс. Со временем вокруг него сплотилась группа каббалистов, перенимавших у своего учителя методику духовного восхождения. Сердцем выполняя условия взаимного поручительства, они объединялись в одно целое ради общей цели.

### Гонения и скитания

Однако далеко не все современники поняли и по достоинству оценили книги РАМХАЛЯ. Известность таила в себе надвигающуюся катастрофу. Главы еврейской общины Венеции, с опаской и недоверием отнесшиеся к молодому каббалисту, решили обуздать его. Развязанная ими кампания ширилась и приносила печальные плоды: РАМХАЛЮ предписали отправлять на цензуру все свои произведения, а затем вообще запретили писать каббалистические книги и распространять каббалу в странах рассеяния.

Его труды были частью сожжены, а частью захоронены, но и на этом травля не прекратилась. Обвинение следовало за обвинением, а все попытки публично доказать свою правоту наталкивались на стену религиозной косности и непримиримости. Свои же соплеменники в пылу праведного гнева выискивали несуществующие доказательства и призывали доносить до сведения главных раввинов любую информацию, которая могла бы скомпрометировать РАМХАЛЯ.

Гонения заставили его выехать в Амстердам, однако письма, разосланные в еврейские общины Польши и Германии, еще быстрее летели на крыльях враждебного ветра. Власть реакции не знала границ, и в 1735 году, «перехватив» РАМХАЛЯ, раввины Франкфурта вызвали его на суд. В вину ему вменялись всевозможные грехи, а целью, разумеется, было сожжение трудов каббалиста. Правда, судьям не удалось отыскать ничего, что можно было бы счесть нарушением суровых ограничений, однако это не помешало им принудить его к подписанию нового, еще более тяжкого обязательства: отныне ему полностью воспрещалось распространять каббалу, даже в устной форме. Имеющиеся у него рукописи были конфискованы, а всякому, кто осмелился бы ему помочь, грозило теперь отлучение от общины.

> Учеба не должна прекращаться ни на мгновение... и пускай каждый приходит не по расписанию, а по зову души.
>
> -- Из устава группы РАМХАЛЯ

Преследования не сломили, да и не могли сломить РАМХАЛЯ. Он продолжал переписываться с учениками, проявляя огромную любовь и заботу об их духовном продвижении и призывая не оставлять занятия каббалой. Связь с наставником навлекала на них нещадный гнев общины, однако они так и не отреклись от своего великого учителя.

Живя в Голландии, РАМХАЛЬ отказался от публичной полемики и выиграл этим несколько относительно спокойных лет, которые он посвятил написанию книг. Из-под его пера выходили произведения самой разной тематики и направленности, включая пьесы, педагогические пособия, стихи и трактаты по логике. Под всевозможными обертками скрывалась великая наука восхождения – каббала, учение о том, как вывести все человечество из пучин страдания к вершинам счастья и совершенства.

Однако главная задача – обучение масс каббале – по-прежнему оставалась недоступной, и примириться с такой ситуацией РАМХАЛЬ не мог. Даже тогда, когда его произведения изымались, объявлялись ересью, запирались на замок и сжигались, он продолжал писать книги и переписывался со своими приверженцами в Италии.

В Амстердаме он нашел множество новых последователей, вернее, они сами нашли его и уговорили давать уроки по каббале. И все же, следуя цели всей своей жизни, в 1743-м году РАМХАЛЬ вновь снимается с места и уезжает в землю Израиля.

Последние годы его жизни окутаны туманом. Известно лишь, что вместе с женой и единственным сыном он умер во время эпидемии чумы в Акко и был похоронен в Тверии.

**Несломленный и непокорившийся**

Всю жизнь РАМХАЛЬ подвергался жестокому преследованию со стороны собственного народа, оставаясь не понятым и не услышанным.

Он, без сомнения, был одним из величайших каббалистов в истории еврейского народа. Виленский Гаон (1720–1797), единственный, кто по-настоящему понимал РАМХАЛЯ в те времена, сказал, что пешком пошел бы учиться мудрости у столь великого учителя, если бы тот был еще жив.

Наследие РАМХАЛЯ насчитывает более ста книг. Он обучал людей каббале и разработал новую методику ее преподавания подрастающему поколению.

Как и все каббалисты, РАМХАЛЬ призывал нас к единству. Лишь вместе мы сможем выбраться из дебрей собственной ограниченности в бесконечный мир совершенства и любви. Туда уже проложен прямой путь, ожидающий всех, кто готов воспользоваться наукой каббала, желая выполнить свое предназначение.

> Хотя Израиль состоит из множества людей — все они зовутся единым народом, достойным того, чтобы в нем сиял свет Творца.
>
> -- РАМХАЛЬ, «О мудрости»

# Глава 11
# Рабби Шалом Шараби
# РАШАШ
## (1720–1777)

*С детства РАШАШ знал, куда направлена его стезя. Упорно стремясь к цели, он перебирается из Йемена в Израиль и здесь становится величайшим каббалистом.*

**Год 1751, Иерусалим**

Молодой человек, приехавший из Йемена, 31 года от роду, в недалеком прошлом – служка синагоги, по завещанию только что почившего учителя был назначен главой каббалистической группы «Бейт-Эль». Горожане потрясены. Они уверены, что это ошибка. Только сведущие люди, близкие ученики, которые были свидетелями событий, скрытых от чужих глаз, понимают и одобряют происходящее. Однако проходит совсем немного времени, и все начинают понимать, кем на самом деле является этот человек.

Встав во главе группы, рабби Шалом Шараби (РАШАШ) вместе со своими товарищами одним из первых в истории начал широкое распространение каббалы. Благодаря этому они достигли высочайших духовных вершин и сообща основали общество, в основу которого был положен всеобщий закон природы – закон любви. Они назвали свое детище «Обществом любви к миру» и подписали между собой братский союз…

Однако вернемся к началу этой истории.

Все мы, нижеподписавшиеся, двенадцать человек, по числу колен Израиля, будем любить друг друга великой любовью и во всем доставлять удовольствие нашему Создателю.

*-- Из устава каббалистов группы «Бейт-Эль»*

### Мир ему тесен

Сана, столица Йемена, год 1720. В семье Шараби родился первенец, которого назвали Шалом. По традиции йеменских евреев, он пошел обучаться Торе у «мари» – детского учителя. Однако душа Шалома не удовлетворяется обычными занятиями и повседневной жизнью. В рассказах Торы он чувствует намеки на более глубокие вещи и хочет испытать их на себе. Этот мир тесен ему, душою он стремится в Высшие миры.

Ночью, при свете свечи, когда все вокруг спят, Шалом погружается в каббалистические книги. По ходу чтения в нем рождается новое чувство: если он не возьмет жизнь в свои руки, то покинет мир таким же, каким пришел в него. Каббала объясняет ему, что у человеческой жизни есть лишь одна цель – раскрыть Творца, постичь Высшие миры. Он решает уехать в Эрец Исраэль, в землю, название которой свидетельствует о новой цели его жизни: «яшар Эль» – прямо к Творцу.

Однако внезапно умирает его отец, и Шалом, как старший сын, берет на себя обеспечение матери-вдовы и братьев-сирот. В поисках заработка ему приходится переходить от деревни к деревне, в одиночку, в дождь и ветер, в жару и холод. Он – и природа, он – и Творец.

### Решение

Шалом скрывает от посторонних глаз то, что происходит у него внутри. Внешне он выглядит обычным парнишкой, а внутри озарен светом каббалы, и душа его восходит по ступеням духовной лестницы.

Встречным на дороге кажется, что его, как и всех, заботят хищные звери и разбойники, подстерегающие путников в пустыне, беспокоят мысли о заработке. На самом деле Шалома волнуют совершенно другие вещи. Его сердце томится из-за того, что люди оторваны от науки каббала и даже не подозревают о возможности подъема в большой мир, столь добрый и светлый, что это не поддается описанию.

В его сердце крепнет решение: ради духовного развития мира всю свою жизнь посвятить распространению науки каббала. Несколько десятков лет спустя, лежа на смертном одре, РАШАШ завещал лишь одно: «Распространяйте учение каббалы, ибо духовный подъем всего мира зависит от ее изучения и распространения» (книга «Ор РАШАШ»).

## Начало путешествия

Достигнув восемнадцатилетия, Шалом расстается с семьей и начинает свой долгий путь к земле Израиля. С маленькой котомкой со скудным провиантом, каббалистической книгой и горящим сердцем он отправляется в портовый город Аден — ворота Йемена во внешний мир.

В этом пестром городе, подобно всем портам мира наполненном особыми запахами и звуками, Шалом находит случайную работу на местном рынке и по грошу откладывает деньги. Собрав требуемую сумму, он садится на корабль, идущий в Бомбей. Долгие недели плавания по бушующему Индийскому океану — лишь внешние декорации внутреннего путешествия.

Оттуда — в Багдад. Таким был в те дни маршрут, ведущий в Эрец Исраэль. По прибытии в порт Басра он присоединяется к торговому каравану, направляющемуся через пустыню на север, в Багдад. Он знает, что там его ждет встреча с каббалистами.

## В роли извозчика и слуги

После прибытия в Багдад Шалом быстро находит местную каббалистическую группу и присоединяется к ней. Он ничего не рассказывает ее членам о себе, лишь сидит в сторонке и жадно прислушивается к словам книг АРИ и книги «Зоар», которые они изучают.

Спустя годы великий каббалист, рабби Йосеф Хаим, которого называли Бен Иш Хай, расскажет о нем: «Появился этот праведник. Прежде чем свет его засиял в Иерусалиме, он пришел в багдадскую землю. Его ноги ступали по улицам нашего города, но жители не знали о его величии, чтобы оказать достойные почести. Счастлив тот, кто видел его». Он добавил также: «Когда пришел наш учитель РАШАШ, он оставался в тени, не выказывая себя мудрецом, а напротив, оставаясь обычным человеком, странником, который подрабатывал, дожидаясь каравана, идущего в Дамаск» (Бен Иш Хай, книга «Бен Йеояда»).

В Дамаске, столице Сирии, Шалом работает извозчиком у еврейского богача, чтобы накопить сумму, требующуюся для последнего этапа его пути в Эрец Исраэль. Когда есть время, он посещает бейт мидраш, в котором учатся местные каббалисты. Здесь он тоже не раскрывает своего истинного лица и скромно сидит в стороне.

И вот наступил долгожданный час. Шалом вновь пускается в путь. Прибыв в землю Израиля, он сразу же отправляется в Иерусалим и находит в его окрестностях каббалистическую группу «Бейт-Эль».

Обратившись к ее руководителю, рабби Гедалии Хаюну, Шалом рассказывает ему, что он неимущий сирота, приехавший из Йемена, и просит помочь ему. Его принимают на работу служкой – расставлять скамьи, раскладывать книги и зажигать свечи. Он считает, что право быть среди каббалистов нужно заслужить, поэтому не спешит расставаться с ролью прилежного слуги.

**Тайна записок в книге**

Неожиданно рабби Гедалия Хаюн словно бы потерял способность отвечать на вопросы учеников. Сердце Шалома сжимается, когда он безмолвно наблюдает за тем, как его товарищи остаются без духовного руководства. Но что делать? И Шалом находит средство. Незадолго до полуночи, перед тем как каббалисты приходят в бейт мидраш, он вкладывает в книгу рабби Гедалии записки с ответами на заданные вопросы.

Радости учителя и его учеников не было предела, но автор записок никому не известен. Рабби Гедалия просит учеников разрешить загадку и раскрыть, кто из них это делает. Но все тщетно.

Об этих таинственных событиях узнала Хана, молодая дочь рабби Гедалии. Она решает разгадать секрет. Ночь за ночью она прячется за окном бейт мидраша и терпеливо ждет. И вот однажды, стоя у окна и коченея от холода, она видит служку, который тайком входит в комнату, зажигает фитиль маленькой масляной лампы и вкладывает записку в книгу ее отца.

Тайна раскрылась. Узнав об этом, рабби Гедалия усаживает Шалома справа от себя, во главе стола, и иногда даже называет его своим преемником. Сердце Ханы было пленено Шаломом, и она вышла за него замуж. С этого дня начался новый период в жизни рабби Шалома Шараби, который стал полноправным членом каббалистической группы «Бейт-Эль».

### Между ненавистью и любовью

РАШАШ изучал каббалу и обучал ей исключительно по методике великого АРИ, изложенной рабби Хаимом Виталем, учеником АРИ. Все свои силы и время рабби Шалом отдавал написанию книг по каббале, стремясь распространить ее в массах.

Слух о нем разнесся далеко, и люди, желавшие достичь цели своей жизни, стали обращаться к нему за духовным руководством. Глава еврейской общины из Бельц просил привезти ему из земли Израиля книгу «Наар шалом», а также рукописи каббалистического молитвенника, составленного РАШАШем. Из Туниса РАШАШу было отправлено 77 посланий с вопросами о духовном продвижении, на которые он отвечал терпеливо и с любовью. Среди его учеников великие каббалисты: рабби Хаим Йосеф Давид Азулай (ХИДА), рабби Йом-Тов Альгази и рабби Хаим Делароза.

Знаю я, что благодаря книге «Зоар» и каббалистическим трудам, которые распространятся в мире, освободится народ Израиля. От изучения этой книги зависит наше избавление.

— *Книга «Ор РАШАШ»*

«Храм был разрушен из-за беспричинной ненависти, и наша задача в том, чтобы усилить любовь к Израилю, дабы она стала беззаветной», – писал РАШАШ (книга «Ор РАШАШ»).

Общество, которое он создал со своими учениками, было основано именно на этом принципе взаимного поручительства: «Каждый должен относиться к товарищу так, словно это часть его самого – всем сердцем и душой» (из взаимного обязательства каббалистов группы «Бейт-Эль»).

### Вернуться к любви

Сегодня, когда разобщенность и беспричинная ненависть разъедают основы нашего народа, необходимо вновь познакомиться с утраченной за годы изгнания наукой каббала. Именно она была путеводным лучом РАШАШа и всех мудрецов Израиля на протяжении поколений.

Каббала позволит нам возродить те принципы, по которым жил когда-то весь народ Израиля, а позже – отдельные группы каббалистов, являющиеся образцами будущего исправленного общества. Следуя их примеру, мы учимся сегодня подниматься над своими эгоистическими желаниями, чтобы обрести совершенство и вечность, которыми Творец желает нас наделить.

# Глава 12
# Рабби Менахем-Мендл из Коцка
*(1787–1859)*

*Где можно повстречать Творца? Там, где Его впускают.*
*(Рабби Менахем-Мендл из Коцка)*

### Внешнее и внутреннее

Конец XVIII – первая половина XIX века. Уже блистал дворцами и набережными Санкт-Петербург, Наполеон гарцевал на белом скакуне, завоевывая Европу, открывались новые мануфактуры в Англии, декабристы бунтовали на Сенатской площади, шла гражданская война в Америке...

А в это время в Коцке, маленьком городке Люблинского воеводства Польши, творилась мировая история. Группа каббалистов создавала здесь общество, основанное на любви к ближнему.

Во главе этой группы стоял рабби Менахем-Мендл – человек внешне суровый и молчаливый, но внутренне наполненный любовью к Творцу и непрерывным диалогом с Ним...

### Взгляд с холмов

Он родился в маленьком польском местечке Гураи. «Родился с крыльями, – говорили о нем, – крылья воображения возносили его ввысь».

И действительно, этот мальчик размышлял о Творце – ну, где вы видели таких шестилетних детей – он донимал взрослых вопросами о смысле жизни, он любил лежать на песчаном холме и следить за бегущими облаками, словно пытаясь заглянуть за них и увидеть того Единственного, который гонит их неведомо куда. Он гулял по полям, обуреваемый мыслями о вечности, и плясал на вершинах окрестных гор, обращая к Творцу свою песню.

Он постоянно учился, не зная, что такое детские игры, – они его не интересовали. Он погружал свой ум в безбрежный океан Торы, но при этом не истории великих предков влекли его, а стоящий за ними высокий каббалистический смысл – инструкция о том, как человеку, используя силу любви, прийти к вечности и совершенству.

### Учителя

Он учился и постигал новые и новые тайны мироздания, но к 19-ти годам понял, что дальше своими силами ему не прорваться. Не помогут ни друзья, ни книги – ему нужен настоящий учитель, умеющий соединять мир наш с миром Высшим. И он начал искать.

Так его учителями стали рабби Яков Ицхак, «святой Йегуди из Пшиски», а затем, после его смерти, рабби Буним – первый ученик рабби Якова. У них он проучился более 20-ти лет. Именно они научили его правильной пропорции между «работой в сердце» и «работой разума», научили тому, как подниматься над эгоизмом и побеждать себя. От них он услышал – и этому следовал всю жизнь – что никто другой не должен знать о твоем духовном уровне, что вся твоя внутренняя работа должна быть скрыта от глаз посторонних, потому что у каждой души свой путь и продвижением каждого занимается лично Творец.

Занимаясь у этих двух великих учителей, он понял значение намерения и прочувствовал, что заповедь без правильного намерения – как тело без души. И что главное – это молитва в сердце, которой не нужны слова. Так он возмужал. Так пришло его время становиться учителем.

### Время рабби Мендла

После смерти рабби Бунима все ученики собрались вокруг рабби Мендла. Ему было тогда 40 лет. Все они знали, что там, где рабби Мендл, там ежесекундная работа и жизнь, устремленная к одной цели, там нет места слабости и компромиссу, там поиск истины до конца.

Рабби Мендл нес в своем сердце великую идею и великую веру, что каждый человек может и должен прорваться сквозь границы этого мира в духовное пространство, и так начать свое соединение с единым законом, управляющим всем вокруг – законом любви. Закон любви – это и есть Творец. Соединиться с Ним – цель творения.

Инстинктивно вокруг рабби Мендла собирались все те, кто готов был, наперекор материальному миру, пуститься в духовный полет. Они соединились в группу и приняли на себя обязанность постоянно, каждое мгновение находиться в духовной работе.

## Коцк

Группа обосновалась в Коцке. Начиная с этого времени, Коцк превратился из серого, дремлющего местечка в символ духовности, символ каббалы, он стал олицетворением братского соединения людей, стремящихся жить по одному принципу: «все вместе, как один человек с единым сердцем» – в любви и равенстве, в стремлении к Творцу.

Это непростое время постоянной работы вспоминается учениками рабби Мендла как самое счастливое в их жизни. Утром работали, добывая пропитание, вечером собирались за длинным столом, и простая совместная трапеза для всех становилась наполненной особым смыслом, потому что с нее практически начинался урок, который рабби Мендл давал им.

Соединенные вместе в песне, мыслях, объяснениях рабби Мендла, все они поднимались над этим миром, полным страданий, – к духовным высотам, от которых у всех захватывало дух, к постижению смысла рождения человека, состоящего в том, чтобы здесь, сейчас, в это мгновение ощутить единство всего существующего, любовь, окружающую все вокруг, весь мир, ощутить Творца.

## Исправить сердце

В Коцке ценилось качество, а не количество. «Кто молится сегодня только потому, что молился вчера, тот хуже злодея». Не было тут места никакой привычке, они молились, потому что не могли не молиться. Ведь молитвой называется не то, что написано в молитвенниках, а то, что ощущает сердце.

В Коцке все выходило за рамки любой привычной схемы.

Не было просто учеников и просто учителя, не было просто учебы, а была постоянная атака с падениями и подъемами, постоянный бой с эгоизмом, и понимание, что он просто так не сдастся, что он и помеха, и помощь, что каждый раз побеждая его, человек поднимается на очередную духовную ступень.

## Испытание

Многие не смогли выдержать эту постоянную внутреннюю работу и вместо требования духовного начали просить у рабби Мендла благословение и советы для успеха в материальной жизни. «Творец посылает вам проблемы не для того, чтобы я вызволил вас, – говорил им рав Мендл, – а для того, чтобы вы сами смогли справиться с ними, чтобы поняли, что от Творца исходит только добро, и праведником называется только тот, кто оправдывает действия Творца, потому что все они направлены только на одно – приблизить человека к высшему его состоянию, когда он и Творец составляют одно целое».

Но они не слышали его. Эго заволокло их сердца. Они устали. Учитель их был непрерывно горящим огненным столпом. Но разве можно жить рядом с огненным столпом?!

Внутренний разрыв нарастал и привел к разрыву внешнему.

«Именно себялюбие человека отделяет его от Бога его, – снова и снова объяснял рабби Мендл. – Цель всех событий нашей жизни привести нас к пониманию того, что эгоизм – это источник всех бед и страданий в мире, и заставить нас подняться над ним. Только к этому нам нужно направлять свои молитвы».

### Уединение – как новый подъем

Когда рабби Мендл увидел, что люди сошли с пути каббалы, он начал отдаляться от них, пока совсем не закрылся в своей комнате. Начался следующий этап в его жизни, который длился 20 лет. Период уединения. Ему было тогда 53 года.

Понятно, что для него это не было остановкой, он уже вышел на прямой диалог с Творцом, и уединение свое использовал для еще большего продвижения. Как ракета, выходящая на космическую орбиту, он вырвался в духовный космос и начал стремительное сближение с Вечностью.

Только маленькая группа из нескольких десятков учеников осталась предана своему Раву. Они навсегда запомнили его слова и передали их своим ученикам: «Сердце разобьется, плечи поникнут, небеса и земля обрушатся – но человек от своего не отступится!»

### Послесловие

С тех пор мир очень изменился, и практически всем стало ясно – эгоизм ведет нас в тупик. Человечество находится в постоянном поиске каких-то новых форм общественного устройства, но все они основываются на удовлетворении эгоизма, и поэтому не могут привести ни к чему хорошему.

В XX столетии рав Йегуда Ашлаг (Бааль Сулам), наш современник, продолжил дело рабби Мендла и каббалистов всех поколений. Он написал серию статей о строении будущего общества. Его работы – это не фантастика, а основанные на науке каббала труды о том, как должно быть устроено справедливое общество, в котором не будет ни войн, ни страданий, которое будет подчинено высшему закону справедливости.

Что это за закон? Это закон природы, закон равновесия и любви, который уже существует вокруг нас, – мы лишь должны начать ему соответствовать.

# Глава 13
# Рав Авраам Ицхак Коэн Кук
*(1865–1935)*

*«Слушайте меня, сыновья народа моего. Ощущая всем сердцем, из глубины души я говорю вам: в вас вся моя жизнь».*

*(А. Кук, «Хадарав»)*

Авраам Ицхак Коэн Кук, первый главный раввин Израиля, является одной из самых ярких личностей в истории еврейского народа. Неоценим его вклад в национальную идейную сокровищницу, законодательство и культуру. Выдающийся духовный лидер, блистательный мыслитель, замечательный поэт, он стоит в одном ряду с виднейшими мудрецами последних поколений.

Однако, прежде всего, Авраам Кук был великим каббалистом, посвятившим всю свою жизнь разъяснению идеи единства. С высокой ступени духовного постижения он призывал весь еврейский народ объединиться не в материальных устремлениях, а в возобновлении духовной связи между нами.

Внутреннее возрождение народа Израиля, означающее естественное объединение всех его разрозненных частей, было для Кука непременным условием становления государства. Он не раз повторял, что возрождение земли Израиля наступит лишь благодаря созданию внутренней связи между нами. И осуществить это можно только с помощью науки каббала.

В своей книге «Орот Кодеш» он писал: «Наука каббала несет нам освобождение. С ее помощью народ Израиля вернется на свою землю».

### Пробудиться и объединиться

В 1903 году, когда рав Кук приехал в Палестину, еврейское население страны было очень разобщенным. Каждый старался сберечь лишь то, что привез с собой из страны исхода, и ни с кем не хотел знаться. Авраам Кук не мог согласиться с этой атмосферой всеобщей разобщенности и посвятил себя почти невыполнимой миссии: объединить народ единой мыслью, единым желанием.

*Вся наша работа направлена лишь на объединение всех общин народа Израиля и преодоление раскола, существующего в нашем поколении.*

*— А. Кук, «Игрот»*

Обладая духовным постижением, он видел, что, возвратившись на землю Израиля, мы завершили лишь внешнее изгнание, тогда как внутреннее изгнание по-прежнему разобщает нас и является корнем всех наших бед. Великий каббалист призывал нас вернуться к своему истоку, к тому духовному уровню, на котором мы находились до разрушения Первого Храма, и жить в любви и единстве.

Не раз он отмечал, что сила еврейского народа кроется в нашем объединении и что единство и духовность суть единые понятия. Только сплотившись, мы вновь поднимемся на духовную ступень и заживем на своей земле в покое и мире.

### Любовь и мир

Авраам Кук любил еврейский народ и мир в целом. Любил искренне и безоговорочно, как мать любит своего сына. Всеми силами он старался объединить нас этой любовью, поскольку знал, что лишь она принесет подлинное счастье и равенство между нами.

*Вот бы собрать все человечество воедино, чтобы я смог обнять всех.*

*— А. Кук, «Хадарав»*

Он утверждал, что любовь – это духовное качество, и обрести его можно только по методике науки каббала: «Каббала обучает нас мировому единению и тому, как идти этим светлым путем без помех» (А. Кук, «Орот Кодеш»).

### Самое главное – изучать тайную науку

Авраам Кук занимал различные общественные посты, однако не раз говорил, что желает лишь одного: изучать тайную мудрость – науку каббала, являющуюся основой всего: «Я испытываю огромное наслаждение от получения тайных знаний. В их раскрытии и заключается моя главная цель. Все прочие области приложения моих способностей вторичны относительно моей сути» (А. Кук, «Арпилей тоар»).

Кук стремился приобщить нас к тайнам науки каббала и неоднократно критиковал тех, кто противился ее массовому распространению. Он знал, что лишь раскрытие тайн мироздания приведет народ к единению и счастью: «В нашей жизни нам нужно только одно – раскрытие сокровенных тайн. Благодаря этому мы познаем себя, свою скрытую суть» (А. Кук, «Статьи»).

 Близок день, когда все узнают и признают, что спасение Израиля и всего мира зависит лишь от раскрытия каббалы — науки скрытого света, разъясняющей тайны Торы понятным языком.

-- А. Кук, «Игрот»

Со времен Авраама Кука и Бааль Сулама прошли десятилетия, однако сегодня их советы актуальны и необходимы нам, как никогда. Ведь в трудах двух великих каббалистов описан единственно возможный путь для достижения единства, безопасности и мира – как в нашей стране, так и во всем мире.

К счастью, мы все еще можем изменить к лучшему нашу судьбу. Перед нами лежит пока еще неведомый путь. И все, что нам нужно сделать, – это распахнуть сердце и разум, чтобы сделать его своим жизненным путем.

# Глава 14
# Рав Йегуда Ашлаг
# Бааль Сулам

*(1884–1954)*

## Лестница в небо

### Начало пути

1921 год, Польша. Дом семьи Ашлаг. За окном шумит ветер, а внутри царит тишина. Бааль Сулам только что вернулся из обычной поездки к своему учителю, но на этот раз в его задумчивом взгляде таится что-то особенное. Погруженный в себя, он ставит сумку у стены и, не проронив ни слова, ложится на диван. Спустя целый час он объявит членам семьи: «Мы стоим на пороге нового времени. Я получил от своего учителя все, что он мог дать. Пришло время отправиться в землю Израиля...».

Бааль Сулам, рав Йегуда Ашлаг, был одним из величайших каббалистов в истории человечества, если не самым великим из них. Особая душа спустилась в наш мир, чтобы дать нам науку каббала — лестницу к единству и счастью.

Я нахожу крайне необходимым взорвать железную стену, которая отделяет нас от науки каббала.

— Бааль Сулам, «Предисловие к Учению десяти сфирот»

И действительно, он впервые написал комментарий на всю книгу «Зоар» и труды великого каббалиста АРИ, впервые адаптировал глубочайшую, древнюю мудрость, сделав ее доступной каждому, впервые издал каббалистическую газету, предназначенную для всего народа. Тревога за судьбу народа, переполнявшая сердце Бааль Сулама, предопределила весь его жизненный путь.

### Дорога в Израиль

Желание уехать на родину предков назревало у Бааль Сулама уже давно. За два года до этого он пытался организовать переезд нескольких сотен семей, чтобы создать в Палестине совместное поселение.

— Черные тучи собираются в небе Европы, — говорил он. — Часы тикают, и времени у нас мало.

Группа отъезжающих уже заказала в Швеции сборные дома, однако в дело вмешались варшавские раввины. Опасаясь светского влияния в Палестине, они запретили репатриацию и даже не погнушались угрозами террористического толка. В результате группа распалась, а Бааль Сулам, ее организатор, был отстранен от занимаемой им должности судьи.

Разумеется, это не остановило его. Каббалист не отказался от задуманного и в 1921 году, практически без средств, приехал с семьей в Иерусалим.

### Пробуждение любви

Конец сороковых. Дом Давида Бен-Гуриона в Тель-Авиве. Глава «Народной администрации» заворожен словами сидящего перед ним «ортодокса»... Подойдя поближе, мы расслышим их разговор.

— Давид, — взволнованно говорит гость, — чтобы выстроить здесь независимую и счастливую страну, мы должны воспламенить естественную любовь, скрытую внутри нас... Необходимо сделать так, чтобы с образованием государства его граждане стали заботиться друг о друге. Лишь тогда у нас появится надежная основа для того, чтобы действительно стать народом...

«Много раз, – рассказывает Бен-Гурион, – я встречался с Бааль Суламом, чтобы поговорить о каббале и о будущем страны». Много раз удивлял его Бааль Сулам своими революционными взглядами. Чем же заинтриговали Бен-Гуриона слова каббалиста?

Бааль Сулам понимал внутреннюю суть и предназначение нашего народа. Он знал, что народ Израиля может жить лишь согласно духовному закону любви и отдачи. Встречаясь с Бен-Гурионом, он снова и снова повторял: «Чтобы выполнить нашу общую задачу и создать здесь счастливое общество, мы должны пробудить в себе искру любви к ближнему. Иначе, рано или поздно, в стране наступит кризис».

Бен-Гурион был далеко не единственным его собеседником. Рав Йегуда Ашлаг встречался со всеми лидерами тех лет, в числе которых Моше Шарет – второй премьер-министр Израиля, Залман Шазар – третий премьер-министр, писатель и поэт, Моше Арам – член Кнессета пяти созывов, Хаим Арлозоров – один из лидеров сионистского рабочего движения.

Бааль Сулама не волновали внешние различия и несхожесть менталитета. Им двигало лишь одно – забота о будущем народа Израиля. Даже на субботнем ноже, которым он нарезал халу, у него были выгравированы те же слова, что и на сердце: «Мединат Исраэль» (Государство Израиль).

### Время действовать

Он не ограничивается встречами с руководством и посвящает все свое время распространению каббалистической методики. Уже в 1933 году он издает серию статей, прокладывающих путь к подлинному объединению народа.

Название первой из них – «Время действовать» – однозначно свидетельствует о намерениях Бааль Сулама. Пришло время адаптировать науку каббала для нашего поколения. До сих пор она таилась за семью печатями, но срок настал. Человечество уже нуждается в ней, а потому Бааль Сулам, как представитель каббалистов всех поколений, раскрывает ее всему миру.

Статьи оказались лишь первым звеном в цепи. Бааль Сулам пишет комментарии на труды АРИ, основателя современной каббалы, и создает из них чудесное произведение – «Учение Десяти Сфирот». В предисловии он указывает, что в наше время эта книга позволяет каждому человеку найти ответ на вопрос: «Ради чего я живу?».

Я рад, что родился в поколении, когда уже можно обнародовать науку каббала.

*– Бааль Сулам, «Учение каббалы и его суть»*

«Только путем массового распространения каббалы среди народа удостоимся полного возрождения, – констатирует каббалист, обращаясь не только к тем, кто уже знаком с каббалой, но и к народу в целом, ко всем без исключения. – Поэтому мы обязаны создавать учебные центры и писать книги, чтобы ускорить распространение этой науки в народе».

### Возьмемся за руки, друзья

5 июня 1940 года Бааль Сулам решает сделать беспрецедентный шаг. Он перекладывает на современный язык основные принципы науки каббала и выпускает первую в истории каббалистическую газету под названием «Народ». При помощи этого средства каббалист обращается к народу с единственным призывом: **«Необходимо объединиться!»**

К сожалению, усилия недоброжелателей привели к тому, что британские власти закрыли газету. На первом же номере оборвалось единственное в своем роде периодическое издание, пытавшееся донести до людей принципы единства, сплочения и любви.

Однако Бааль Сулам не спасовал перед натиском противников распространения каббалы. Желая сделать ее всеобщим достоянием, он приступил к труду всей своей жизни – комментарию на книгу «Зоар» под названием «Сулам» (лестница).

### На грани возможного

Тель-Авив. Шаткое строение, почти развалины. На исходе седьмого десятилетия жизни Бааль Сулам долгими часами стоит, склонившись над старым печатным станком, и с усилием набирает текст. Свинец литер уже нанес непоправимый вред его здоровью, но каббалист не отчаивается. Наоборот, с радостью в глазах он выпрямляется, переводит дыхание и продолжает работу.

Из-под пера выходит том за томом, но тут два сердечных приступа, последовавшие один за другим, сваливают его с ног. Не вылежав положенного времени, он с трудом встает с постели и продолжает писать. Работает по 18 часов в день, а когда, наконец, засыпает, жена расцепляет ему пальцы, чтобы вытащить карандаш из руки, пораженной тяжелым артритом.

Из последних сил Бааль Сулам выполняет поставленную перед собой задачу. Комментарий готов. Завершив эту гигантскую работу и не имея средств, чтобы нанять профессионального наборщика, он стоит в типографии и сам готовит книгу к печати. Кофе исчезает стакан за стаканом – нужно бороться со сном, чтобы успеть.

---

Всю свою жизнь Бааль Сулам посвятил народу. Однажды, во время войны за Независимость, когда его лихорадило от чрезмерной тревоги, кто-то задал вопрос:

– Почему вы так беспокоитесь о событиях на фронте?

– Потому что чувствую, что бойцы там – это мои дети, – ответил он.

Именно так. Подобно отцу, увещевающему своего сына, Бааль Сулам говорит нам: «Любимые дети, изберите путь света и любви вместо разлуки. Лишь тогда мы будем счастливы…»

Рав Йегуда Ашлаг завершил свою миссию. Он подарил нам дело всей жизни – книги, ведущие всех и каждого по ступеням Высших миров на вершину совершенства. Все, что нам теперь осталось, это захотеть приобщиться, хотя бы немножко, к тому богатству, которое он для нас приготовил...

## Из Бааль Сулама

Каббалисты пишут в своих книгах, что изучать науку каббала обязан каждый в народе Израиля. Пускай человек полностью изучил Тору и наизусть знает все законы, пускай он превосходит всех современников хорошими качествами и добрыми делами, но если он не изучал науку каббала, то обязан снова возвратиться в этот мир, чтобы научиться тайнам Торы и истинной мудрости. Мудрецы говорили об этом неоднократно.

*«Предисловие к книге «Уста мудреца»*

Кому как не мне знать, что я вовсе недостоин быть посланником, раскрывающим тайны науки каббала, не говоря уже о полном их понимании. Почему же Творец доверил мне это? Лишь потому, что наше поколение достойно раскрытия этих тайн, ибо это последнее поколение, стоящее на пороге полного избавления.

*«Зов Машиаха»*

Я не принадлежу к числу наиболее выдающихся представителей рода человеческого. И если даже такой человек, как я, приложил усилия и раскрыл мудрость, заключенную в каббалистических книгах, то уж когда избранники поколения начнут изучать эти книги – сколько счастья и блага это принесет им и всему миру.

*«Последнее поколение»*

Я назвал этот комментарий «Сулам» (лестница), дабы указать на то, что предназначение его сходно с предназначением любой лестницы. Если перед тобою вершина всех благ, то недостает лишь «лестницы», чтобы взойти на нее, – и тогда все блага мира в твоих руках.

*«Предисловие к книге «Зоар»*

## Из писем и дневников Бен-Гуриона

Встречи с Бааль Суламом произвели на Давида Бен-Гуриона неизгладимое впечатление. Вот что он пишет об этом.

Раву Баруху Шалому Ашлагу.

Здравствуйте.

Дорогой рав... я с большим удовольствием вспоминаю о встречах и беседах, которые состоялись у нас несколько лет назад в Тель-Авиве с вашим отцом Бааль Суламом. Я сожалею о том, что они прекратились. Некоторые вещи, которые я от него услышал, вызвали у меня большой интерес, и если бы я мог высвободить время, то был бы рад вновь услышать слова мудрости из его уст.

*(архив Бен-Гуриона, письмо от 11.04.1951)*

Раву Йегуде Цви Брандвайну.

Несколько лет назад мне довелось неоднократно встречаться в Тель-Авиве с равом Ашлагом и подолгу беседовать с ним – и о каббале, и о социализме... Одна его фраза отпечаталась у меня в памяти. Он сказал мне: «Даже если человек всю свою жизнь верит в Бога – вера его немногого стоит, так как это не столько вера, сколько привычка. Ценен лишь тот верующий, который когда-то был атеистом». Я не осмелился спросить его, был ли и сам он когда-то атеистом...

*(архив Бен-Гуриона, письмо от 20.05.1958)*

Я придаю большое значение завершению начинаний рава Ашлага. Я всегда сожалел о том, что у меня нет ивритского перевода «Зоар». Правда, издательство «Бялик» опубликовало частичный перевод – однако нужно, чтобы текст полностью был доступен ивритскому читателю, не способному понимать арамейский язык этой великой книги, занимающей столь важное место в духовной жизни нашего народа.

*(архив Бен-Гуриона, письмо от 06.01.1960)*

Затем ко мне пришел сын Ашлага... Я рассказал ему о своих встречах с его отцом в Тель-Авиве несколько лет назад, когда я хотел говорить с ним о каббале, а он со мной – о социализме...

*(архив Бен-Гуриона, дневники, 11.08.1958)*

## Понять – значит ощутить

В наше время все больше людей задают себе вопрос: «Для чего мы живем?». Невозможность найти ответ приводит в отчаяние, являясь причиной все более распространяющихся депрессий, самоубийств, разочарований.

И потому величайший каббалист XX века Йегуда Ашлаг (Бааль Сулам) написал в предисловии к своему главному произведению «Учение Десяти Сфирот», что его книга предназначена для тех, кто ищет ответ на вопрос: «В чем заключается смысл нашей жизни?» Ведь методика каббалы передана нам лишь для того, чтобы мы смогли найти ответ на этот вопрос.

### Свет, возвращающий к Источнику

«Почему каббалисты обязывают изучать каббалу всех без исключения?» Бааль Сулам задает этот вопрос и сам же на него отвечает: «Каждый читающий каббалистическую книгу – даже если не понимает того, что читает, – вызывает на себя воздействие Высшего света».

Душа человека создается светом. И когда человек читает книги по каббале, свет исправляет его душу, а затем наполняет ее. Первоначально он воздействует на созданное в человеке желание, чтобы исправить его. И по этому воздействию называется «возвращающим к Источнику». Однако свет исправляет человека только по его просьбе. При изучении каббалы Высший свет светит в созданные им самим желания и исправляет их.

Исправление происходит, когда человек перестает пользоваться своими желаниями ради собственной выгоды и начинает использовать их на благо ближнего. Такое изменение способа применения желаний называется «исполнением заповеди».

Всего в человеке существует 613 желаний. Поэтому и сказано, что на человека возложено исполнение 613-ти заповедей. Когда человек исправляет все эти желания, наступает состояние, называемое «окончательное исправление». И тогда свет наполняет желания. Это наполнение называется «получением Торы» – Творец раскрывается человеку.

### Постижение

Занимаясь каббалой, необходимо полностью отключиться от всех известных ранее представлений. Нужно открыться для усвоения словаря новых понятий, наполненных каббалистическим смыслом. Только так можно начать движение по дороге, проложенной для нас каббалистами. Ведь если каббалисты пишут, что мы должны что-то понять, они не имеют в виду, что нужно понять это разумом. Подразумевается, что мы постигнем описываемую ими действительность, ощутим ее и начнем в ней жить.

### Польза от изучения каббалы

И все же, почему каббалисты обязывают изучать каббалу не только тех, в ком, как в Адаме Ришон, пробудилось желание к свету, а всех без исключения? Причина в том, что Высший свет светит каждому, кто читает каббалистический текст. Он ускоряет его развитие, даже если в человеке еще не проснулось желание к духовному, и тем самым помогает быстро преодолеть все невзгоды и жить без страданий. Ведь любые страдания посылаются человеку только для того, чтобы, стремясь их избежать, он достиг покоя – наполнения Высшим светом.

Каббалисты пишут, что все кругообороты наших жизней, в которых мы снова и снова возвращаемся в этот мир – рождаемся, живем, страдаем и умираем, – даются нам только для того, чтобы в одном из этих кругооборотов мы ощутили в себе пробуждение желания к свету и реализовали его – вышли в духовный мир. Когда мы это сделаем, мы будем называться «бней адам» (сыновья человека) – сыновья того, кто первым раскрыл тайну жизни.

**Книги Бааль Сулама**

Какие же книги помогают человеку вызвать на себя воздействие света, возвращающего к Источнику? В нашем поколении самый большой свет человек может вызвать, читая книги Бааль Сулама – последнего из величайших каббалистов. Он написал комментарий на книгу «Зоар» и на сочинения АРИ. Именно его книги способны помочь нашему поколению избежать страданий и достичь спокойствия и мира.

## Пророчество (1926 год)

Этот поразительный документ написан величайшим каббалистом Бааль Суламом с огромной искренностью, прямотой, болью, написан на одном дыхании, как молитва, как крик сердца. Уже достигший вершины духовной пирамиды, Бааль Сулам пишет этот высокий, таинственный документ, наполненный глубоким внутренним смыслом.

Это было время, когда мир стоял на пороге ужасных событий и будущие катастрофы готовились всколыхнуть человечество.

Ясно одно: здесь Бааль Сулам принимает на себя ответственность за весь мир, он хочет быть услышанным людьми и объяснить им, что их ожидает. Для этого он просит Творца спустить себя с самого высокого уровня, который вообще дано постичь человеку, и дать ему возможность объясняться на понятном для людей языке.

История знает пророчества, написанные великими пророками прошлого, но впервые, пожалуй, звучат такие слова:

> «И было в годы войны, в дни резни ужасающей, молю я и плачу плачем великим ночь напролет. И пришел рассвет, и вот люди всего мира, словно собранные воедино пред моим внутренним взором. И один человек парит

над ними, заносит меч свой над их головами и рубит по головам. И головы взлетают ввысь, а тела их падают в долину огромную, становясь морем костей.

И вот голос ко мне: «Я – Творец всемогущий, правящий всем миром в милосердии великом. Протяни свою руку и возьми меч, ибо дал Я тебе сейчас силу и мощь». И облачился в меня дух Творца. Взял я меч, и тотчас исчез тот человек, вгляделся я – и нет его, а меч же остался у меня.

И сказал Творец мне: «Из того места, где родился ты, направь стопы свои в страну прекрасную, страну святых праотцев. И сделаю Я тебя там мудрецом великим, и присоединятся к тебе все великие той земли, ибо из всего поколения тебя избрал Я праведником и мудрецом, чтобы излечил ты бедствие человеческое избавлением истинным.

А меч этот возьми в руку свою и храни его всей душой и изо всех сил своих, ибо он – свидетельство между Мной и тобой, что все эти благие дела тобой осуществятся, так как до сего времени не было у меня столь преданного, как ты, чтобы передать ему этот меч. И потому сделали разрушители то, что сделали. Но отныне, увидев меч Мой в руке твоей, любой разрушитель сгинет и исчезнет тут же с лица Земли».

И спрятал я лицо свое, потому что боялся взглянуть на говорящего мне. А меч, что казался поверхностному взгляду моему простым железным мечом, во владении моем вдруг обратился в сияющие буквы святого имени: Творец всемогущий, блеском и сиянием наполняющий свет, спокойствием, тишиной и уверенностью – весь мир. И молвил голос сердцу моему: «Передай всем поколениям мира чистоту этого меча, и тогда узнают они, что есть на Земле прелесть Творца».

И поднял я глаза, и вот, Творец, стоящий предо мной, говорит мне: «Я – Творец, Бог отцов твоих, подними глаза и узри все существующее, созданное мной из Ничего, высших и низших вместе, как до их проявления, так и развитие их на всем протяжении времени, пока не придут они к концу трудов своих, как должно, чтобы восхвалить деяние рук Моих».

И увидел я изобилие и наслаждение, наполняющее всех живущих на земле, и возрадовался прекрасному творению, и вознес благодарение Творцу. И обратился к Нему: «В трепете пред Тобой трудиться будем и Имя Твое восхвалять будем вечно, ибо не выйдет из Тебя злое и доброе, но лишь череда наслаждений, уготованная нам от начала до конца.

Счастливы продвигающиеся по мирам Твоим, которые Ты приготовил им для удовольствия, неги и полного счастья. Нет изъяна и недостатка в деяниях Твоих во всех высших и низших мирах».

И наполнился я мудростью прекрасной, а над всеми – мудрость Его личного провидения. Так продвигался я, день за днем умножая мудрость, долгое время. И задумал я тогда вознести молитву Творцу, чтобы сказать: «Вот наполнился я мудростью более всех живших до меня, и нет в мире ничего, что было бы выше моего понимания, но речи пророков и мудрецов не понимаю я совершенно. Не понял я и Имен святых во множестве их».

И задумался: «Вот Творец обещал мне мудрости и знаний, дабы служить примером мудрецам и созданиям всем, а я до сих пор речей их не понимаю».

И прежде чем воззвал я, ответил Творец: «Взгляни же – мудрость и постижения твои несравнимо выше постижений всех мудрецов, которые были до сих пор на земле. И что из того, о чем просил ты, не дал Я тебе? Зачем же вводить тебе в уныние дух свой пониманием пророчеств? Ведь потому не удовлетворяешься ты ими, что речения их незначительны по сравнению с постижением твоим. Может, пожелаешь, чтобы опустил Я тебя с уровня твоего – и тогда сможешь ты понять сказанное ими?»

И замолчал я, и возрадовался радостью великой, и не ответил ничего. А после спросил я Творца: «До сих пор не слышал я ничего о существовании тела моего после смерти. Все самое лучшее и предначертанное мне получил я лишь из духовного, и для него все предназначено. Но если так, то что будет, если из-за какой-то болезни или порчи телесной запутается ум мой и согрешу я пред Тобой? Отринешь ли меня от Лика Своего? Лишишь ли всего блага, иль накажешь меня?»

И поклялся мне Творец (ведь уже достиг ты конечной цели своей и все прегрешения твои простил Я) Именем Своим Великим и Страшным и Троном Своим Вечным, что не ослабнет милость Его ко мне навеки. Согрешу иль не согрешу, милость и святость Его не оставят меня никогда. И услышал я, и возрадовался очень.

И все это время внимал я вниманьем безмерным всем назначениям и заверениям, что получил от Творца, но не нашел в них достаточной ясности и языка, на котором мог бы говорить с людьми, дабы обратить их к Творцу, которого познал я.

И не мог я спокойно прогуливаться среди людей, видя, что пусты они совершенно, слыша, как злословят они на Творца и на творение Его. Не мог я, наполненный изобилием и возносящий хвалу, просто ходить и радоваться, словно насмехаясь над несчастными этими. Тронуло меня все это до глубины сердца моего.

И тогда решил я в сердце своем: «Будь что будет – даже если спущусь я с уровня моего, обязан вознести к Творцу молитву страстную, чтобы дал Он мне постижения и знания, речения пророческие, мудрость и язык, чтобы сумел я помочь несчастным людям и поднять их на ступень мудрости и наслаждения, подобную моей». И хоть и знал я тогда, что нельзя омрачать мне дух свой, но не сдержался и обратился к Творцу с молитвой горячей…

И было поутру: поднял глаза я и увидел Восседающего в небесах. Смеялся Он надо мной и речами моими, и сказал мне: «Что ты видишь?» Сказал я: «Вижу: борются два человека. Один мудр и совершенен, и полон сил, а второй мал и глуп, как младенец новорожденный. Но второй, не понимающий, маленький и слабый, опрокидывает силача и совершенного». И сказал мне Творец: «Этот младенец великим станет».

И раскрыл младенец уста свои и говорил мне, но непонятны были речения его. И все же ощущал я в них сокровища всей мудрости и пророчеств пророков истинных, пока не понял, что ответил мне Создатель на просьбу и сделал меня равным пророкам и постигшим Творца.

И сказал мне Творец: «Встань и взгляни в сторону востока древнего». Посмотрел я и увидел, как в мгновение ока вырос младенец тот и сравнялся ростом с большим, но недоставало ему понимания и ума, как и прежде. И изумился я очень.

Творец же обратился ко мне и сказал: «Ляг на правый бок». И лег я на землю, и сказал Он мне: «Что ты видишь?» И ответил я: «Вижу я: народы мира в великом множестве своем возвеличиваются и исчезают».

И сказал мне Творец: «Если сможешь придать форму всем народам этим и вдохнуть в них жизнь, приведу Я тебя в страну, которую поклялся Я праотцам твоим отдать тебе, и все предначертанное Мной – через тебя осуществится!»

# Глава 15
## Рав Барух Шалом Леви Ашлаг
## РАБАШ
*(1907–1991)*

*В природе человека заложена возможность подняться над страстями нашего материального мира и получать наслаждение от постижения мира духовного. И тогда он сможет ощутить настоящую радость.*

*РАБАШ, «Даргот а-Сулам»*

Он был сыном великого каббалиста Бааль Сулама, но не гены сделали его преемником отца. Поднявшись на вершину духовного постижения, он унаследовал право нести каббалу в народ.

В обычной жизни Барух Ашлаг был воплощением скромности. Избегая славы и ее назойливых требований, он отдавал все свое время учебе и написанию книг. Вместе с тем трудно переоценить то, что сделал этот каббалист для нынешнего поколения и для наших потомков.

### Последний из могикан

Именно так можно назвать Баруха Ашлага. Он стал последним звеном в цепочке величайших каббалистов всех времен, протянувшейся от Авраама до Бааль Сулама. РАБАШ играет в этой цепи особую роль, жизненно важную именно для наших дней: он протянул связующую нить от каббалистов прошлых эпох к современности и адаптировал для нас каббалистическую методику.

Восходя по духовным ступеням, он ни на мгновение не отрывался от земли, от простого человека, который хочет узнать, существует ли нечто более высокое, чем соблазны этого мира. С духовных высот РАБАШ видел, что у людей конца двадцатого столетия возникает настоятельная потребность найти смысл своей жизни. Руководствуясь этим растущим желанием, он сделал науку каббала простой, удобной и доступной каждому.

РАБАШ распахнул перед нами врата в чудесный вечный мир и проложил туда надежный путь, по которому уже шагают люди со всех концов земли.

### Начало: встреча с землей Израиля

Великий каббалист Бааль Сулам надеялся, что на земле Израиля он найдет единомышленников, которые присоединятся к распространению науки каббала – единственного средства духовного восхождения. Когда в 1921 году вместе со своей семьей он приехал в Иерусалим, Баруху Ашлагу было 13 лет.

Первые годы РАБАШ учился в одной из центральных иерусалимских ешив. Он делал большие успехи, и учителя предрекали ему блестящее будущее, полное высоких постов и регалий. Однако Баруха не прельщало публичное уважение, он не жаждал громких титулов и торжественных реляций в свой адрес. С юных лет в нем горело желание раскрыть смысл жизни – желание, которое он не променял бы ни на что другое. Он хотел лишь одного: стать учеником отца и изучать науку каббала, таящую ответ на сокровенный вопрос его сердца.

Спустя несколько лет, после того как РАБАШ доказал серьезность своих намерений, Бааль Сулам принял его в группу учеников. А когда Баруху Ашлагу исполнилось семнадцать лет, первый главный раввин Израиля, каббалист Авраам Ицхак Коэн Кук аттестовал его на раввинское звание.

### Отец и сын

Условия обучения у Бааль Сулама были жесткими и взыскательными, однако жгучее желание не давало РАБАШу покоя, заставляя преодолевать все препятствия на пути. Для посещения уроков ему приходилось каждую ночь покрывать пешком несколько километров из старого города до дома отца в районе Гиват Шауль. Маршрут этот изобиловал трудностями и опасностями: нужно было проскальзывать мимо британских блокпостов и многочисленных банд, которые подстерегали еврейских жителей города.

Несмотря на тяжелейшее положение в Иерусалиме начала тридцатых годов, РАБАШ не пропустил ни одного урока и ни одного важного события, в котором принимал участие Бааль Сулам. Барух сопровождал отца в поездках и выполнял все его поручения.

С годами РАБАШ стал ближайшим учеником Бааль Сулама и даже начал получать индивидуальные уроки. Отец, один из величайших каббалистов всех поколений, проходил с ним основополагающие каббалистические труды, отвечал на вопросы и готовил сына к его предназначению – распространению науки каббала в массах на простом и адаптированном для наших дней языке.

«Работа на отдачу – это единственная работа, которую нам необходимо совершить, потому что отдача противоположна нашей природе – желанию насладиться. Вопреки ему, мы должны стремиться к отдаче, а не получению ради себя».

-- РАБАШ, «Даргот Сулам»

То, что РАБАШ слышал от отца, он старательно заносил в личную тетрадку, на обложке которой так и написал: «Шамати» (услышанное). В итоге у него накопились тысячи уникальных свидетельств того, как Бааль Сулам объяснял духовную работу человека. Спустя много лет, перед самой смертью, РАБАШ завещал эту тетрадь своему ученику Михаэлю Лайтману, который и издал ее.

Более тридцати лет РАБАШ перенимал от отца знания и методику, чтобы впоследствии передать ее народу и всему миру. Каббала несет людям дух любви и взаимопонимания. Именно этим духом был проникнут Барух Ашлаг всю свою жизнь. Эта искра пульсирует в каждой книге, в каждой строке, в каждом слове, в каждом помысле и в каждом устремлении, которое каббалист дарит своим ученикам.

**Продолжение пути**

После того как в 1954 году отец умер, РАБАШ уезжает в Англию. Там он дает уроки каббалы в городе Гейтсхед, где проживает большая и известная еврейская община, а также в других городах. Вернувшись домой в 1957 году, он целиком посвящает себя делу Бааль Сулама, расширяя его наследие и неся науку каббала в народ.

Подобно отцу, РАБАШ не искал напускной известности и не желал прослыть мудрецом среди обывателей. Он многократно отказывался от предлагавшихся ему официальных постов. Вместо того чтобы завоевать уважение публики и встать во главе больших организаций, Барух Ашлаг всего себя отдал подготовке учеников, которые продолжат распространять каббалу именно тогда, когда народ начнет сознавать ее актуальность. Внешне изолированный от мира, РАБАШ был неразрывно связан с ним изнутри. Как рассказывает вдова каббалиста Фейга, даже соседи не знали, что он обучает людей «тайной науке». И, тем не менее, несмотря на всю его скромность, к нему находил дорогу каждый, кто действительно искал ответ. В числе тех, кто тайно посещал его, были известнейшие раввины, приходившие к нему в дом, чтобы с глазу на глаз учиться науке каббала.

## Ступени лестницы

1983 год стал поворотным в жизни Баруха Ашлага. До сих пор он обучал каббале считанных учеников, которые сопровождали его долгое время. Но внезапно группа пополнилась сорока новичками – молодыми светскими ребятами, «первыми ласточками» новых времен. Представители всех пластов израильского общества, они сильно отличались от прежнего контингента, и это позволило РАБАШу провести с ними уникальную работу, развивая духовную методику, наиболее подходящую для нашего поколения.

Каждую неделю он писал ученикам новую статью, в которой просто и в то же время досконально разъяснял каждый этап внутреннего становления человека на духовном пути. Таким образом, каббалист оставил нам в наследство настоящее сокровище – полную и проверенную методику, ведущую человека наших дней к постижению духовного мира.

Со временем ученики составили из статей РАБАШа серию книг под общим названием «Ступени лестницы».

## Последователи

Великий каббалист умер в 1991 году, а еще через несколько лет его ученик и личный помощник Михаэль Лайтман основал каббалистическую группу под названием «Бней Барух» (сыновья Баруха). Они поставили своей целью продолжить массовое распространение методики Бааль Сулама и РАБАШа. С годами группа выросла и превратилась в международную ассоциацию, насчитывающую сотни тысяч учеников в Израиле и по всему миру. Ведя широкую просветительскую деятельность, «Бней Барух» предоставляет всем и каждому возможность свободного доступа к каббалистическим знаниям и источникам.

Все свои силы Барух Ашлаг направил на то, чтобы заложить основы развития нового поколения каббалистов. Для этого он разработал методику, которая подходит каждому человеку и ориентируется на нужды современного мира. Благодаря РАБАШу человечество сделало гигантский шаг к решению охвативших его проблем.

Решение это позволит нам раскрыть новую, совершенную реальность, о которой писали каббалисты всех поколений. Нужно лишь воспользоваться ясным и надежным средством, которое РАБАШ вложил нам в руки. Пришло время поторопить будущее, иначе будущее поторопит нас.

# ЧАСТЬ ТРЕТЬЯ

Методика постижения

*«Представьте себе, что вы нашли некую историческую книгу, повествующую о последних поколениях, которые будут жить через десять тысяч лет, гарантирующую им спокойную и безоблачную повседневную жизнь. Без сомнения, если бы нашелся некий мудрец и написал такую книгу, наши лидеры бросили бы все и отыскали средство, позволяющее наладить такую жизнь, когда все встанет на свои места и наступит мир.*

*Вот перед вами находится книга, в которой описаны и разъяснены и государственная мудрость, и все пути развития личности и общества того времени. Это каббалистическая книга. Откройте ее, и вы найдете в ней описание всех добрых жизненных путей, которые раскроются в будущем, и получите хороший пример, чтобы уже сегодня, в этом мире все расставить по своим местам».*

*Бааль Сулам,*
*из предисловия к статье*
*«Последнее поколение»*

## Глава 1
## Носители духовной информации

### Немного истории

Все началось пять тысяч лет назад, когда население древнего мира сосредоточилось вокруг Месопотамии – колыбели современной цивилизации. Люди жили дружно и слаженно, одной большой семьей: «На всей земле был один язык и одни слова» (Тора, «Берешит»).

Конец этой пасторали положила первая в истории вспышка эгоизма. Неимоверно возросшие желания разобщили мир. Люди захотели подчинить себе природу, им понадобилось использовать весь мир ради своей выгоды. Этот период олицетворяется строительством Вавилонской башни. Вот что рассказывает о нем Мидраш: «Если человек падал и умирал, никто не обращал на него внимания, если же падал один кирпич, люди садились и плакали: «Горе нам! Когда другой встанет на его место?»

Все погрузились в себя, и лишь один человек не покорился всеобщему настрою. Уже тогда, в начале эгоистического развития, он захотел найти решение проблемы, подняться над естественным ходом вещей. Так родилась наука каббала, благодаря которой мы преодолеваем разделяющие нас барьеры, чтобы взойти на уровень единства и взаимопонимания. Кстати, слово «Вавилон» (ивр.– «Бавель») происходит отивритского «бильбуль» – путаница, что символизирует смешение языков.

Родоначальника этой науки звали Авраам. Свои исследования он описал в книге «Сефер Ецира». Из его учеников образовалась первая каббалистическая группа, которая с годами выросла и стала еврейским народом.

### Вавилонская башня, последний ярус

Как ни странно, мировые реалии последних полутора веков во многом похожи на реалии времен Древнего Вавилона. За первой волной промышленной революции последовало ускоренное развитие во всех областях:

энергетика и транспорт, телевидение и радио, киноиндустрия и биржа, предметы роскоши и пища для гурманов, хай-тек и демократия – все это бурно расцвело в последнее время. Эгоизм, впервые вырвавшийся наружу в Древнем Вавилоне, достиг заключительного этапа своего развития в начале XX столетия. Сегодня он растет несоизмеримо быстрее, чем в предшествующие эпохи, и постоянно наращивает темпы.

Наряду с ускоренным развитием технологий, многих из нас не покидает ощущение, что мы живем в современном аналоге Вавилона. Всё больше людей отправляется на поиски чего-то, лежащего за пределами наполнений нашего мира, даже самых соблазнительных. Мы, как и Авраам в свое время, приходим к пониманию, что слепая погоня за эгоистическими искусами обречена на неудачу. Двигаясь этим путем, многие уже ощутили, что подход необходимо изменить, найдя более верный путь в жизни. Полная неудовлетворенность и является основной причиной эпидемии депрессий – самого распространенного недуга современного мира.

В дополнение к внутреннему кризису, нарастающему в людях в течение XX столетия, малопривлекательной остается и внешняя реальность. Мировые войны, террор, всеобщая ядерная угроза, растущая нищета, кризисы в экологии, науке и искусстве – все это только обостряет ощущение, что решение для искоренения этого хаоса находится на более высоком, более общем уровне. Сегодня потомки Вавилонской цивилизации – иными словами, все человечество – подобно Аврааму, осознают скрытое доселе зло.

Расширяющееся понимание всеобщего кризиса возвращает мир в то же состояние, в которое был поставлен Древний Вавилон пять тысяч лет назад. Однако существует принципиальное отличие: сегодня человечество, расселившееся по всему земному шару и насчитывающее миллиарды людей, уже готово слушать. Оно созрело для усвоения и реализации методики Авраама.

*(отрывок из книги М. Лайтмана и Э. Ласло*
*«Вавилонская башня – последний ярус»)*

## Контуры

> «Когда Творец задумал создать мир, пришли к нему все буквы алфавита в обратном порядке, от последней – тав, до первой – алеф…»
>
> *Книга «Зоар» с комментарием «Сулам», статья «Буквы рабби Амнона-Саба»*

Все наши знания о духовных мирах мы получаем от каббалистов, которые эти миры постигли. Начертание букв в каббалистических текстах определяется соотношением духовных сил, свойственных определенной ступени. Таким образом, каббалисты создали алфавит языка иврит в виде 22 букв, с помощью которых можно во всех деталях изобразить картину, постигаемую человеком.

Порядок букв алфавита говорит о прямом свете, который приходит к творению сверху вниз, чтобы насладить его. Творение останавливает, ограничивает свет, не желая принимать его ради собственного наслаждения. Оно готово наслаждаться только альтруистически, ради Творца. Обратный порядок букв от конца алфавита к началу символизирует ответное действие творения, которое «отражает» свет и поднимает его в виде просьбы об исправлении эгоизма.

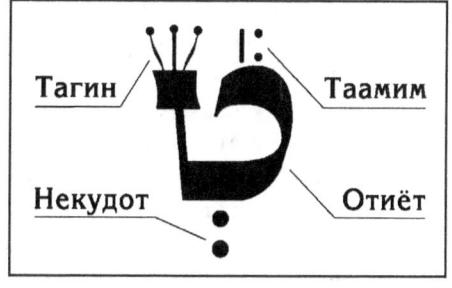

Буква представляет нам свойства определенной духовной силы своим начертанием, своими возможными сочетаниями с остальными буквами, своей огласовкой, коронами и нотными знаками, наконец своим числовым значением – гематрией.

Формы начертания букв складываются из всевозможных сочетаний двух элементов – линии и точки.

Линия обозначает распространение света.

Точка говорит о том, что творение сократило себя, – в нем нет света, и оно подобно черной точке.

Равномерное ограничение света изображается в виде окружности.

Выступающий элемент буквы говорит о том, что свет в одной части творения больше, чем в другой.

Прямоугольник – приходящий свет и отраженный свет взаимно переплетаются и образуют прямоугольник.

Таким образом, все описание духовных миров сводится к изображению объектов и действий в виде букв, их сочетаний и различных фигур.

Буквы складываются в слова. Порядок букв в слове говорит о связи объектов и их совместных действиях и свойствах. Постижение слова в его духовном значении означает подъем на духовный уровень этого объекта. В таком случае сам постигающий называется этим словом. Имя человека, поднимающегося по духовным ступеням, меняется в зависимости от того, на какой ступени он находится, – именем этой ступени он и называется. Поэтому сказано, что все могут стать как Моше – достичь ступени, называемой «Моше».

При написании буквы сопровождаются знаками, несущими дополнительную духовную информацию:

**Таамим** – звуковые оттенки произношения буквы – обозначают прямой свет, распространяющийся сверху вниз в творении.

**Некудот** – огласовки букв – обозначают свет во время его постепенного удаления из творения снизу вверх.

**Тагин** – короны над буквами – обозначают воспоминания, опыт от бывшего ранее света, от таамим.

**Отиёт** – буквы – имеют свое числовое значение, указывающее на количество света, которое творение способно принять на определенной ступени. Этот расчет называется «гематрией».

Приступив к сотворению мира, Творец начал выбирать свойства букв. Все 22 буквы-свойства «явились» перед Ним, начиная с последней – тав, и до первой – алеф, главы всех букв. Буквы пришли в обратном порядке, потому что они представляют собой «отраженный свет», просьбу творения исправить свои эгоистические желания.

Поднимаясь в Высший мир, человек начинает ощущать свойства букв и слов. Тогда каббалистическая книга становится для него путеводителем по духовному. В ее строках он увидит все совершенство творения.

## Секретное средство

### Книги

С раннего детства мы знаем, что такое книга. Первые сказки, прочитанные нам бабушкой про хорошего Иванушку и злого Кощея, мы проглатывали вместе с густой манной кашей. В школе нас научили читать, а также тому, что книги несут мудрое, вечное, доброе. О существовании книг не очень добрых и не очень мудрых мы узнали несколько позднее...

Сегодня человечество открывает для себя особые книги, не похожие ни на какие другие. Это каббалистические книги. Еще не всем приходилось открывать эти книги, но зато все слышали, что в них содержится какой-то секрет. И верно, в них есть секрет. Но обо всем по порядку.

**Секрет**

События, о которых повествуют каббалистические книги, разворачиваются не в нашем материальном мире с его материальными объектами, а в мире, который называется духовным. Это не тот духовный мир, который ассоциируется у нас с заклинаниями, предметами культа и молитвами. Духовным он называется, потому что состоит из желаний. Желания эти нам незнакомы. Они альтруистические по своей природе и абсолютно противоположны желаниям нашего эгоистического мира. Поэтому между мирами – материальным и духовным – нет и не может быть никакой связи. Объединить их может человек, если сумеет исправить свои эгоистические желания на альтруистические. Помочь ему в этом могут только каббалистические книги, и именно в этом состоит их секрет.

Устройство парцуфа

**Сила**

Откуда взялась в каббалистических книгах сила, способная изменять то, что невозможно изменить даже с помощью гильотины, тюрьмы и лагерей, – человеческую природу? Сила эта ведет свое происхождение из взаимоотношений Творца и творения.

Дело в том, что Творец всегда дает, наслаждает, а творение – наоборот, всегда это наслаждение желает получить. Однако, если творение получит полностью все то наслаждение, которое ей хочет дать Творец, оно... аннулируется. Это подобно состоянию сытого человека после очень плотного обеда. Поэтому творение принимает решение выстроить особую систему защиты, которая называется «миры». Мир – на иврите «олам», от слова «алама» – скрытие.

Самый первый духовный мир называется Адам Кадмон.

### Адам Кадмон

Адам Кадмон состоит из пяти парцуфим (духовных конструкций). Каждый из них состоит из трех основных частей: Рош (голова), Тох (середина) и Соф (окончание). Наслаждение или свет (ор) Творца заходит в парцуф через Рош. Оно останавливается масахом (экраном). Это особое устройство, с помощью которого можно регулировать поступление света. Часть света, пропущенная масахом, проходит внутрь, в Тох, а часть – в виде окружающего света (ор макиф) – остается снаружи.

Но тут происходит неожиданное. Свет, зашедший внутрь, возбуждает в парцуфе желание получить окружающий свет. Поскольку это желание невозможно осуществить, парцуф вынужден избавиться от внутреннего света. Представьте состояние голодного человека, которому издали показали роскошную еду. Лучше бы не показывали вовсе!

### Буквы

Исторжение света происходит постепенно, небольшими порциями. Эти порции называются «некудот» (точки). Вместе с этим информация о пребывании света не исчезает. Она остается в виде особой записи (решимо). Без решимо невозможно никакое действие в будущем, так как лишь на основе прошлых навыков и знаний можно действовать – как в духовном мире, так и в материальном. Запись (решимо) от некудот называется «буквы» (отиёт).

### Заключение

Краткий и упрощенный фрагмент устройства духовных миров, приведенный нами, призван дать представление о материале, который изучает наука каббала. Однако изучение этого материала не является самоцелью. Важен особый эффект, сопровождающий изучение каббалистических текстов. Тексты, написанные каббалистами, содержат в себе точную информацию о том исправленном состоянии, к которому должен прийти человек, и потому они обладают особой исправляющей силой, которая называется «ор макиф» (окружающий свет). Впрочем, лучше дадим слово самим каббалистам:

«Изучая каббалу, человек произносит названия светов и сосудов, относящихся к его душе. В ответ они сразу же начинают светить особым свечением, но издали, снаружи, не заходя внутрь его души, поскольку она еще не исправлена. Это свечение постепенно вызывает у человека ощущение привлекательности, красоты духовного и таким образом приближает его к совершенству» (Бааль Сулам, «Предисловие к Талмуду Десяти Сфирот»).

## «Знание – сила»

*Беседа ученого-каббалиста, рава М. Лайтмана
с И. Харичевым, генеральным директором журнала «Знание – сила»*

**И. Харичев:** Добрый день. Я представляю журнал «Знание – сила». Это междисциплинарный, научно-популярный журнал. Мы стараемся отслеживать все интересное, что происходит во всех областях современной науки.

**М. Лайтман:** Добрый день. Я рос на вашем журнале. «Знание – сила» и «Техника молодежи» – два этих журнала в мои школьные и студенческие годы были доступны молодежи. Я очень благодарен вашему журналу, потому что он и привел меня к занятиям биокибернетикой, а потом уже и к сегодняшним занятиям каббалой.

**И. Харичев:** Пожалуй, я начну вот с такого вопроса. Вы называете каббалу наукой, но там много построений, до которых дошли умозрительно, и воспроизведения опыта, повторения его результатов (что является основой науки) в каббале, с моей точки зрения, нет. Почему все-таки вы называете каббалу наукой?

**М. Лайтман:** Действительно, это очень серьезный вопрос, и хорошо, что его задают ученые. Может быть, вместе мы сможем продвинуться к пониманию того, что каббала – это наука.

Наука изучает наш мир с помощью пяти органов чувств и приборов, которые расширяют их диапазон. Испытывая сходные ощущения, мы можем обмениваться информацией, воспроизводить опыты, делать какие-то предположения и затем все проверять. Это и есть земная наука.

Однако, кроме пяти органов чувств, существует еще один, который человек может в себе развить. В каббале он называется «душа». Это не привычное, обиходное понятие, а действительно шестой орган чувств, который позволяет ощущать управляющие нами силы.

Дело в том, что мы ощущаем довольно ограниченную часть мироздания. Современная наука подтверждает, что мы не полностью охватываем весь диапазон существующего вокруг нас бесконечного мира, а только его конечные, маленькие формы. Наш мир вообще может быть воспринят абсолютно по-другому, даже теми же органами чувств, только в других диапазонах.

А кроме того, существует область мироздания, которую мы не только не ощущаем, но и не испытываем в этом потребности. Не чувствуем же мы, допустим, недостатка в шестом пальце на руке.

Однако в процессе эволюции, развиваясь под воздействием постоянно растущего в нас эгоизма, мы приходим к такому состоянию, когда начинаем задаваться вопросом о смысле жизни: «Для чего я существую? Откуда я? Для чего я?» И это вопрос не философский – это, в общем-то, вопрос о силах, которые нами управляют. Каббала говорит о том, что в нашей земной жизни возможно восприятие мироздания еще и дополнительным органом чувств, душой. И тогда мы будем ощущать наш мир сквозным, то есть за внешней материальной оболочкой увидим силы, управляющие им.

Каббала называет эти силы «природа» или «Творец» – что одно и то же. Имеется в виду не какая-то высшая сила, высшая воля, которой чего-то хочется или не хочется. Речь идет об общем законе мироздания, о силовом поле, которое держит все наше мироздание, как на сетке – сетке сил.

У человека появляется возможность видеть и наблюдать наш мир в более полном объеме, ставить опыты и воспроизводить их, записывать и передавать результаты экспериментов, передавать из поколения в поколение накопленные знания, что и делают каббалисты. Человек начинает понимать, что же за силы, на самом деле, управляют нашим миром, куда они нас ведут, в чем заключается цель развития Вселенной, человека. И все это благодаря тому, что каббалисты развивают в себе дополнительный, шестой орган чувств.

Если человек начинает спрашивать себя о цели жизни, не удовлетворяясь всевозможными психологическими игрушками и методиками, если религия не успокаивает его своими уговорами: «дескать, все будет хорошо», если он действительно ищет истину, если желает исследовать ее и судить о ней здраво и разумно, – тогда он приходит к каббале. Для тех, кто находится в ощущении этих сил, – для них это наука. Ну а для тех, кто еще не ощущает эти силы, это всего лишь умозрительная теория – может быть, интересная, но не более того.

Каббалу нельзя отнести к обычным наукам, но для того, кто овладевает этим инструментом постижения мира, она становится именно наукой.

**И. Харичев:** Я по образованию физик-теоретик, специализировался по астрофизике. Хочу сказать, что как физик я давно пришел к мысли о существовании Высшего разума. Я пока что не смог найти прямых доказательств, но я в это верю. Что вы можете сказать по этому поводу?

**М. Лайтман:** По методу восприятия мира каббала делит всех людей на две категории:

1. Верующие в существование Высшей силы (Бога, Творца) или не верующие в ее существование. И то, и другое – вера без доказательств: или им так сказали, или они сами так предполагают.

2. Постигающие эту Высшую силу, каковыми и являются каббалисты.

Мы уже говорили о том, что вокруг нас существует некий абсолют – постоянное физическое поле. Вот оно и называется вечной природой, Творцом. Мы его не ощущаем – мы ощущаем свои реакции на него. То есть все изменения, абсолютно всё, что ощущается нами как существующее, мы сами рисуем в своем воображении. Каббала объясняет, что вокруг нас не существует ничего, кроме Высшего света – постоянной Высшей силы.

Если мы сможем прийти к свойству любви, отдачи (но не эгоистической любви и отдачи, как мы понимаем в нашем мире), тогда мы ощутим эту силу вне нас. Так человек начинает понимать, что же называется его душой, – это возможность, способность ощущать Высшую силу, соединяться с ней. Он как бы выходит из своих пяти органов чувств, отождествляет себя с этой внешней абсолютной силой и начинает ощущать вечность, бесконечность, безвременность духовного пространства. Такой человек живет в нашем мире, в наших пяти органах чувств (они не меняются), и одновременно с этим ощущает внешнее поле, существующее вне него. И тогда четко возникает абсолютное понимание, что весь этот мир является миром, создаваемым нами внутри самих себя.

Мы всегда должны помнить о том, что на самом деле действительности вне нас нет. Она ощущается в нашем восприятии и только. Будь у нас другие органы восприятия – ощущали бы по-другому, но все равно ощущали в себе. Когда мы обретаем способность оторваться от своей животной природы, от своего эгоизма, и начинаем ощущать мир вне себя – каков он на самом деле, только тогда ощущается внешняя единая сила, называемая Творцом.

**И. Харичев:** Между прочим, в буддизме тоже говорится о возможности уподобиться Высшему, божеству. Как вы относитесь к этим совпадениям?

**М. Лайтман:** И каббала, и буддизм, и вообще все древние верования, религии – все они вышли из Вавилона, из этой древней колыбели человеческой цивилизации. Все они (кроме каббалы), особенно индуистская, построены на том, чтобы подавлять эгоизм, подавлять себя, довести человека до уровня животного, или растения, или даже, практически, неживого существа.

Подавление своего эгоизма, своих возможностей, конечно, приводит человека к более комфортному состоянию: чем меньше тебе надо, тем ты себя лучше чувствуешь в любой обстановке, и, в принципе, это компенсирует те желания и страсти, которые вызывают у человека стремление к познанию. С другой стороны, такая деградация действительно ставит человека в некое равновесие с Высшей силой. Делая человека менее эгоистичным, она приближает его к этой силе, но не дает возможности ее постичь, потому что человек при этом уничтожает те свои желания, которые позволяют ему эволюционировать, развиваться.

Наш эгоизм необходим. Он нужен нам для того, чтобы познавать, понимать. Поэтому наука каббала так и называется – «каббала» – от слова «получение», «развитие». Постоянно развиваясь в процессе эволюции, эгоизм привел к тому, что сегодня, с одной стороны, раскрывается глобализация, зависимость друг от друга, а с другой стороны – абсолютная ненависть и взаимное отталкивание. Эти силы нам необходимы. Правильно используя их, мы сможем прийти к постижению внешнего мира.

А все остальные методики на сегодняшний день уже не удовлетворяют человечество, и люди начинают понимать, что они не в состоянии существовать в этих рамках. Потому что эгоизм мы не можем подавить! Свое желание познавать, двигаться вперед мы не можем никуда убрать. И не надо этого делать!

Каббала, которая была скрыта на протяжении тысячелетий, начинает раскрываться именно сейчас, в течение последних 15–20 лет, потому что человечество уже обладает огромным эгоизмом и может проникнуть сквозь материальный мир.

**Каббала дает человеку возможность ощутить Высшую силу, управляющую нашим миром. И когда человек эту силу ощущает, в нем возникает возможность поступать не ради своего эгоизма, а ради того, чтобы быть на уровне отдачи, на уровне любви, потому что он видит эту грандиозность, это величие, эту мощь.**

# Глава 2
# Каббалистическая книга

## Волшебный мир книги

*Хорошая книга захватывает наше воображение яркими картинами и описаниями далёкой, иногда даже сказочной реальности. Каббалистическая книга способна совершить настоящее чудо и перенести нас в мир, о котором она говорит.*

Мечта любого ребенка – попасть в книгу приключений и стать ее главным героем. Как ни странно, духовный путь человека претворяет в жизнь забытую детскую мечту. Путь этот проходит через волшебные строки, за которыми проступает необъятный, необыкновенный мир.

Не верите? Сейчас я всё объясню.

Каббалисты – это люди, сумевшие проникнуть за кулисы нашего мира и найти силы, которые им управляют. По ту сторону видимого глазу узора они отыскали нити, скрепляющие воедино все его части. Великая книга мироздания раскрыла перед ними свой замысел, сюжетную линию и грядущий финал.

Однако каббалисты не остановились на постижении таинств бытия. Они написали книги, в которых рассказали нам о своих открытиях, чтобы мы тоже распахнули врата вечности и вступили в мир, который сейчас кажется сказкой.

Эти книги повествуют об Авторе истории нашей жизни, о том, куда Он нас ведет, какие дары приготовил и как можно управлять сюжетом наравне с Ним. В отличие от обычных книг, написанных людьми этого мира, каббалистические книги несут в себе «изюминку» – качественно иную добавку, ключ от дверцы, за которой жизнь обретает вечный смысл и полноту. Не случайно каббалистическая книга называется «мегила» – ведь она раскрывает (ивр. – мегала) читателю путь к счастью.

Я вижу недоверчивую и даже саркастическую улыбку у вас на устах: «Ну, это уж слишком. Раскрыть путь к счастью, просто читая каббалистическую книгу?»

Вообще-то, не совсем так. Чтобы повернуть ключ в замочной скважине, от нас требуется одна маленькая, но очень важная вещь – желание. Многие

помнят слова из музыкальной постановки «Алиса в стране чудес»: «Попасть туда несложно, никому не запрещается, в ней можно оказаться – стоит только захотеть».

Каббалистическая книга перенесет нас в волшебный мир, если мы действительно захотим этого. Благодаря тайной «начинке» – духовной составляющей, она совершит для нас невозможное.

Каббалисты объясняют механизм этого перехода. В статье «Предисловие к Учению Десяти Сфирот» Бааль Сулам пишет, что в каббалистических книгах заложена особая сила, берущая начало в Высшем мире. Читая эти книги, человек хочет влиться в них, окунуться с головой в их безбрежную мудрость – и тогда скрытая сила начинает действовать. Пробравшись сквозь внешнюю канву, мы внезапно разглядим величественную картину страны, которой нет на картах, – ведь она возвышается над плоскостью этого мира, над нами нынешними.

Так сказка становится для нас явью, а автор, книга и рассказ – единым целым.

Каббалистическая книга – это приглашение в вечную реальность, билет на скорый поезд к счастью, захватывающее приключение на тропинках духовных миров. Удачи вам, путники, раскрывающие книгу своей жизни.

Счастливого пути!

## Прикоснуться к «Зоар»

*Место: Иудея.*

*Время: II век н.э.*

Замысел книги «Зоар» (сияние) родился чуть менее двух тысячелетий назад в небольшой пещере неподалеку от поселения Пкиин в Западной Галилее. Там рабби Шимон Бар Йохай вместе с сыном рабби Эльазаром скрывались от преследования римлян. Ежедневно в течение тринадцати лет изучая науку каббала, они готовили себя к написанию книги, которой предстояло изменить судьбы человечества. Тайны Высшего мира раскрылись перед ними только благодаря пламенному желанию, переполнявшему их сердца. Постепенно формировался замысел книги «Зоар». Отца и сына пронизывала единая мысль: миру должна раскрыться тайна творения!

Годы проходят быстро. Отец и сын завершают духовную подготовку и выходят из пещеры. Однако, чтобы написать книгу «Зоар», нужно создать группу учеников, с помощью которых рабби Шимон сможет «притянуть» в мир Высший свет. Спустя короткое время он собирает вокруг себя величайших каббалистов той эпохи и выбирает для занятий пещеру на горе Мерон, с которой открывается холмистый пейзаж города Цфат. Объединившись друг с другом в едином желании, они формируют духовную структуру, через которую рабби Шимон проводит в мир Высший свет. Их девять, и он – десятый: десять каббалистов по числу десяти сфирот.

---

**СГУЛА**

Сгула – это особая сила, позволяющая человеку приобрести духовные свойства, которые изначально не раскрыты в нем. Каббалисты объясняют, что для пробуждения этой силы необходимо изучать оригинальные каббалистические первоисточники.

---

Однако постижения рабби Шимона столь высоки, столь глубоки… Как же передать их людям?

**Тайное откровение**

В главе «Аазину» книги «Зоар» описывается организация работы в группе: каждый ученик выполнял свою духовную работу, и, кроме того, рабби Аба записывал слова учителя.

Рабби Аба был наделен особым талантом: он единственный мог записывать слова учителя так, чтобы они сочетали в себе и разгадку, и загадку одновременно. Человек, уже внутренне готовый, правильно понимает этот текст, а тот, кто еще не созрел, видит лишь внешний пласт повествования. Книга «Зоар» называет это «тайным откровением».

Спустя 1800 лет Бааль Сулам напишет: «Рабби Аба умел выстраивать слова так, чтобы они были полностью открыты для тех, кто достоин их понять, и недосягаемы для тех, кто их недостоин» («Общее введение в книгу «Паним меирот»).

Итак, книга «Зоар», основа основ науки каббала, впервые раскрылась миру и сразу же была спрятана ее авторами. Еще не пришло время… «Книга эта, – сказал рабби Шимон своим ученикам, – раскроется лишь в том поколении, которое придет в отчаяние от собственного эгоизма и захочет понять смысл своей жизни. Ее предназначение в том, чтобы завершить период духовной тьмы и изгнания».

### Где ключ от шифра?..

Множество книг было написано каббалистами до книги «Зоар», а еще больше – после нее. Однако ни одна не сравнится с ней по духовной мощи. «Зоар» описывает вечную и совершенную духовную реальность, существующую над ограничениями пространства и времени. Но как понять то, что в ней скрыто? Бааль Сулам пишет: «Наш человеческий язык чересчур скуден, чтобы верно и полно истолковать в книге «Зоар» хотя бы что-то» («Введение в книгу «Зоар»).

В таком случае, где ключ от этого шифра? Как проникнуть в его суть? Как добраться до тех сокровищ, которые оставил нам рабби Шимон со своими учениками?

На это Бааль Сулам отвечает так: «Чтобы понять слова книги «Зоар», человек должен быть свободен от себялюбия. Лишь в мере своей внутренней чистоты он сможет понять то, что хочет донести до него «Зоар». В противном случае силы скверны заслоняют и сдерживают истину, заложенную в этой книге» (книга «Шамати»).

Каббалисты – это люди, постигшие Высшую силу, силу любви и отдачи. В своих книгах они описывают открытия, совершенные ими в духовном мире. Однако лишь тот, кто сам достиг такого же уровня, может понимать их слова. Лишь перед ним раскрываются тайны книги «Зоар».

Человек, постигающий Высшую силу, начинает восхождение по 125-ти ступеням духовной лестницы, раскрывая прошлое, настоящее и будущее. Он понимает, что книга «Зоар» закрыта лишь перед теми, чье сердце полно эгоистической любви к себе. Если же сердце человека открыто для других, книга эта служит ему путеводителем по духовному миру, навстречу вечности и совершенству.

### Раскрытие

*11 веков спустя.*

*Место: Вальядолид, Кастилия.*

*Время: XIII век.*

Вот уже которую ночь каббалист рабби Моше де-Лион не смыкает глаз. Он сидит у себя в комнате, склонившись над древним манускриптом, случайно попавшим к нему в руки. Духовная мощь рукописи столь велика, что изумлению его нет предела. «Это написали гиганты духа, – понимает он. – Слова их возвышенны и загадочны… Люди неверно истолкуют эту книгу, поколение еще не готово к ее раскрытию».

Однако через несколько лет после его смерти, в самом начале XIV века, книга «Зоар» все же вышла в мир. Рабби Моше не успел посвятить жену в свою тайну, и в одну из тяжелых зим вдове пришлось распродать все оставшиеся после него рукописи, чтобы прокормить себя и дочь.

Итак, книга вышла в мир, но широкого распространения не получила, оставаясь непонятной и далекой от масс. Изучали ее немногие, и только единицы могли понять и оценить важность написанного. Книга переходила из города в город, от каббалиста к каббалисту. Вставая в полночь, они зажигали свечу, занавешивали окна и плотно затворяли двери, чтобы их не увидели и не услышали. С трепетом они открывали эту великую книгу, пытаясь постичь реальность, скрытую от наших ощущений. Делалось это втайне, поскольку было известно, что «время еще не пришло». Должно пройти еще несколько столетий, пока люди будут готовы к раскрытию тайн книги «Зоар».

**Необходимо действовать**

*7 веков спустя.*

*Место: Палестина (Израиль).*

*Время: XX век.*

На пороге истории двадцатый век. Водоворот событий захлестнул собою мир. Невероятный технический рывок, не имевший аналогов в прошлом, две мировые войны с массовым уничтожением целых народов – это лишь фрагменты тех потрясений, которые испытало человечество уже в первой половине века.

Стало ясно, что началось падение в никуда. Теперь еще больше, чем когда бы то ни было, проявилась необходимость в качественных и быстрых переменах. Требуется методика выхода из кризиса. Даже не сознавая этого, мир нуждается в том, кто объяснит причины происходящего, проинструктирует и направит… И такой человек есть! Это духовный наследник рабби Шимона Бар Йохая, величайший каббалист нашего поколения – рав Йегуда Ашлаг – Бааль Сулам.

Время не ждет. Действовать нужно быстро. Бааль Сулам понимает, что человечество сможет взять новый курс только в том случае, если взойдет на следующую ступень развития – духовную. Тревога за будущее мира не дает покоя и заставляет учащенно биться сердце. «Необходимо действовать, – понимает он. – Пришло время дать людям решение – развить каббалистическую методику».

Великий каббалист решительно приступает к делу. Однако существует проблема: поднявшись на высшие ступени духовной лестницы и постигнув все тайны, заложенные в книге «Зоар», Бааль Сулам лишился способности писать на языке, понятном людям. Как же быть?..

«Тогда решился я в сердце… даже если придется спуститься с моей высокой ступени, я обязан излить горячую молитву к Творцу. Пускай даст мне постижение и знание, чтобы принести пользу людям и поднять их на свою ступень мудрости и очарования» (Бааль Сулам, «Пророчество»).

В своем «Пророчестве» Бааль Сулам описывает, как он от всего сердца просит быть понятым, даже ценой отказа от высочайшей духовной ступени, ибо пришло время раскрыть миру тайны каббалы. Просьба удовлетворена, и с этого момента начинается судьбоносный период его жизни.

**Духовная революция**

«Наше поколение стоит на пороге духовного подъема, который наступит, как только мы научимся распространять мудрость каббалы в массах».

*Бааль Сулам, «Шофар Машиаха»*

В сумасшедшем забеге наперегонки со временем он ступень за ступенью выстраивает «лестницу», которая «приведет человечество в небеса», в вечность и совершенство.

Это задача всей его жизни. Бааль Сулам берет великую книгу рабби Шимона и пишет на нее всеобъемлющий комментарий под названием «Сулам». Он работает по 18 часов в сутки без отдыха. Задача его слишком важна, чтобы думать о себе: «Времени мало, и слишком много возложено на чашу весов. Я обязан успеть. Обязан…» – повторяет он себе самому.

Бааль Сулам пишет книги и статьи, выпускает газету, встречается с политическими лидерами. Он готов объяснять каббалу каждому человеку на улице – только бы его слушали.

Его революционные идеи воплощаются в жизнь. От него требуется совсем непростая работа: он должен побороть невежество и развеять суеверия, «прилипшие» к каббале за долгие годы. Однако важнее всего разработать методику духовного развития, которая подойдет любому человеку нашего времени.

Буква за буквой, слово за словом, цель все ближе, и наконец заветная мечта каббалистов превращается из предсказания в реальность: каббала становится доступной каждому человеку и без всяких предварительных условий. Из последних сил Бааль Сулам завершает свою миссию.

*Если бы народ мой слушал меня в этом поколении, то занимался бы с девятилетними детьми книгой «Зоар», дабы изучали ее.*

*— Рав Ицхак Айзик Йехиэль из Комарно, «Ноцар хесед»*

Этот великий человек осуществил духовную революцию, плодами которой мы пользуемся сегодня. Он перевел с арамейского и объяснил весь текст книги «Зоар», тем самым позволив нам приобщиться к трудам каббалистов. Благодаря ему завершилось то, что начал рабби Шимон Бар Йохай со своими учениками. Книга, спрятанная за семью печатями, распахнулась сегодня перед нами с помощью единственного в своем роде ключа – комментария «Сулам». Нам осталось только взять в руки этот ключ и с его помощью взойти по лестнице, ведущей в духовное, в самые сокровенные таинства, заключенные в книге «Зоар».

## Эликсир жизни

*Сидел рабби Шимон и плакал. И сказал: «Горе, если раскрою, и горе, если не раскрою... Если не раскрою, пропадут сокровища Торы, а если раскрою, смогут услышать те, кто недостоин ее тайн»*

*Книга «Зоар», гл. «Насо»*

Испокон веков каббалисты искали возможность раскрыть человечеству методику достижения совершенства. Однако передача методики – дело сложное. Для этого нужно преодолеть множество препятствий.

Книга «Зоар» рассказывает нам о тяжелых сомнениях рабби Шимона Бар Йохая. Он хочет поведать миру о науке каббала, однако опасается превратного понимания. Чтобы осознать всю глубину этой дилеммы, нужно выявить истинный смысл понятия «Тора».

## Приправа к свету

*«Сказал рабби Шимон: «Горе тому, кто считает, что Тора – это простое повествование. Наоборот, все слова Торы описывают Высшие миры и Высшие тайны».*

*Книга «Зоар», гл. «Бэаалотеха»*

Тора – это не сборник исторических рассказов или законов земной морали, хотя нас и приучили к такому пониманию. «Я создал злое начало и создал Тору ему в приправу, потому что кроющийся в ней свет возвращает человека к Источнику» – эти слова неоднократно приводятся в Торе.

Каббалисты объясняют нам, что Тора – это особая сила, «приправа», задача которой помочь нам в реализации цели творения: мы должны подняться над своим эго, над «злым началом», и сравняться по свойствам с универсальным законом мироздания, законом любви. Лишь для этого людям была дарована Тора.

## Яд смерти или эликсир жизни

*«Тора обладает особыми свойствами, она может принести пользу или нанести вред. Если мы используем Тору в соответствии с ее предназначением, желая стать подобными высшему закону, то она поднимает нас к новой жизни. Если же у нас иные намерения, то она наносит вред. Сказано об этом: «Если человек заслужил – Тора становится для него эликсиром жизни, а если не заслужил – она превращается для него в яд смерти».*

*Вавилонский Талмуд, трактат «Йома»*

Выражение «яд смерти» означает, что занятия Торой привносят в человека эгоистический довесок, и теперь, кроме материального эгоизма, он обременен также эгоизмом духовным. Добавка эго заставляет человека считать себя праведником, заслужившим награду и от Творца, и от людей, и в этом мире, и в будущем. Он полагает, что место в раю ему обеспечено. Об этом и плачет рабби Шимон Бар Йохай: «Горе!»

Цель рабби Шимона – преподнести науку каббала лишь тем, в ком созрела истинная потребность исправить себя и уподобиться Творцу. Однако он боится, как бы каббалу не постигла та же участь, что и Тору, из которой сделали средство достижения почестей, богатства и власти, выхолостив весь ее духовный смысл. Поэтому рабби Шимон написал книгу «Зоар» особым шифром, уже зная, что тысячелетиями она будет храниться в тайне, пока не родится достойное ее поколение.

## Тайны Торы
*(по статье Бааль Сулама «Предисловие к книге «Зоар»)*

**Наука каббала состоит из двух частей**

Первая часть называется «тайны Торы», и их запрещено раскрывать, кому бы то ни было.

Вторая часть называется «вкусы Торы», и раскрывать их можно всем. Более того, на раскрытие «вкусов Торы» не просто нет запрета – того, кто этим занимается, ждет огромное вознаграждение.

Во всех каббалистических книгах, когда каббалисты пишут, что науку каббала запрещено раскрывать, они говорят о «тайнах Торы». Но ведь создавая книгу, автор не может знать, в чьи руки она попадет в дальнейшем. Велика вероятность того, что ее раскроет тот, кто еще не должен начать изучение каббалы. Неужели РАШБИ, РАМБАМ, Гаон из Вильно и многие другие великие каббалисты – величайшие личности, вожди поколений, которые писали свои книги для того, чтобы научить нас стать подобными Творцу, нарушали запрет на раскрытие тайн Торы? Разумеется, нет.

Все книги, которые были написаны и изданы, рассказывают о «вкусах Торы», которые для посторонних также являются тайнами. Однако их не только не нужно скрывать, а наоборот, их раскрытие является делом огромной важности. И тот, кто умеет раскрывать такие тайны и делает это, достоин самого большого вознаграждения, поскольку от их раскрытия как можно большему числу людей зависит духовное возвышение всего мира.

> ⓘ **КАКИЕ КНИГИ БОЛЕЕ ВСЕГО ПОДХОДЯТ НАШЕМУ ПОКОЛЕНИЮ?**
> Каббалисты передавали методику исправления из поколения в поколение, от одного к другому. Они адаптировали и совершенствовали ее, создавая новые книги, чтобы каббала соответствовала людям, живущим в данное время. Книги, подходящие для нашего поколения, написаны Бааль Суламом и равом Барухом Ашлагом. Они предназначены специально для наших душ, чтобы, читая их, мы могли сами подниматься на духовный уровень авторов.

### «Нельзя» означает «невозможно»

Каббалисты знают, что когда в каббалистической книге встречается слово «нельзя», оно означает «невозможно». Высший свет находится в абсолютном покое, то есть в нем не происходит никаких изменений. А единственное, что изменяется и развивается, – способность человека воспринимать это постоянное и неизменное свечение. Ощутить Высший свет, не имея такой способности, просто невозможно.

Вместе с тем, каббалисты опасаются, что при изучении каббалы может произойти искажение, называемое «вкушение незрелого плода», корни которого уходят к прегрешению Адама в райском саду. «Вкушение незрелого плода» означает раскрытие каббалы человеку, прежде чем он достигнет такого уровня развития, когда она действительно станет ему нужна.

Поэтому во времена изгнания каббалисты были весьма осторожны и скрывали свою науку за семью замками. Они установили запрет на изучение каббалы и ввели строгие ограничения на отбор учеников, поскольку знали, что еще «невозможно», – время еще не пришло, и народ не готов. Тогда-то вокруг каббалы и возник ореол таинственности.

Но это скрытие каббалы было продиктовано велением времени, не более того. Как только стало «возможно» и поколение достигло соответствующего развития для раскрытия «Зоар», Бааль Сулам тут же получил возможность написать комментарий на эту книгу и сделать каббалу доступной абсолютно для всех.

«Счастлив я, что был создан в таком поколении, когда можно обнародовать науку каббала. И если спросите меня: «Откуда я знаю, что можно?», – отвечу: «Потому, что мне разрешено раскрывать,… а это, как известно в каббале, зависит не от гениальности человека, а от того состояния, в котором находится поколение. Поэтому вся моя заслуга в раскрытии каббалы обусловлена тем, что этого заслуживает мое поколение».

*Бааль Сулам, «Наука каббала и ее суть»*

---

ⓘ **СВЯЗАНЫ ЛИ КНИГА «ЗОАР» И КАББАЛА С МИСТИКОЙ?**

Каббала является научной методикой, предназначенной для того, чтобы привести человека к исправленному состоянию, в котором он ощущает себя вечным и совершенным, подобно Творцу. Поскольку изначально состояние это скрыто от нас, каббала называется «тайной наукой», и для ее изучения необходимо руководство истинного каббалиста.

Шаг за шагом каббала ведет человека, объясняя все причины и следствия происходящего с ним и с миром. Этот процесс развития основан на реальных знаниях и постижениях и никак не связан с мистикой.

# Глава 3
# Как это работает

## Подарок

Глянул я вчера в календарь – вот те раз. Завтра Первое мая. Международный праздник трудящихся. Мой, значит, праздник. Сколько пота на производстве пролил. Пятый год на цементном заводе работаю, бухгалтером.

Решил – куплю себе подарок. Зашел в сувенирный магазин. Вижу, коробочка лежит резная, из красного дерева, а в ней домино из слоновой кости – мечта пенсионера. Класс! Глянул в ценник. Сразу о вечности вспомнил. И вообще, зачем мне домино? Да и до пенсии еще далеко…

В антикварный зашел. Там глаза вообще разбежались – чего только нет. Ваза фарфоровая приглянулась. Белоснежная, с рисунками голубыми. Тяжелая и на ощупь прохладная. Сразу видно – настоящая, из Китая. Хотел уже расплатиться и тут вспомнил – дома сын-хулиган растет, разобьет ведь, паршивец. Да и фарфор весь потрескался. Жулики!

Ладно, зайду, думаю, в супермаркет. Куплю бутылку хорошего виски. Захожу – и точно есть. Настоящее, шотландское.

М-да… Ну, выпью виски. Поругаюсь с тещей. Жена опять мне скалкой оскорбление нанесет. Нет, такого виски нам не надо.

Ну, дожили. Купить нечего. Выхожу на улицу, а напротив магазин книжный. Думаю: «Может, книгу купить? На диванчике полежу, о добром и вечном вспомню, опять же от бессонницы помогает». Захожу в магазин, вижу на полке книгу в обложке черной, с золотым тиснением. «Основы каббалы» называется.

Открыв книгу наугад, я прочитал:

**«Чтобы показать человеку, что для его же спасения от страданий необходимо избавиться от эгоизма, Творец создает через окружающие объекты – детей, работу, долги, болезни, семейные неприятности – такие ощущения страдания, что жизнь кажется невыносимым грузом из-за собственной заинтересованности достичь чего-то, и тогда возникает единственное желание – ничего не хотеть, то есть не иметь никаких личных интересов, потому что они порождают страдания. Каббала дает решение…»**

Ноги сами понесли меня к кассе.

## Постижение высших миров
*(отрывки из книги рава М. Лайтмана)*

Книга написана не для знания, не для запоминания. Читатель ни в коем случае не должен проверять себя, что же осталось у него в памяти от прочитанного. Хорошо, если все забывается, и повторно читаемый текст кажется абсолютно незнакомым. Это говорит о том, что человек полностью заполнил предыдущие чувства, и они отошли, предоставив место работе, заполнению новым, неизведанным чувствам. Процесс развития новых органов чувств постоянно обновляется и аккумулируется в духовной, неощущаемой сфере души. Поэтому главное – как ощущает себя читатель во время чтения, а не после него: чувства испытаны, и они проявляются внутри сердца и мозга по мере надобности для дальнейшего развития данной души.

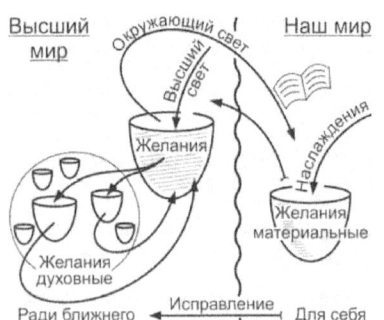

Не спешите закончить книгу, выбирайте те места, где книга говорит про вас – тогда лишь она сможет вам помочь и стать начальным проводником в поиске своего личного духовного восхождения.

Цель книги: помочь читателю заинтересовать самого себя причиной своего рождения, возможностью явного выхода в духовные миры, возможностью познания цели творения, ощущения Создателя, вечности, бессмертия и помочь преодолеть несколько предварительных этапов на этом пути.

В каждом поколении каббалисты своими трудами и книгами по каббале создают всё лучшие условия для достижения цели – сближения с Творцом. Если до великого Бааль Шем Това достичь цели могли лишь единицы в мире, то после него, под влиянием проведенной им работы, высшей цели могли достичь уже просто большие ученые Торы. А Бааль Сулам, рабби Йегуда Ашлаг, провел такую работу в нашем мире, что сегодня каждый желающий может достичь цели творения.

…Только изучение строения духовных миров и их действий, то есть изучение каббалы, позволяет человеку развить в себе стремление приблизиться к Творцу, поскольку в процессе учебы он проникается желаниями изучаемых им духовных объектов и вызывает на себя их неощущаемое из-за отсутствия духовных чувств воздействие.

Но духовные силы воздействуют на человека при условии, что он учится ради сближения (по свойствам) с духовным. Только в таком случае человек вызывает на себя очищающее воздействие окружающего света. Как можно наблюдать на примере многих, изучающих каббалу без правильного инструктажа, – человек может знать, что написано в книгах каббалы, умно и со знанием дела рассуждать и дискутировать, но так и не постичь чувственно сути изучаемого. Обычно его сухие знания превосходят знания уже находящихся в духовных мирах.

Но тот, кто постигает духовные ступени, даже самые незначительные, сам, своей работой, собой – тот уже вышел из скорлупы нашего мира, уже делает то, для чего спустился в наш мир.

## Построй себя сам

Они хотели выделиться своей самобытностью, приподняться над суетой. Поначалу им казалось, что для этого нужны внешние отличия, но оба вовремя заметили, что даже красивая обертка не заменит подлинного внутреннего содержания. Миша Санилевич и Беня Карполов, плененные спортом, покоренные жаждой первенства, они нашли свободу в науке каббала.

Первый же вопрос «раскрутил» их с пол-оборота, и беседа сама устремилась вперед.

*Вы оба были спортсменами высокого класса. Как все это начинается у человека? С обычного увлечения или с желания стать самым-самым, побить все рекорды? Или, может быть, это продолжение династии?*

**Миша**: Какой династии? Отец у меня был директором завода, мать – музыкантом, сам я очень любил физику, математику. И все-таки именно спорт стал моим призванием. Я занимался борьбой и культуризмом, вопросами правильного питания, преподавал. Это было самовыражением, идеологией здорового образа жизни.

**Беня**: А вот у нас, можно сказать, была династия. Хотел быть первым во всем, как отец – он был тяжелоатлет, мастер спорта, чемпион Украины. К 13 годам я был уже чемпионом Винницы по шахматам и баскетболу, занял третье место на чемпионате Союза по боксу среди юношей. Двадцать боев за всю карьеру завершил нокаутами.

Экзамены сдавал не учась, в школе на доске постоянно висели мои стихи. В общем, «если быть первым – так во всем».

*Что было потом, в Израиле?*

**Миша:** Я окончил Педагогический и в Израиль приехал уже с дипломом. Выучил язык, прошел курсы, получил лицензию на преподавание.

После призыва меня взяли в полицейскую академию. Я стал инструктором по физподготовке в оперативной школе полиции, одним из шести преподавателей на всю страну. Чего, казалось бы, еще надо человеку? База на берегу моря, столовая как ресторан, обслуга и к тому же хорошие деньги, обеспеченная карьера, признание.

**Беня:** У меня тоже сначала все пошло. Мы переехали в 90-м. К тому времени я уже был фанатом культуризма и думал только о тренировках. Обо всех я судил тогда лишь по бицепсам.

Я бы, может быть, еще долго оставался в этих мыслях, но, слава Богу, начались первые трудности, и мечты о головокружительной карьере столкнулись с неказистой реальностью. Мы поселились в Иерусалиме, который мог похвастать чем угодно, только не спортзалами, а ведь я твердо намеревался стать чемпионом. В этот период я стал задумываться о смысле жизни.

**Миша:** А во мне он был всегда – этот вопрос о смысле жизни. Сколько себя помню. Только я его как-то умел затушевать. Я всегда понимал: человек должен достичь в жизни чего-то большего, чем сила мышц и уважение окружающих. Но чего?

**Беня:** Пустившись в поиски, я попытал счастья в религии. Меня стали учить тому, как правильно завязывать шнурки. Потом оказалось, что это еще цветочки. Вот уж действительно, надо быть спортсменом, чтобы выполнять все заповеди.

«Должно же быть одно правило вместо тысячи», – подумал я. И нашел: «люби ближнего как себя». Ухватился за это, как за спасительную веревку. Был в эйфории, которой хватило на целый год: я раздавал деньги нуждающимся, меня знали все нищие Иерусалима, я отказывал себе во всем для ближнего и не мог налюбоваться на себя самого...

А потом опомнился: «Какая любовь? Ну и бред! Э, дружок, ты совсем поехал, надо брать жизнь в свои руки».

Я сдал экзамены на аттестат зрелости, организовал бизнес, в 1998 занял второе место по культуризму на чемпионате Израиля, стал чемпионом Иерусалима по армрестлингу. Зарабатывал я к тому времени в четыре раза больше, чем вся семья.

Но и этого хватило ненадолго. Я вдруг перестал получать удовольствие и от тренировок, и от вечеринок. Вообще перестал понимать, зачем мне все это надо.

*Расскажите о событии, которое изменило вашу жизнь.*

**Миша:** Да, приходит такой момент в жизни, когда подлинная цель становится необходимой. В 97-м на утренних пробежках я начал слушать выступления рава Лайтмана по радио. Они поразили меня: человек говорит правду, о которой я раньше не имел и понятия. После окончания службы в армии, ожидая решения о приеме на работу в полицию, начал ездить на ночные уроки. Сам не понимаю, как я на такое согласился, ведь это шло вразрез с моим неукоснительным режимом. Меня словно «зажгли», я во что бы то ни стало хотел познать эту науку.

Наконец я нашел то, что искал всю жизнь. Каждый раз я открываю все новые и новые грани этой всеобъемлющей и самой близкой человеку науки. И поражаюсь, насколько же она безгранична.

**Беня:** Да, каббала всегда стоит наготове, ожидает, когда ты созреешь и спросишь себя: «Для чего я живу?». Однажды друг рассказал мне о каббале, а папа дал почитать книгу «Постижение высших миров». Я открыл ее и сразу понял: отныне моя жизнь идет по этой книге.

– Папа, почему ты не дал мне ее раньше?

– Я дал, а ты порвал и выбросил.

Я стал ездить на уроки, встретил ребят из «Бней Барух» – оказалось, нормальные ребята. Жил только каббалой, пропускал тренировки. Рав твердил: «Не уменьшай нагрузок, не оставляй привычных занятий». Я не смог тогда послушать, а теперь понимаю, что было бы легче, если бы я ничего не бросал.

**Миша:** Ну а мне даже не надо было себя ломать. Книги читал взахлеб, море информации, никаких медитаций, никакого витания в облаках – только чувство правды. Каббала дает тебе свободу воли. Это индивидуальная методика, она никому ничего не указывает. Это знание, объединяющее людей всего мира, тонкая область, которую человек может нащупать внутри себя, – и тогда жизнь становится намного проще, ярче, счастливее.

**Беня:** Каббала не обесценивает того, что было, – просто в ее свете все становится на свои места. Мы стремились к уважению и научились уважать других. Мы жаждали славы и поняли, что человек славен взаимопомощью и взаимопониманием. Мы хотели быть впереди, и вот – первыми идем по тому пути, который выведет человечество из кризиса современной эпохи.

*Вы уже давно в каббале и у вас накопился огромный опыт. Поделитесь им с нашими читателями.*

**Миша:** Гены определяют любую нашу предрасположенность: к музыке и спорту, к любви и ненависти. Каббала дает человеку возможность раскрыть ту область, в которой он может совершать свободные действия, знает, какие поступки зависят от его действий, а какие запрограммированы. Это полностью меняет жизнь, облегчает ее и придает уверенность.

**Беня:** Не останавливайтесь в поисках смысла. Проходите все этапы без фантазий и философствований. Чем быстрее, тем лучше. Прислушивайтесь к самим себе, к тому, что не связано с влиянием общества, к той частице, которая живет внутри каждого и объединяет всех нас.

## Блог виртуального книгочея

**Я из тех, кто собирает книги в электронном формате. У меня вы не найдете корешков, которые годами тоскуют на пыльных полках. Моя библиотека раскинулась в виртуальном пространстве, многогранная, ухоженная и индексированная. Рукописи, фолианты, манускрипты, многотомные энциклопедии, словари неведомых языков, пособия, руководства, путеводители – короче говоря, неисчерпаемая сокровищница знаний, доступных по мановению «мыши».**

Сегодня, разыскивая в сети новые сайты, я неожиданно споткнулся о странный заголовок: «Библиотека желаний». Ну что ж, меня долго упрашивать не надо. Посмотрим, какими желаниями попотчуют нас авторы.

На главной странице красовались четыре кнопки: «Неживые», «Растительные», «Животные», «Человеческие».

Большой ясности это не внесло, но я человек обстоятельный и потому начал с «неживых».

Щелчок «мыши» зазвенел в ушах, как будто кликнули по мне самому. Глядя на экран, я вдруг почувствовал – именно почувствовал, – как приятная тяжесть вливается в сознание. Мною овладела спокойная сила неподвижности, нега оцепенения, нирвана неживой материи, погруженной в гармонию незыблемых законов. Потом я стал различать в ней отдельные всплески и медленные тягучие процессы, но всё это поглощалось беспредельным покоем, который постепенно расширялся до размеров вселенной…

Тут мне стало немного не по себе, и я вернулся на главную страницу. Интересный сайт. Подача информации весьма оригинальна.

Я хотел, было, собраться с мыслями, но «мышь» под рукой взбрыкнула и щелкнула по слову «растительные».

Тут же я стал прорастать. Из семян и зерен сквозь питательную почву я устремился к свету всеми своими стеблями и стволами. Мое сознание зазеленело травами, кустарниками, живыми изгородями, лесами и дубравами. Гармонируя с миром, они все вместе тянулись вверх или стлались по земле, дружно цвели, распускались, покрывались листьями, плодоносили и именно в этом находили счастье. Однако с наступлением осени, которую они восприняли с не меньшим воодушевлением, я покинул эту страницу. Как-то не хотелось увянуть во цвете лет.

Ну что вам сказать? Видал я в своей жизни разные сайты, но теперь интернет повернулся ко мне совсем новой, неожиданной стороной. До чего техника дошла, как говорил почтальон Печкин. А кто-то другой, не помню кто, учил вдобавок не останавливаться на достигнутом…

Животный мир произвел внутри меня очередной качественный скачок. Пестрые, разношерстные твари, от ползающих до летающих, населили мое мировосприятие. Они воспитывали детенышей, создавали семьи и сообщества, даже разнились характерами. И вот удивительно: среди них тоже царила гармония, хотя многие поедали друг друга. Ни в ком я не нашел возмущения своей долей.

Этот факт настолько ошеломил меня, что я вновь оказался на главной странице. Гомон братьев наших меньших постепенно угасал, а вместе с ним и многообразие ощущений. И все же кое-что отпечаталось в памяти. Скажу вам по секрету: осьминогов в океанах больше, чем людей на земле.

Хотя, конечно, им до нас далеко. Разве смогли бы мы, люди, с нашим уровнем желаний хотя бы день прожить без кофе, банковского счета, ну и конечно, виртуальной библиотеки?

С этой мыслью я нажал четвертую кнопку и… погрузился в кошмар. Мне хватило нескольких секунд, чтобы взвыть. Яростные, необузданные страсти мира, нигде ни намека на покой, вечная неудовлетворенность и фальшь. Чем выше идеал, тем больше вероятность встать под ружье. Чем чище мелководье, тем мутнее глубины.

Я вынырнул на поверхность другим человеком. *Меня больше не устраивала виртуальная реальность. Нет, я догадывался, что не всё гладко, но не до такой же степени. Столь полная противоположность гармонии – и именно среди людей! Поймите, передать это невозможно, пока вы сами не нажали последнюю кнопку.*

«Как же быть?» – спросил я себя и сразу увидел надпись внизу страницы:

*Лишь поднявшись над своей природой, ты увидишь, откуда нисходят желания, которые управляют тобою и всем миром. Читай книги каббалистов.*

Вот странно. Почему я не делал этого до сих пор?..

## Послесловие

Во всех каббалистических источниках, начиная с самых первых (например, книга «Сефер Ецира» была написана в Древнем Вавилоне, около четырех тысяч лет тому назад), говорится о том, что каббалу надо скрывать до тех пор, пока человечество не поймет: его безумное развитие в соответствии с эгоизмом, который постоянно растет в нас, – это совершенно неправильный путь.

Описывая законы развития человечества, каббала говорит: в конце XX века она должна начать раскрываться людям. Постепенно человечество будет находить в ней что-то действительно полезное и для нынешнего, и для будущего устройства. Сейчас она открыта для всех.

Вокруг нас огромная непознанная вселенная, а мы наблюдаем, ощущаем лишь маленькую ее часть. На нас влияют всевозможные силы, происходят какие-то события, совершенно не понимаемые нами. Мы тоже воздействуем на мир, не зная, каким образом, и получаем обратную реакцию – нехорошую, неприятную.

Человеку недостаточно пяти органов чувств, чтобы ощутить скрытую от нас часть мироздания.

Все иные методики позволяют нам просто улучшить те органы чувств, которые у нас уже есть. Действительно, они позволяют (например, как у Мессинга) ощущать то, что существует в рамках материального мира, но более тонко. А каббала поднимает человека в совершенно иное мироздание – в область управления нашим миром. Изучая ее, человек начинает активно изменять себя в соответствии с общим течением материи, информации, сил. Для него эти два мира – наш мир и Высший – равнозначны. Таким образом, он воспринимает совершенно по-другому то, что с ним происходит сейчас. Он влияет и на свою жизнь, и на жизнь окружающих, уже исходя из этой, раскрывающейся ему полной картины.

Здесь включаются такие диапазоны и такие сенсоры, которые нельзя приобрести простым развитием какой-либо техники восприятия. Рождается совершенно новый орган чувств, построенный не на эгоистическом получении, в отличие от всех прочих методик.

# ЧАСТЬ ЧЕТВЕРТАЯ

## Носители методики

*Только путем массового распространения каббалы среди народа удостоимся полного возрождения – как каждый,
так и все человечество.*
*Бааль Сулам*

## Глава 1
## Возникновение народа

### Духовное воспитание

*«...И потому обязательным условием существования любого народа является такая внутренняя сплоченность, когда все люди в нем связаны между собой инстинктивной любовью» (Бааль Сулам, газета «Народ», 1940).*

**Шатер**

Народ Израиля начался с группы каббалистов, состоявшей из жителей Древнего Вавилона, которые пошли по пути духовного развития, указанному Авраамом. Авраам учил своих учеников любить ближнего, и именно на этой основе объединилась созданная им каббалистическая группа.

Это и отличает нас от других народов. Глубоко внутри наше единство основано на любви, связывающей нас навеки.

На уровне отдельного человека тоже существует подобный процесс, который начинается с момента пробуждения в нем стремления к духовному. Процесс этот происходит в каждом, у кого возникает потребность понять, ради чего он живет. В этот момент человек оказывается перед выбором и попадает в особое духовное состояние, которое каббалисты называют «гора Синай».

**Народ любви**

На протяжении поколений желание к духовному пробуждалось у немногих. Они были особыми людьми – каббалистами, прокладывавшими путь своим будущим последователям. Разрабатывая методику, каббалисты писали книги в ожидании того времени, когда мы – народ Израиля – вернемся к той единственной ценности, на основе которой и были созданы, – любви к ближнему.

Эту особую связь Бааль Сулам описывает в главной статье первого номера газеты «Народ». Структуру народа он сравнивает со строением человеческого тела. Организм состоит из многочисленных органов, гармонично взаимодействующих друг с другом: каждый из них выполняет свои функции, сотрудничая с остальными. Точно так же и отдельные части народа должны взаимодействовать в полной гармонии, единстве и любви к ближнему.

Именно эта внутренняя связь позволила нам существовать на протяжении всех поколений. Когда народ утратил единство, скатившись к ненависти, для нас наступил тяжелый период изгнаний и разрушений. В конечном итоге, разобщенность привела нас и к сегодняшнему кризису.

Возвращение народа Израиля на свою землю вселило новые надежды в сердца великих каббалистов, таких, как Бааль Сулам и Авраам Кук. Они надеялись, что после долгих лет разобщения мы, наконец, сумеем восстановить духовную связь, объединявшую нас в прежние времена. Однако, основав государство, мы не смогли этого сделать.

Бааль Сулам писал об этом еще в 40-е годы: «В конечном итоге, мы имеем здесь лишь чужих друг другу людей, представителей различных культур, каждый из которых заботится лишь о собственном благополучии. И нет никакой естественной основы, которая объединила бы нас изнутри в единое целое» (газета «Народ»).

С тех пор прошло более шестидесяти лет. Так и не придя к единству, мы наблюдаем сегодня печальные последствия этого во всех сферах жизни.

В нашей маленькой стране мы разделены на группы, общины и классы. Предпочитая не смешиваться с «чужаками», мы селимся в разных районах. Некоторые продолжают разговаривать только на языке страны исхода, соблюдают ее обычаи, одеваются по-своему. Живя в Израиле, мы ведем себя так, словно все еще находимся в изгнании.

В трудные времена, в моменты общей боли мы, как «товарищи по несчастью», способны на временный союз. Однако эти краткие мгновения не образуют прочного фундамента нашего единства. Да и не может внешнее давление стать для нас связующим фактором. Ни сменяющие друг друга идеологии, ни ежедневно меняющиеся национальные интересы не могут нас объединить.

Нам нужно в корне изменить восприятие нашей взаимосвязи и понять, что она должна прийти изнутри.

# Глава 1. Возникновение народа

## Точка в сердце

Можем ли мы снова стать народом, объединенным любовью, как это было во времена Авраама?

В каждом из нас существует внутренняя точка. У некоторых она проявляется в виде желания познать Высшую силу и понять, ради чего мы живем. А иногда эта точка раскрывается как забота о будущем народа и о нашем единстве. Из-за того, что эти проявления столь различны, мы не видим общего между ними. На самом же деле источник у этого один: во всех нас изначально заложена потребность вновь стать народом, живущим по закону любви, подобно единому организму.

Те, в чьих сердцах эта точка уже пробудилась, чувствуют, что жить по-старому невозможно – должен быть какой-то способ изменить нашу жизнь. Однако у многих эта точка в сердце еще дремлет. А потому люди, в чьих сердцах уже зажглась эта искра, разносят по миру науку о любви, объясняя, что страданиям есть причина и есть решение и надежда на лучшее будущее.

«Единственная надежда – полностью перестроить нашу систему воспитания, заново раскрыть и воспламенить нашу естественную любовь, оживив силы народа, которые бездействуют в нас уже почти две тысячи лет. Тогда мы узнаем, что у нас есть естественная надежная основа, чтобы подняться и продолжить свое существование в качестве народа»

-- Бааль Сулам, газета «Народ»

## Духовное воспитание

Каббалисты дали нам в руки методику и средство ее воплощения. Духовное воспитание, о котором говорит Бааль Сулам, это обучение основополагающему принципу – любви к ближнему.

Возможно, сегодня это кажется нам не совсем реальным. Возможно, мы не понимаем, откуда взять силы для подобного объединения в нашем эгоистичном мире, где каждый, не задумываясь, эксплуатирует ближнего.

Нужно осознать тот факт, что лишь с помощью науки каббала мы сумеем подняться над своей эгоистической природой – и, как следствие, над различиями и разобщенностью между нами. Именно поэтому в наши дни каббала раскрывается всем и каждому, в ком возникает духовное стремление.

## Реализация методики Авраама в наши дни

На нас – народ Израиля, как и на вавилонян тех древних времен, возложена задача: преодолеть эгоизм и объединиться на основе братской любви.

Тем самым мы подадим всему человечеству пример, какими действиями можно достичь вечной, совершенной и безмятежной жизни.

Два великих каббалиста последнего поколения, рав Кук и рав Йегуда Ашлаг (Бааль Сулам), констатировали, что с конца 20-го столетия это задание начнет выполняться.

Бааль Сулам говорит об этом так: «Еврейство должно дать народам нечто новое. Этого они ожидают от возвращения народа Израиля в свою землю, и дело тут не в иных науках...» («Последнее поколение»).

Рав Кук добавляет: «Подлинное движение еврейской души во всем ее величии проявляется лишь в ее святой и вечной силе, струящейся внутри ее собственного духа. Именно это сделало, делает и будет продолжать делать из нее общность, **несущую свет народам, избавление и спасение всему миру**» («Письма»).

Только изменение отношений между нами, замена беспричинной ненависти в народе Израиля на любовь к ближнему поднимет нас на вершину человеческого развития и даст ответ на наши несчастья.

**Выполнение этой миссии возложено на потомков группы Авраама, сегодняшний народ Израиля. На нас.**

*Авраам первым в истории обнаружил, что существуют лишь две формы отношения к реальности, в которой мы живем: или человек шаг за шагом постигает истинную высшую реальность в своих внутренних ощущениях, работая с возрастающим эгоизмом, или подчиняется его требованиям.*

*Методика Авраама была абсолютным новаторством и стала прорывом во всем, что касается восприятия человеком себя и окружающей действительности.*

## Известная цель

### Неведомая сила

На протяжении всей истории человечество находится в постоянном поиске. Возникают и рассеиваются народы и целые цивилизации, развиваются технологии и науки, рвутся прежние связи и образуются новые. Кажется, какая-то неведомая сила ведет человечество к только ей известной цели. В чем она, эта цель, и что это за сила? Для того чтобы ответить на эти вопросы, необходимо, прежде всего, понять, кто такой человек и какова его

# Глава 1. Возникновение народа

природа. Давайте заглянем за кулисы сцены, которая так и называется: человеческая природа.

## Подобие

В основе человеческой природы, как, впрочем, и всей остальной, стоит закон подобия свойств. Он нисходит в материальный мир из мира духовного. Суть этого закона очень образно описывает один из величайших каббалистов Бааль Сулам в своей статье «В завершение книги «Зоар»:

«Слияние понимается нами как подобие свойств двух духовных объектов, а различие их свойств понимается нами как отдаление.

Как топор разрубает материальный предмет, разделяя его надвое и отделяя его части друг от друга, так и разница свойств создает различие в духовном объекте и разделяет его надвое. Если части незначительно различаются по свойствам, то говорится, что они ненамного отдалены друг от друга. Если различие их свойств велико, то говорится, что они очень далеки. Если же они полярно противоположны по свойствам, то бесконечно далеки друг от друга».

## Разбиение

Закон подобия свойств ведет свое происхождение от желания Творца насладить творение, слиться с ним. Однако они диаметрально противоположны по свойствам: Творец – дающий, а творение – получающее. Поэтому был создан духовный объект (парцуф) – Адам Ришон, который включает в себя одновременно свойство Творца, называемое Гальгальта вэ-Эйнаим (ГЭ), и свойство творения, называемое АХАП.

В момент создания Адама АХАП не действовал, он был «отключен» и поэтому мог соседствовать с ГЭ. Затем АХАП был задействован. Это привело к тому, что свойство Творца вошло в контакт со свойством творения. В результате этого они смешались между собой. Искусственное соединение абсолютно противоположных свойств привело к «разбиению» Адама Ришон на множество частей – душ. Такое состояние соответствует ощущению материального мира, в котором мы с вами и находимся.

Души состоят из различных комбинаций и пропорций ГЭ и АХАП. В нашем мире это проявляется в появлении различных народов. Души, в которых большое количество ГЭ, проявляются в нашем мире в виде народа Израиля.

### Программа исправления

Теперь можно вернуться к объяснению тех противоположных сил объединения и разъединения, которые воздействуют на человечество. Поскольку в основе всех душ находится общая душа Адам Ришон, мы на подсознательном уровне пытаемся объединиться. С другой стороны, мы это сделать не можем, так как души отличаются по своим свойствам. Для исправления ситуации включается специальная программа. Она заключается в отделении ГЭ от АХАП в каждой отдельной душе. Только таким образом творение может приобрести свойство Творца (ГЭ).

### К цели

Легче исправить души с большим количеством ГЭ, поэтому они должны исправиться первыми. Пока это не происходит, их подталкивают души, в которых преобладает АХАП. В нашем мире это проявляется в негативном отношении народов мира к народу Израиля.

Чтобы изменить ситуацию, народ Израиля должен первым начать исправление. Оно заключается в изменении получающих свойств на отдающие. Такое невероятное изменение природы возможно только с помощью особой исправляющей силы. Она кроется в методике каббалы, поскольку только каббала содержит точное описание того исправленного состояния, в котором души находились до разбиения. Именно в этом и заключается исключительность каббалы – единственной науки, с помощью которой человечество может и должно прийти к цели творения. А пока цель не достигнута, человечество мечется в бессознательных поисках и не находит покоя.

# Глава 2
# Предназначение

*Постоянное внешнее давление не дает стране покоя. За что нам это? Пора заглянуть внутрь себя – именно в нас заложены перемены к лучшему.*

## Пророк в своем отечестве

**На народ Израиля возложена особая миссия – указать человечеству путь к счастью и повести его за собой. За любую попытку уклониться от этой миссии мы платим высокую цену. Подтверждение тому – история с пророком Йоной.**

Всегда удивительно наблюдать, как наша маленькая страна привлекает столь пристальное внимание всего мира, оказываясь в самом центре всеобщих противоречий.

Личная и национальная безопасность на глазах превращается в миф. Мы живем в постоянном страхе: повсюду красуются входы в бомбоубежища, каждая квартира оборудована защищенной комнатой, охранники проверяют нас на входе в любое место. Мы находимся в состоянии непрекращающейся войны, и только фронт ее смещается в разные стороны или меняет свой характер. Сегодня, в эпоху оружия массового поражения, на фоне окружающей нас ненависти и жгучего желания соседних стран покончить с Израилем, над нашей дальнейшей жизнью нависла реальная опасность.

«Страна в тревоге, больше половины населения опасается за ее существование. Две трети из них считают возможным внезапное военное нападение на Израиль, как это уже случилось в войну Судного дня. 70% населения не доверяют политическому и военному руководству страны». Таковы данные опроса, опубликованного перед Судным днем 2006 года в приложении к газете «Маарив».

Более того, мы в разладе не только с миром, но и сами с собой. Складывается такое впечатление, что мы разобщены более, чем любой другой народ. Разрознены и расколоты на враждебные друг другу лагеря и течения.

Почему это происходит? Обречены ли мы страдать всегда больше других? Почему нам не позволяют спокойно проживать свою жизнь? Что хотят от нас остальные народы? Неужели в нас действительно кроется нечто особенное?

Ответы на эти вопросы существуют давно. Они изложены иносказательно во всех наших книгах, называемых в народе «святыми». На разные лады эти книги говорят нам, что на народ Израиля возложена особая миссия – указать человечеству путь к счастью, повести его за собой. И за любую попытку уклониться от этой миссии мы платим высокую цену. Подтверждение тому – история с пророком Йоной.

Творец повелел ему пойти в столицу Ашура, город Нинве, и сообщить его жителям, что «злодеяния их дошли до Меня». Однако произошел небывалый для пророков случай – Йона отказался от выполнения задания и покинул землю Израиля. Поднявшись на корабль в Яффском порту, он бежал в Таршиш, древний город на побережье Средиземного моря: «И сошел в Яффо, и нашел корабль, идущий в Таршиш, и отдал плату его, и спустился в него, чтобы уйти с ними в Таршиш от Господа».

Однако в открытом море корабль попал в шторм: «И была в море буря великая, и корабль готов был разбиться». Желая найти виновного в ужасной буре, моряки бросили жребий: «И возопили каждый к своему божеству, и сбросили в море поклажу, которая была на судне. И сказали друг другу: «Бросим жребий и узнаем, из-за кого это бедствие нам». И бросили жребий, и жребий пал на Йону».

Так Йона, единственный еврей на корабле, оказался виновным в происходящем. Осознавая свою ответственность, Йона приказал матросам бросить его за борт. А в море его проглотил кит, внутри которого он провел три дня и три ночи. Все это время Йона благодарил Творца и молил о прощении.

Творец простил его, вызволил из чрева кита и вторично повелел пойти в Нинве и предостеречь его жителей. На этот раз Йона не стал уклоняться от миссии, возложенной на него Высшей силой, и передал жителям Нинве, что через сорок дней их город будет разрушен.

Такова библейская история.

В чем же заключается внутренний смысл этой известной, образно изложенной истории? Согласно науке каббала, пророк – это человек, который поднялся на такую высокую ступень духовного постижения, что может «говорить» с Творцом. Другими словами, он раскрыл, что в нашей реальности действует единая Высшая сила, и понял общий замысел природы.

История Йоны – это притча о миссии народа Израиля по отношению к остальному миру, о том, как избавить человечество от страданий и привести его к счастливому и совершенному существованию. Пророк получил приказ Творца: пойти в город Нинве и объяснить его жителям, что они должны сделать, для того чтобы достичь цели творения кратчайшим и надежным путем. Однако вместо того, чтобы пойти в Нинве и рассказать его жителям о переданном ему свыше предостережении, Йона решил, что эта задача невыполнима. Тогда он отказался от выполнения этого задания и попытался бежать.

Поскольку Йона – еврей, то есть имеющий особое предназначение в мире, он обязан выполнить поставленную перед ним задачу. Избежать исполнения законов Высшей природы невозможно. Чтобы заставить Йону выполнить свою миссию, действие природных сил проявилось в шторме, от которого нет спасения. Различные силы, вроде бы пытающиеся помочь Йоне (кормчий и матросы), в конечном итоге, бессильны, и Йона понимает, что ему ничто не поможет.

Погружение его физического тела в пучину символизирует внутреннее духовное падение. Единственное, что может его спасти, – выполнение миссии, возложенной на него изначально. Если выполнение этого поручения станет для него самым важным делом, то он сможет исполнить свое предназначение.

История Йоны является примером для всего народа Израиля, погружающегося в пучину и испытывающего страдания в попытках избежать выполнения своей важной миссии. Сегодня народ Израиля должен понять и принять свое предназначение. К великому сожалению, мы медлим и пытаемся «уплыть на корабле» в безопасное место, но изгоняемы отовсюду, как был изгнан Йона.

Осознанно или нет, но миссию пророка Йоны наш народ продолжает выполнять и сегодня. Подобно матросам корабля, мы

---

ⓘ **ГОЛУБЬ С ОЛИВКОВЫМ ЛИСТОМ**

Этот общепринятый символ мира в науке каббала имеет несколько иное значение. Оливковый лист олицетворяет горечь, а голубь (ивр. – «йона») происходит от слова обман (ивр. – «онаа»). По мере духовного развития человек обнаруживает, что его эгоизм противоположен духовной реальности и вызывает у человека ощущение горечи при ее восприятии. Каббалистическая методика позволяет человеку подняться над эгоизмом, подчинить его и использовать для своего духовного развития. Преуспев в этом, человек достигает высочайшей духовной ступени, называемой «мир».

постепенно начинаем осознавать, что народ Израиля несет ответственность за все зло в мире. Таков духовный корень, целенаправленно посылающий нам несчастья и являющийся причиной антисемитизма во всем мире.

В Талмуде об этом говорится так: «Все бедствия приходят в мир только для народа Израиля». Рано или поздно мы поймем, что выбора у нас нет – народ Израиля обязан выполнить свое предназначение. Мы должны воспользоваться древней мудростью, переданной нам предками, – наукой каббала, чтобы достичь совершенства, покоя, и распространять ее среди остальных народов мира, чтобы они смогли пойти за нами тем же путем. В этом заключается наша миссия особого, избранного народа. Таково наше предназначение в мире.

## Это состояние души

*Беседа ученого-каббалиста,*
*рава М. Лайтмана*
*с академиком Российской академии*
*образования Б. Бим-Бадом*

**Б. Бим-Бад:** Добрый день, уважаемый профессор. Я хотел бы воспользоваться возможностью общения с вами, чтобы задать несколько очень тревожащих меня вопросов. И начать с такого: «Что такое еврей?»

**М. Лайтман:** Есть несколько названий этого явления в истории человечества: «еврей», «иудей», «исраэль» и так далее.

Слово «еврей» – от ивритского «эвер» (переходящий). Так называли Авраама, когда он ушел из Вавилона в Древнюю Палестину – древнюю землю Израиля. «Авраам а-иври» – Авраам, который перешел, – пришел к нам издалека.

Кроме того, есть название «иуди» (от слова «ихуд» – объединение) – человек, для которого существует только одна Высшая единая сила, сила природы, Творец.

Есть также название «исраэль». Оно происходит от двух слов: «исра», «Эль» (прямо к Творцу) – человек, который направляется прямо к Творцу в своих стремлениях.

Причем надо сказать, что это относится не к национальности, потому что национальности «еврей» нет. Когда в Древнем Вавилоне вспыхнул эгоизм и началось разобщение людей, Авраам (он был жрецом в Древнем Вавилоне, изготовлял статуэтки божков, верил в духов) осознал, что этот эгоизм имеет свою причинно-следственную базу. Он «спущен» в человечество для того, чтобы приподнимаясь над постоянно растущим эгоизмом, люди бы росли, росли морально. И те древние вавилоняне, его современники, которые захотели вместе с ним реализовывать эту идею, и стали называться евреями. Мы по генам – те же древние вавилоняне, которые и сегодня живут в Ираке, в Междуречье, с тех времен.

**Б. Бим-Бад:** Если позволите, я объясню, почему задал этот вопрос.

Я воспитан на русской культуре, но здесь, в России, мне говорят: «Какой ты носитель русской культуры, когда ты – еврей?!» Когда, будучи в Америке, я однажды сказал, что я еврей, меня тут же спросили: «Где синагога?» Еврей в Америке – это верующий в иудаизм и посещающий соответствующие священные капища. В Израиле мне сказали: «Ты не еврей, в тебе нет ничего еврейского, ты чистый русский».

И знаете, я действительно почувствовал себя «вечным жидом» – всюду совершенно чужим, неприкаянным и не очень-то нужным…

**М. Лайтман:** Вы говорите: есть ли вообще место на Земле, где еврей может чувствовать себя евреем? Я думаю, это – не место, я думаю, что это – культура.

В рамках нашей Академии каббалы занимается, на сегодняшний день, около миллиона трехсот тысяч человек, 47 национальностей. Все эти люди ощущают себя евреями. Они чувствуют, что должны объединяться, что должны перейти Рубикон (еврей, мы с вами говорили, – от слова «переходящий») – разделение между народами, которое возникло в Древнем Вавилоне. Они и являются, по-настоящему, новым человечеством – стремящимися к Творцу, то есть к свойству отдачи.

В этих рамках я ощущаю себя существующим на своем месте, в своем мире – в мире, где мы не чувствуем никакой разницы между собой. Мы объединены, потому что мы одно целое относительно Творца.

Ощущение общности в этом маленьком человечестве, которое мы создаем, дает мне сегодня надежду, что действительно вырастет новое поколение. И оно даст человечеству пример богоизбранности евреев – не потому, что они сидят в синагоге, не по форме носа или ушей, а именно по духовной принадлежности.

**Б. Бим-Бад:** Итак, еврей – это состояние души. Я вас правильно понял? И тогда возникает вопрос: можно ли утверждать, что еврей, как таковой, принадлежит к богоизбранному народу? И тогда что понимать под этим народом?

**М. Лайтман:** Да, еврей – это духовная принадлежность. Ты не можешь стать из француза итальянцем, ты не можешь стать из немца русским, а вот евреем ты можешь стать, приняв эту идеологию.

Богоизбранностью называется идея «возлюби ближнего как себя» – идея объединения всего человечества в единое целое, потому как такова сама природа. Если мы достигнем такого же взаимодействия между собой, как все остальные элементы природы, мы сможем существовать в гармонии с ней. В этом и заключается богоизбранность народа, то есть тех людей, которые могут приобщиться к этой идее, показать на своем примере, насколько это прекрасно, насколько это притягательно и насколько в нашем мире это просто жизненно необходимо, для того чтобы нам всем выжить.

Все проблемы, которые возникают сегодня в мире, – возникают, в принципе, только из-за разобщенности, взаимной ненависти друг к другу, с одной стороны, и, с другой стороны, от раскрытия глобализации, от понимания, насколько мы зависим друг от друга. Мы, все человечество, живем в маленькой коммунальной квартире, мы зависим друг от друга и не можем быть вместе. Это просто ужасающее состояние.

Что же нам делать? Вот тут-то и показывается через такую маленькую группу людей, что идея взаимной любви необходима для выживания, для спасения цивилизации. И по тому, как такие люди несут эту идею всему человечеству, они называются богоизбранными. Но их избранность в том, что они преподаватели, носители самой идеи, не более того. Ничего другого в их богоизбранности нет. Не Бог их выбирал, а они предпочли эту идею, избранную, как бы, Высшей силой природы, Творцом.

**Б. Бим-Бад:** То, что вы сейчас сказали, выбивает почву из под ног очень многих антисемитов, которые уверяют, что евреи самозванно присвоили себе богоизбранничество, и это один из поводов ненавидеть самовлюбленный народ… Но тогда можно ли совершенно безоговорочно и безапелляционно утверждать, что это – народ-мессия?

**М. Лайтман:** Я оправдываю антисемитов.

«Почему мы страдаем из-за этих жидов? – вопрошают антисемиты. – Потому что у них в руках есть ключ к счастью всего мира, но они его никому не отдают, скрывают от нас».

Идея «возлюби ближнего как себя» была и работала внутри еврейского народа до крушения Храма, до нашего изгнания. Когда мы «упали» с высоты «возлюби ближнего как себя» на уровень беспричинной ненависти, тогда и произошло изгнание нас из этой страны, расселение среди всех народов мира. То есть мы сами себя этим изгнали.

В принципе, антисемитизм имеет естественные, природные корни, это заложено в основе человечества. Дело в том, что стремление к решению внутреннего конфликта – «я – и мой эгоизм, я – и природа, вечность, совершенство» – заложено в идее «возлюби ближнего как себя». Но проблема же в том, что все религии взяли на вооружение этот лозунг и думают, что могут его каким-то образом реализовать. На самом деле никто, к сожалению, даже и иудаизм, реализовать его не смог.

Реализуется он только общечеловеческим подходом, как мы сегодня это пытаемся показать всем, продемонстрировать на примере более миллиона наших учеников.

Теперь, что касается мессианства. Мессия, в принципе, – это не приход какого-то избавителя на белом коне или на белом осле. Мессия – от слова «мошех» (вытаскивающий). То есть это Высшая сила, которая вытаскивает человека из нашего земного эгоизма, поднимает его на более высокий культурный, альтруистический уровень – уровень любви ко всем. Именно этой силы и должно ждать человечество.

**Б. Бим-Бад:** Все же мне думается, что сокрытие какого бы то ни было знания, которое, быть может, и доступно очень немногим, – это не достаточный повод, чтобы невзлюбить и, более того, уничтожать целую группу людей. Очень жаль, но мне крайне трудно вас понять.

**М. Лайтман:** Нам все-таки придется признать, что антисемитизм не является чем-то производным, наносным. Даже народы, среди которых нет евреев, инстинктивно чувствуют к ним какое-то невосприятие, какое-то отталкивающее чувство.

Говорится в книге «Зоар» (и от этого никуда не уйдешь), что все беды в мире происходят из-за евреев. Надо понять, почему в природе человечества, в природе явлений существует такая группа людей, которые действительно стоят особняком, и что-то в них есть особенное – хорошее или плохое, это уже другое дело. В той же Америке евреи – это, всего лишь, 2% населения, но 50% нобелевских лауреатов, 60% миллиардеров и так далее – это евреи.

Поэтому говорить «мы как все», мы не имеем права – это не поможет. Давайте на самом деле разберемся, почему мир обращается к нам с требованием, с претензией и, возможно, справедливой. Давайте разберемся в нас, в себе.

Не согласиться с тем, что антисемитизм природное явление, невозможно. Оно существует в течение всех-всех-всех веков. Единственная разница между нами и всеми остальными народами, которые произошли из Древнего Вавилона, – в той идеологии, которую мы вынесли оттуда. И теперь, по истечении пяти тысяч лет, когда человечество осознаёт, что зашло в тупик в своем эгоистическом развитии, мы должны эту идеологию человечеству вернуть. В этом богоизбранность.

Поэтому я и говорю, что антисемиты правы, – они чувствуют, что мы являемся обладателями особого духовного знания, которое обязаны принести в мир. Мы не избавимся от антисемитизма, если идею «возлюби ближнего как себя» на самом деле не покажем и не предложим всему человечеству в том виде, в котором это делает каббала, а не религии. Потому что религии являются просто порождением человеческого эгоизма, только на еще более высокой стадии.

## Репортаж из будущего

Израиль. Иерусалим. 20.. год, ... июня, 03:00. Конференц-зал гостиницы «Кинг Дэвид».

**Председатель:** Уважаемые дамы и господа, здравствуйте.

От имени ООН я рад поздравить вас с открытием съезда. В начале несколько слов о съезде и его делегатах. Сразу должен заявить, что аналогов нашему съезду никогда не было, поскольку впервые на повестке дня стоит вопрос о существовании всего человечества. Исходя из важности съезда, здесь собраны лишь люди, обладающие настоящей, реальной властью на нашей планете.

Критерием реальной власти нашими специалистами определен, как ни странно, телефонный звонок. Речь идет о телефонном звонке, имеющем непосредственное влияние не менее чем на **десять миллионов человек**. Вы, сидящие в этом зале, обладаете такой властью. Никогда еще в истории человечества не собирались вместе люди с такими возможностями почти мгновенно влиять на все человечество.

Как вы понимаете, вынудить ООН собрать вас всех вместе могли только чрезвычайные обстоятельства. Поэтому перейдем сразу к этим обстоятельствам. Коротко их можно выразить всего тремя словами: наш мир взбесился. Непрекращающиеся эпидемии невиданных болезней, постоянные стихийные бедствия, военные столкновения.

*Далее следуют статистические данные.*

*Прошло 15 минут*

Господа делегаты, по статистическим данным, за прошлый год от войн, голода и эпидемий погибло около 20 миллионов человек. И это еще не все. Сюда надо добавить озоновую дыру над Антарктидой, которая начала неожиданно разрастаться. Мы стоим на пороге всемирной катастрофы.

Исходя из всего вышесказанного, ООН приняла решение пригласить лучших в мире физиков, математиков, философов, социологов, психологов, историков и других ученых для проведения всестороннего глубокого исследования и анализа сложившейся обстановки. На это были затрачены средства, равные годовому бюджету среднего государства.

Сумма совершенно баснословная. Но зато и время, затраченное на все работы, – абсолютно рекордное для исследований такого вида – всего пять месяцев. А главное, были получены результаты. Эти результаты совершенно неожиданные. О выполненной работе и о полученных результатах доложит руководитель научной группы.

**Ученый:** Дорогие делегаты, после всестороннего исследования наша комиссия, состоящая из виднейших ученых мира, включающая в том числе и пять нобелевских лауреатов, пришла к совершенно невероятным выводам.

*Первое.*

Было доказано, что весь мир, все его уровни: неживой, растительный, животный и человеческий – находится под управлением одного единственного закона. Он называется: «Закон альтруистической отдачи». В дальнейшем – «Закон».

*Второе.*

Все уровни природы, кроме человеческого, находятся в абсолютной гармонии с «Законом».

*Третье.*

Человек по своей сути является эгоистом, то есть он не в состоянии выполнить ни одного действия, если оно не служит его собственной пользе.

*Четвертое.*

«Закон», непрерывно воздействуя на человека, вынуждает его к исправлению собственных свойств с эгоистических на альтруистические.

*Пятое.*

Не в силах человека исправить свои свойства. Попытки такого рода обречены на провал. Пример – попытка построить коммунизм.

*Шестое.*

Эгоистическую природу человека может исправить только сама природа (Творец).

*Седьмое.*

Методика, с помощью которой можно связаться с Творцом для исправления человеческой природы, называется наука каббала.

*Восьмое.*

Наука каббала появилась 3800 лет назад благодаря Аврааму. Авраам создал первую в мире группу каббалистов, из которой впоследствии образовался еврейский народ. Еврейский народ на определенном отрезке истории находился в исправленном состоянии (на духовном уровне). В дальнейшем, для распространения идеи альтруизма, народ был спущен с духовного уровня и отправлен в изгнание. На период нахождения народа в изгнании каббалисты временно запретили изучение каббалы. Для сохранения народа достаточно было изучения Торы.

*Девятое.*

К концу изгнания каббалисты разрешили и даже потребовали распространять каббалу, поскольку наука каббала предназначена для всех народов мира. Первыми путь исправления должны пройти потомки тех, кто уже был на духовном уровне, то есть еврейский народ.

*Десятое.*

Поскольку еврейский народ вернулся из изгнания, он обязан «переключиться» с изучения простой Торы на изучение ее внутренней части – науки каббала. Тору в ее простом виде изучают религиозные евреи, поэтому именно они должны первыми начать изучать каббалу. Таким образом, с религиозных евреев начнется исправление мира.

**Председатель:** Уважаемые делегаты, только что вы слышали выводы научной комиссии. Эти выводы выглядят совершенно невероятными. Однако существует явление не менее невероятное – антисемитизм. Ему нет и не может быть никакого разумного объяснения и оправдания. Кроме одного – человечество всегда на подсознательном уровне чувствовало, что евреи не выполняют своего предназначения. При этом ни преследователи, ни сами преследуемые не знали настоящей причины.

Сегодня эта причина раскрыта. Человечество нуждалось в том, что всегда находилось в среде еврейского народа, – в каббале. Но поскольку каббала миру не раскрывалась, появился антисемитизм.

Дорогие делегаты, вы те, кто может помочь избавить мир не только от антисемитизма, катастроф, войн, эпидемий, но и вообще от всех страданий. Для этого нужно только убедить религиозных евреев начать изучать каббалу. Необходимо начать разъяснительную кампанию в СМИ. Вам для этого достаточно сделать лишь один телефонный звонок.

Спасибо, на этом я заканчиваю свое выступление. Теперь все зависит только от вас...

**Голоса в зале:** Невероятно... Не может быть... А у вас есть другой выход?.. Придется звонить...

*Прошло 20 минут*

**Председатель:** Дорогие делегаты! Прошу внимания! Только что к нам поступило сообщение: озоновая дыра над Антарктидой начала затягиваться!

*Бурные аплодисменты.*

# Глава 3
# Основа народа

## Преодолеть разногласия

Время от времени мы переживаем мгновения, которые объединяют нас и создают ощущение единства. Мы радостно обнимаемся, когда Израиль побеждает. Вместе, хотя и каждый по-своему, отмечаем израильские праздники. Есть у нас много общего и в культуре. Благодаря этому каждый из нас, в той или иной мере, ощущает свою принадлежность к единому народу – народу Израиля.

И все же, для того чтобы почувствовать себя действительно единым, объединенным любовью народом, этого недостаточно.

### Так что же объединяет нас в единый народ?

Двести лет назад на одном участке суши собрались миллионы эмигрантов, прибывших из Европы, Азии и Африки. Нищие, с одной лишь надеждой на лучшее будущее, они были представителями разных народов. Между ними не было ничего общего. Их разделяли языки, культуры и религии. И каждый желал лишь собственного блага.

Разница в культурах послужила причиной многочисленных стычек и, в конечном итоге, породила ненависть друг к другу. Однако необходимость выживания заставила людей сделать простой эгоистический расчет. Они решили преодолеть разногласия – подняться над ними. Создав разветвленную систему коммерческих связей, они сумели объединиться. Именно это и превратило их страну в самую сильную и богатую державу мира – Соединенные Штаты Америки.

В отличие от США, где для создания государства на основе достижения личной выгоды объединялись различные народы, европейские страны создавались народами, проживавшими на одной территории и имевшими одинаковое происхождение. Англия, Франция, Россия, Германия и другие страны были основаны племенами, имевшими общие корни. Общность происхождения стала в этих странах естественным объединяющим фактором.

У нас, народа Израиля, объединение такого рода невозможно. Основа нашего объединения иная. Ее корни находятся в Древнем Вавилоне. Народ Израиля создавался на основе любви к ближнему, и эту любовь, подобную естественной любви между членами одной семьи, мы должны возродить в себе сегодня.

Ведь именно этим мы отличаемся от европейских народов, сформировавшихся на основе общности происхождения.

Мы отличаемся также и от американского народа, образованного представителями различных культур, съехавшихся в Америку из разных стран.

Всех их объединяло стремление к личной выгоде, и потому они сумели преодолеть существовавшие между ними разногласия.

Мы же должны создать народ, в котором взаимоотношения строятся лишь на основе любви.

**Любовь – возрождение, разобщенность – изгнание**

С давних пор процветание и благоденствие народа Израиля напрямую зависят от степени его единства и взаимной любви. Когда мы объединялись, наш народ поднимался к вершинам – как в духовном, так и в материальном. Пик расцвета наступил во времена, когда было создано объединенное Иудейское царство и построен Первый Храм.

Однако с течением времени часть народа стала более эгоистичной, и прежние связи были утрачены. Этот раскол стал основной причиной, приведшей впоследствии к разрушению Первого Храма и рассеянию народа по всему свету. Несмотря на это, в большей части народа сохранилось стремление к единству. И когда все осознали, что именно разобщенность привела к разрушению Храма и рассеянию, наш народ сумел вернуться в землю Израиля и построить Второй Храм.

Вместе с тем, преодоление эгоизма не остановило его дальнейшее развитие. Эгоизм продолжал расти, и это стало причиной появления еще большей ненависти и еще более глубокого раскола между людьми. Всеобщий упадок привел к тому, что даже ученики каббалистической группы рабби Акивы забыли основной закон: «возлюби ближнего своего как самого себя» – и между ними вспыхнула открытая ненависть. В результате, 24 тысячи человек погибли в эпидемии. Эта ненависть символизировала духовное падение, которое проявилось в физическом разрушении Храма и длительном рассеянии народа.

Изгнание, в котором оказался тогда народ Израиля, растянулось на тысячи лет. По сути, оно продолжается и сегодня, несмотря на то, что мы уже вернулись на землю Израиля. Об этом тяжело говорить, но после шестидесяти лет, прошедших с момента создания государства Израиль, мы имеем лишь разрозненные общины, живущие на одной территории.

Наука каббала говорит нам, что все происходящее с нами является результатом нашего объединения на духовном уровне, находящимся над внешними различиями и разъединяющим нас эгоизмом. Там, где эта связь глубокая, истинная и вечная.

Изгнание и освобождение – понятия духовные. Они обозначают меры нашей внутренней связи как единого народа.

**«Изгнание»** – это наша разобщенность, стремящаяся оттолкнуть нас друг от друга. Когда мы разобщены, между нами не ощущается присутствие Высшей силы. Мы не реализуем духовное состояние, называемое **«земля Израиля»**. И именно этим мы создаем напряженность, угрожающую существованию государства Израиль.

С утра до вечера мы получаем тревожные сообщения об ухудшении ситуации: ракеты на юге страны, ядерная угроза с востока. И даже временное спокойствие на севере воспринимается как затишье перед приближающейся бурей. В центре страны обстановка не лучше. Отсутствие четкого руководства, коррупция властей усугубляют положение, создавая ощущение потери ориентации и нестабильности. Многие чувствуют, что мы теряем нашу страну. Она, как песок, «утекает сквозь пальцы». Еще немного – и нас вытеснят с нашей земли.

Так природа подводит нас к принятию единственно правильного решения – созданию единого народа. **«Освобождение»** означает состояние, в котором все мы объединены. Эта глубокая, всесторонняя и вечная связь выше личных расчетов. В этом особом состоянии между нами раскрывается Высшая сила, соединяя нас в единый народ. И потому, если мы действительно желаем блага, то должны понять, что объединение и любовь к ближнему – это **единственный** путь к нашему процветанию.

Раскрыв внутри себя желание к единению, мы придем к духовному возвышению и обнаружим, что нам помогает Высшая сила. Любовь к ближнему мы обязаны распространить на весь мир. Ведь именно таков смысл понятия «нести свет народам».

**Единство – это наш пропуск в духовную землю Израиля и опора существования нашего государства.**

## С уклоном в эгоизм
*(об обязательной службе в ЦАХАЛе и о «вольных пташках», парящих на крыльях изменчивого поветрия)*

Этим летом ЦАХАЛ опубликовал данные о том, что каждый четвертый молодой человек призывного возраста не поступает на военную службу. СМИ охотно подхватили эту тему, и вот 7 августа дело дошло до «реальных сдвигов»: радиостанция «Галей ЦАХАЛ» отказалась от услуг известного певца Авива Гефена, который должен был вести программу «Ночные пташки». Причина проста: Гефен не служил в армии.

Складывается такое впечатление, что публикация отчета только углубила раскол в израильском обществе. Повсюду идут толки и пересуды, звучат взаимные нападки… В шуме этой разноголосицы вопрос «Что же делать?» представляется чисто риторическим. И тем не менее ответ есть. Он был дан почти семьдесят лет назад и с тех пор дожидается своего часа.

**Баллада об уклонисте**

Помню, как ребенком, исследуя родительский шкаф, возле старого патефона я нашел странную пластинку, выделяющуюся из обычного набора тех лет. Ее обложку украшали фотографии военных парадов, марширующих солдат, пикирующих самолетов «Мираж» и парашютистов, врывающихся в стены Старого города. Мне очень понравились тогда триумфальные песни, за которыми вставали картины славных боев ЦАХАЛа. Особенно сильное впечатление производила «Баллада о санитаре» в исполнении Йорама Гаона. Я даже попросил отца рассказать мне что-нибудь из его армейских воспоминаний.

Шло время. Проникнутый боевым духом, я вступил в ряды ВМФ, остался на сверхсрочную службу и демобилизовался в чине капитана 3-го ранга. С тех пор ежегодно я провожу на сборах около месяца.

Одна из ночей этого «отрывочного» военного стажа навсегда запечатлелась в моей памяти. Я не мог уснуть и слушал передачу «Ночные пташки». Только что были подписаны соглашения Осло, вызвавшие среди многих настоящую эйфорию. Гость студии, начинающий музыкант Авив Гефен, под эгидой армейского радио воспевал уклонение от воинской службы, рассказывал о «фраерах-призывниках» и об «окаянном поколении».

Я отдавал ему должное за смелость речей и песен, однако мне трудно было примириться с тем, что он сидит там, в яффской студии, а я охраняю его здесь, на палубе корабля.

С того дня пролетело четырнадцать лет – время больших разочарований. Сколько раз мы с тоскою взирали на мирный процесс, на коррупцию, на «причуды» судебной системы и другие приметы нового времени. Размежевание среди нас стало нормой, а в последнее время, откуда ни возьмись, всплыла новая проблема, годами скрывавшаяся за парадной витриной, – уклонение от армии.

**Долг или рекомендация?**

Воинский долг всегда символизировал единство, кующееся в плавильном котле израильского общества, – дело, которое делают все вместе.

И вот выясняется, что святая обязанность одних является не более чем рекомендацией для других. Еще одна «священная корова» пала жертвой суровой бойни…

Немного истории: с образованием государства Израиль глава правительства и министр обороны Давид Бен-Гурион освободил от военного призыва несколько секторов. Дискриминация по секторальному признаку послужила фактором разобщения, которое продолжается по сей день. Многие молодые люди, не желающие идти в армию, обосновывают свое решение тем, что их сверстники получают автоматическое освобождение от службы. Пока солдаты жертвуют жизнью на поле боя, другие остаются дома, чтобы учиться, работать, а то и просто развлекаться.

Если же и этого мало, стоит лишь оглянуться по сторонам: газетные заголовки буквально кричат о развале социальных механизмов, о разложении руководства, о системе образования, ориентированной на оценки, а не на знания…

Наш прагматичный век все меряет деньгами. В такой атмосфере трудно создать фундамент для национального согласия (когда-то оно называлось «военным братством»), которое объединит всех граждан страны.

**Как мешок с орехами**

Мы не одиноки в своем прагматизме. За последние сто лет все человечество втянулось в процесс ревизии взглядов. Отжившие ценности исчезают без следа, семья перестает быть опорой общества, а карьеризм, всегда паразитирующий за счет общих интересов, становится вполне легитимной, если не единственной, мотивацией в жизни. Растущее эго нещадно расчищает себе путь к желанным удовольствиям.

Один из самых ярких примеров – события 1940 года. Именно тогда, под угрозой нацистского триумфа, разобщение и мелочные партийные «разборки» в еврейской среде достигли небывалого размаха.

Трезвомыслящие люди, искренне тревожившиеся за судьбу народа, видели надвигающуюся опасность и всеми силами старались вдохнуть новую жизнь, новые духовные силы в материю мелкоэгоистических расчетов. Бааль Сулам, стоявший во главе этих усилий, встречался со всеми еврейскими лидерами тех лет, включая Бен-Гуриона. Однако окружающие оставались глухи к его словам, и тогда вместе с единомышленниками он обратился напрямую к народу посредством внепартийной газеты, которая так и называлась «Ума» (народ).

В первой же статье Бааль Сулам объяснил, что причина разобщения кроется в потере национального самосознания. «Мы утратили основное национальное качество, которое сплачивает любой народ. Здесь собрались лишь чужие друг другу люди, представители различных культур. Мы похожи на массу орехов, внешне соединенных в единое целое мешком, который облегает и сдавливает их. Однако такая слитность не превращает их в спаянное тело. Легкое колебание мешка – и орехи перекатываются, сталкиваясь друг с другом».

**Вычистить Авгиевы конюшни**

Спустя 67 лет мы так и не нашли путь к единству. Сегодня СМИ заново освещают тему нашей разрозненности. Может быть, она возьмет нас за живое, и мы начнем поиски истинного решения?

В своей статье Бааль Сулам пишет, что создание сплоченного, процветающего общества требует кардинального пересмотра ценностей. Вместо торжествующего эгоизма основными принципами жизни должны стать любовь и отдача.

Много справедливого можно найти в этих словах. Трудно игнорировать тот факт, что на протяжении всей истории лишь подлинное единство позволяло нам процветать экономически, культурно и духовно. И напротив, когда эгоизм и ненависть брали в нас верх, начинались периоды преследований и разрушений.

Воссоединение народа, подводит итог Бааль Сулам, требует раскрыть наше исконное свойство – любовь и заботу друг о друге. Если смыть наслоения прожженного цинизма и безоглядного себялюбия, мы снова станем сплоченным обществом, у которого есть общий взгляд на мир и общая цель. Работа ради этого станет главным критерием оценки человека.

Каждый из нас нуждается в социуме – благодаря этой естественной потребности мы с удовольствием будем «играть по новым правилам».

## Прислушаться к Ахмадинежаду

*Из выступления президента Ирана Махмуда Ахмадинежада на религиозной конференции в Тегеране: «...философия и идеология, на которых построено сионистское государство, доказали свою несостоятельность... сионистский режим приближается к своему естественному концу, мир скоро станет свидетелем этого...».*

К высказываниям Махмуда Ахмадинежада в адрес Израиля все уже давно привыкли. Обычные угрозы и проклятия на почве животной ненависти и ксенофобии. Однако последнее, тегеранское выступление – особое. За это выступление мы должны его не осуждать, а, наоборот, благодарить. На самом деле он озвучил то, что подсознательно знает весь мир:

нам никогда не построить государство на тех принципах и теми методами, которые к нам никакого отношения не имеют. Человечество не нуждается в сионистском государстве. Оно нуждается в государстве альтруистическом. И именно на это неосознанно указал Ахмадинежад.

Каббалисты безуспешно пытаются объяснить на протяжении столетий: народ Израиля является носителем альтруистической идеи. Звучит она просто: «Возлюби ближнего как самого себя». Лишь для воплощения этой идеи существует народ, и только для этого появилось на карте мира государство Израиль.

Мы не слышим друзей, так, может быть, прислушаемся к врагам?

### Откуда мы
*(историческая справка)*

Древний Вавилон, около 4000 лет назад. Дремавшая доселе страна внезапно пробуждается от спячки. Историки говорят, что созрели особые условия, каббалисты говорят иначе – произошел направленный рост эго.

И именно тогда. на фоне разрыва старых связей, отчуждения и ненависти, возникшей между людьми, появляется особая методика – наука каббала.

Ее цель – на гребне возросшего эгоизма объединить людей и поднять их к Творцу, в духовный, совершенный мир. Эту методику раскрыл один из вавилонских жрецов – Авраам. Он сразу же предложил обучить ей всех желающих. Однако на это согласились лишь единицы.

Из них – учеников Авраама, решивших применить на себе методику духовного возвышения, – впоследствии появился народ Израиля.

Поскольку человеческое эго непрерывно росло, методика его исправления – наука каббала – тоже развивалась и совершенствовалась. Израиль сумел пронести науку каббала сквозь века. Теперь пришло время применить ее на практике, но… этого не происходит.

**Последнее предупреждение**

В своем выступлении Ахмадинежад высказался не только о нашем государстве, но и о нашей ответственности. Он уверен, что мы виноваты во всем. Об этом же говорят каббалисты: народ Израиля несет ответственность перед человечеством за **непередачу** методики связи с Высшим миром. Все народы мира на подсознательном уровне это ощущали всегда. Именно это, и только это, являлось и является причиной антисемитизма.

Около ста лет тому назад произошел сильнейший всплеск эгоизма, который сразу же толкнул мир к техническому прогрессу и, одновременно с этим, к революциям и войнам. Именно поэтому в это же время Высшее управление начало возвращать нас из изгнания, с тем чтобы мы применили духовную методику на себе и затем передали ее миру. Однако мы пренебрегли идеей объединения народа на духовной основе и заменили ее идеей обычного материального благополучия.

Величайший каббалист 20-го века Бааль Сулам, зная, что ожидает народ в случае отказа от духовной идеи, пытается изменить ситуацию: пишет книги, статьи, встречается с ведущими общественными деятелями. Но его не слышат. Тогда, в 1940 году, он идет на решительный шаг и издает первую каббалистическую газету «Ума» (народ). Его слова наполнены тревогой и болью: «Мало того, что нас обступили одновременно по всему миру, – к тому же самые передовые народы преспокойно заперли перед нами двери, не испытывая ни малейшего сочувствия и жалости. Они поступили таким жестоким образом, которому нет прецедента во всей человеческой истории, включая даже самые варварские времена».

Это был первый и последний номер газеты. «Доброжелатели» из числа нашего народа уговорили английские власти, правившие тогда в стране, закрыть газету. Ну, а дальше произошло то, что должно было произойти: война и Катастрофа.

Казалось бы, что может быть страшнее. Обычная человеческая логика говорит, что все бедствия народа на этом должны закончиться. И это было бы верно, если бы не особая функция, возложенная на нас.

> **НАРОДЫ МИРА И ИСРАЭЛЬ**
>
> Наука каббала объясняет, что все люди являются частями одной общей души, называемой «Адам Ришон». Она состоит из двух частей, называемых «народы мира» и «Исраэль» (от слов «яшар эль — прямо к Творцу»). «Исраэль» – это души, на которые возложена миссия по передаче остальным душам, называемым «народы мира», науки каббала. Другими словами, Исраэль должен донести до каждого человека знания и средства для достижения цели творения и получения высшего блага.

Есть законы материальной, а есть законы духовной природы мира. Мы не принимаем в расчет высшие, духовные, законы, поскольку они скрыты от нас. Согласно этим законам, народ Израиля обязан показать человечеству пример единения и возвышения – человечество должно получить методику духовного возрождения. Но носитель этой методики, Израиль, не торопится ее применять на себе и передавать другим.

Поэтому сразу же после Второй мировой войны Бааль Сулам пишет в «Предисловии к книге «Зоар»: «Все разрушения и все падения сынов Израиля – только вследствие того, что оставили они внутреннюю часть Торы (каббалу), принизили ее значение до самого низкого уровня и сделали ее вещью, в которой вообще нет никакой потребности».

В 1948 году было официально объявлено о создании государства. И с тех пор, несмотря на временные успехи, наше положение еще более ухудшилось. Уже не раз мы стояли на грани уничтожения. Какие доказательства еще нам нужны, чтобы убедиться в правоте каббалистов?!

### Мы не нужны

Совсем недавно мы вступили в 21-й век. Вместе с технологическими успехами на мир обрушились проблемы экологии, экономики, воспитания, депрессий, самоубийств, терроризма и другие, которые завели человечество в тупик. Ученые и мыслители уже давно поняли, что корень всех проблем – человек, а еще точнее – эгоизм, который лежит в основе человеческой природы.

Методика исправления эгоизма – каббала – находится в руках народа Израиля. Поэтому мы, народ Израиля, обязаны первыми применить эту методику на себе, а затем передать ее всему человечеству. Мир не может больше ждать, природа ведет его к необходимости исправления, подталкивая неимоверными страданиями.

Если мы не выполним сами нашу миссию, то нам «помогут» такие, как Ахмадинежад. От нас ждут не «мирных процессов», а методику исправления. А иначе мы просто не нужны.

# Глава 4
# От внешнего к внутреннему

*«Когда внутреннее придает жизнь внешнему, мир идет к совершенству. Когда внешнее отказывается получать жизнь от внутреннего, все возвращается к хаосу и нечистоте».*

Рав Кук, «Письма»

## Сквозь внешнее к внутреннему

С детства Генри невзлюбил евреев. Он всегда чувствовал в них нечто темное и загадочное. Этому не было никакого логического объяснения, но с годами его ненависть только крепла.

Мальчик вырос и стал знаменит. Генри Форд прославился тем, что «изобрел колесо», вернее, четыре колеса: его «автомобили для всех» покорили Америку. Он первым с успехом освоил конвейерную сборку и ввел новаторские методы в организацию производства.

Однако еврейский вопрос по-прежнему не давал покоя автомобильному магнату. Генри Форд выделил средства на финансирование антисемитской газеты «The Dearborn Independent», а также на массовое распространение

«Протоколов сионских мудрецов», в том числе и в Европе. Есть сведения, что Форд нанял группу частных сыщиков, которые вели слежку за известными евреями в попытке доказать международный еврейский заговор о мировом господстве.

Форд – единственный американец, который упоминается в книге Гитлера «Майн кампф». В 1938 году он получил от Рейха высшую награду для иностранцев – Большой Крест Германского Орла.

Какой бы странной ни была история Генри Форда, он далеко не исключение. К нему присоединяются многочисленные корифеи в самых разных областях, от искусства до политики.

В утренние часы 29 июля 2006 года спортивная машина на огромной скорости взлетела на крутой подъем, ведущий в район Малибу на севере Лос-Анджелеса. Джон Эрвинг, полицейский, дежуривший в ту ночь, включил сирену и пустился в погоню за нарушителем. После непродолжительного преследования, он прижал спортивную машину к обочине.

> «Евреи принадлежат к темной и отталкивающей силе. Как многочисленна эта клика, как они держатся вместе и какую мощь они могут проявлять благодаря своей опасности!».
>
> – Цицерон

Пьяный водитель разразился бранью в адрес полицейского и бушевал так, что Эрвинг с напарником были вынуждены надеть на нарушителя наручники. А тот не прекратил ругаться даже в полицейском участке: «Чертовы евреи! Это вы виноваты во всех войнах в мире!» При этом он даже не потрудился узнать, еврей ли Эрвинг. К вечеру протрезвевший водитель – звезда Голливуда, знаменитый актер и режиссер, обладатель премии «Оскар» Мел Гибсон – был освобожден. Впоследствии он выступил с публичными извинениями, сказав, что сам не понимает, почему совершил эту антисемитскую выходку.

Эти и многие другие факты были отражены в отчете, представленном на сессии Всемирного еврейского конгресса, проходившего в Париже в ноябре 2006 года. В отчете также говорилось, что только за лето прошлого года количество антисемитских выступлений в Европе увеличилось вдвое. Это явление впервые было отмечено даже в таких обычно сдержанных, традиционно лояльных странах, как Норвегия, Швеция и Англия.

Согласно опросам, проведенным в Объединенной Европе, Израиль воспринимается как страна, несущая ответственность почти за все беды мира.

По мнению европейцев, именно мы являемся «угрозой миру во всем мире». И это только верхушка айсберга: в Стамбуле сжигаются государственные флаги Израиля, в Лондоне, Осло и Цюрихе постоянно публикуются статьи, поддерживающие идею уничтожения Израиля.

Ненависть к нам распространена как среди журналистов, так и в академических кругах. Сегодняшний Израиль многие сравнивают с нацистской Германией. Повсеместно крепнут голоса, призывающие закончить «сионистский проект». И это лишь небольшая часть многочисленных случаев проявления антисемитизма, превратившегося в наше время в широкомасштабное явление.

Что же особенного в нашем народе и в государстве Израиль? Почему мы вызываем столь сильную и необъяснимую, на первый взгляд, ненависть всего мира?

Даже беглый взгляд дает нам впечатляющую картину достижений нашего народа: практически во всех областях жизни мы достигли выдающихся успехов. Двадцать два процента нобелевских лауреатов — евреи. Каждый шестой из двухсот богатейших людей Австралии — еврей. Каждый четвертый из ста богатейших людей Канады — тоже еврей. Если объединить состояния евреев только Израиля и США, то в относительных величинах они в два раза превысят богатства всех шейхов стран Персидского залива. Евреями является большинство глав финансовых и промышленных структур, руководителей средств массовой информации и индустрии развлечений в США. Общепризнанным является вклад евреев в мировую культуру, науку и медицину.

«Евреи являются зачумленной, прокаженной и опасной расой, которая заслуживает искоренения со дня ее зарождения».
-- Джордано Бруно

В чем же заключается уникальность еврейского народа, позволяющая достичь столь заметных успехов в большинстве областей жизни?

**Внутреннее и внешнее**

«Знай, что во всем есть внутреннее и внешнее. Народ Израиля относится к внутренней части мира, остальные же народы считаются его внешней частью», — эти слова Бааль Сулама из статьи «Предисловие к книге «Зоар» многое объясняют. На внешнюю и внутреннюю части делится вся окружающая нас действительность. Наиболее внутренняя часть — это Творец, а все, что Он создал, является как бы Его одеянием. Сквозь это одеяние творение и должно раскрыть Творца. Поэтому все миры распространяются от Творца к творению, словно надеваясь друг на друга. При этом каждый последующий мир является внешним по отношению к предыдущему.

И только на максимально удаленной от Творца ступени творение начинает осознавать свою полную противоположность Творцу. Так в окончании действия проявляется первоначальный замысел Творца, и в творении зарождается желание вернуться к своему корню. А развить в себе это желание, сделать его полным и всепоглощающим, призван именно наш народ. Поэтому он и является внутренней частью по отношению к остальным народам мира.

Так что наша незаурядность имеет исключительно духовный смысл. Однако поскольку именно духовная составляющая определяет все, мы никогда не сможем «быть как все», несмотря на то, что так страстно этого желаем. Остальные народы нигде и никогда не примут нас как равных. Они заставят нас приступить к исполнению своей миссии. Ведь первыми постигнув Творца, мы откроем путь в духовное всему человечеству.

Как пишет Бааль Сулам: «Если каждый из нас будет стремиться к усилению своей внутренней части – потребности своей души, называемой народом Израиля, – над внешней своей частью, называемой народами мира, тогда все народы мира осознают значимость народа Израиля и исполнится сказанное: «И возьмут все народы Израиль, и приведут в место его. И дом Израиля примет их в наследие на земле Творца».

Любая задержка в развитии народа Израиля тормозит процесс общего развития. Народы мира подсознательно ощущают связь между духовным продвижением Израиля и своим собственным, поэтому их давление на нас нельзя ни подсластить, ни ослабить. Оно не прекратится до тех пор, пока мы не начнем выстраивать в себе правильное отношение к внешнему и внутреннему.

«Все бедствия приходят в этот мир только для народа Израиля», – сказанное в Талмуде ясно указывает на то, что изменить наше положение можем только мы и никто другой. Ведь именно наш народ является связующим звеном между Творцом и остальными народами мира. Поэтому, занимаясь внутренним, а не внешним, мы можем в корне изменить ситуацию, и наградой всем станут мир и процветание.

### Источник света

«Приближаются дни, когда все узнают и признают, что спасение Израиля и всего мира зависит лишь от раскрытия каббалы – науки скрытого света, разъясняющей тайны Торы простым и ясным языком» (рав Кук, «Письма»). Каббалисты всех времен ясно понимали необходимость занятий каббалой. Они стремились ускорить наступление такого времени, когда каждый человек, не меняя привычного образа жизни, будет заниматься материальным лишь для того, чтобы обеспечить свое существование, а в остальном все свои силы и желания посвятит духовному – раскрытию и реальному ощущению Творца.

Если каждый из нас именно так перераспределит свое время и внимание, то изменится вся окружающая нас действительность. Высшая сила станет для нас внутренней, наиболее важной частью, вокруг которой выстроится вся наша реальность. Тогда, распространяясь от внутреннего к внешнему, Высший свет получит возможность раскрыться во всех душах и наполнит собой весь мир.

Сегодня мир вместо источника света подсознательно видит в нас источник тьмы. И изменить его отношение к нам можно только с помощью методики каббалы – единственного средства, способного наполнить нашу жизнь духовным смыслом, в котором все мы так остро нуждаемся.

Для этого каббала и раскрывается нам сегодня, объясняя, что все, происходящее в нашем мире, является лишь внешним облачением духовных сил.

Все мы являемся единым организмом, и строение нашей общей души таково, что народ Израиля должен первым начать обратное движение к Творцу, прокладывая дорогу остальным народам.

Поэтому именно каббала позволит народу Израиля выполнить возложенную на него задачу, обеспечив правильное соотношение между внутренним и внешним.

Изучая каббалу, читая настоящие каббалистические источники, мы вызываем на себя воздействие Высшего света. Таково особое свойство, заложенное каббалистами в своих книгах. В народе его называют «сгула» – свет, возвращающий к Источнику. Развивая в нас новые свойства, он как бы возвышает нас, соединяя с Творцом напрямую, без каких бы то ни было посредников.

Для этого мы и вернулись на землю Израиля. Внешний период нашего изгнания закончился, и это ясно указывает на необходимость развития внутреннего. Только предпочитая внутреннее внешнему, мы станем положительной силой, способствующей всеобщему развитию, и нам не придется больше воевать с другими народами. Наоборот, почувствовав, что только через народ Израиля можно достичь раскрытия Творца, они всеми силами будут помогать нам продвигаться к духовному. Как сказано: «И принесут сыновей и дочерей твоих на плечах своих в Иерусалим». Так все вместе мы поднимемся на уровень существования в качестве единой общей души, в полном слиянии с Творцом.

# Углубляясь вверх

## Две стороны одной души

Законы духовных миров, которые раскрывают нам каббалисты, универсальны и пронизывают собой все мироздание. Сегодня мы поговорим об одном из таких законов – о законе внутреннего и внешнего. Выясняется, что любая душа, или, пользуясь специальной каббалистической терминологией, парцуф, делится на две части – внутреннюю и внешнюю. Внутренней частью называются более высокие свойства души, или так называемые желания отдавать, свойства бины. Внешней же частью парцуфа называется его более грубая часть, желания получать, или свойства Малхут. Две части парцуфа можно представить себе как два вставленных друг в друга цилиндра, где внутренний, то есть внутренняя часть души, выше внешнего. Мы говорим, что внутренняя часть души выше внешней, ибо по своим свойствам она ближе к природе Дающего, то есть к природе Творца. Таким образом,

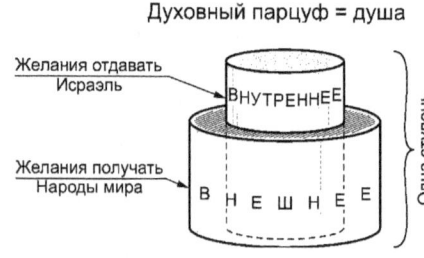

мы можем сказать, что внешняя часть облачается на внутреннюю. Отношение внутренней части души к ее внешней части подобно отношению души к телу. Внутренняя часть души часто называется в каббале «Исраэль», в то время как ее внешняя часть – «70 народов мира».

Итак, душа состоит из двух частей, а в чем же универсальность нашего закона?

## Среди пирамид

Дело в том, что души, или парцуфы, не возникли на пустом месте. Возникновению душ предшествует образование духовных миров. Именно в духовных мирах впервые появилось это универсальное разделение на внутреннее и внешнее. Нисхождение духовных миров от мира Бесконечности до нашего мира происходит так, что каждый следующий мир является не только нижним, но и внешним относительно предыдущего мира, его порождающего. Тут снова подойдет схематическое описание двух соседних миров, как двух вложенных цилиндров: один выше и уже, другой – ниже и шире. Если же мы представим, что таких миров пять, у нас получится пирамида из пяти ступенек. Чем ступень более внешняя, тем она более грубая, и тем она ниже, т.е. дальше отстоит от Творца по своим свойствам. Каждый из пяти миров делится на пять парцуфов, каждый из которых, в свою очередь, делится на пять сфирот. В итоге у нас получается духовная пирамида, состоящая из 125 ступеней.

Душа Адама Ришон, то есть первозданная душа, включающая в себя души всего человечества, родилась в уже сформировавшихся духовных мирах и, подобно им, с самого начала состояла из двух частей. Позднее эта душа разделилась на миллионы и миллиарды отдельных духовных объектов, которые и являются душами людей нашего мира.

Не только отдельная душа, но и все души в целом, представляя собой единый организм, могут быть разделены на внутреннее и внешнее. Души, относящиеся к внутренней части общего парцуфа Адама, содержат в себе свойства, подобные свойствам Творца. Души более внешние несут в себе свойства творения. Как и в одной душе, внутренняя часть общей души называется Исраэль, внешняя – народы мира. И Исраэль, и народы мира, в свою очередь, могут быть разделены на внутреннюю и внешнюю часть. Такое последовательное деление каждого элемента на две части образует пирамиду душ.

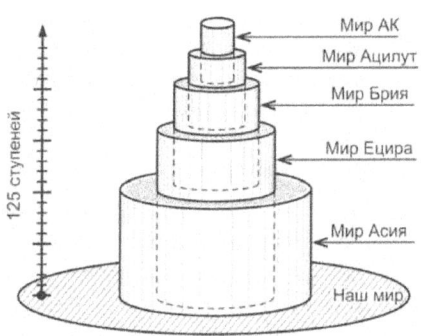

### Вверх по лестнице, идущей вниз

Итак, пользуясь принципом пирамиды, мы можем сказать: чем более внутреннее – тем выше, ближе к Творцу. Но как же это знание общей структуры миров и душ может помочь нам в нашей задаче по достижению Творца? Ведь именно ради этого были созданы все миры и души, их населяющие. Выясняется, что между нашим знанием и практическим решением задачи исправления мира существует прямая связь.

Каббалисты объясняют, что для того, чтобы подняться на следующую ступень духовной лестницы, нужно обладать теми же свойствами, что и она. А для этого достаточно очень сильно желать стать такими же, как она, или, другими словами предпочесть внутреннее внешнему.

И поскольку наш мир является слепком, проекцией духовных миров, то начать надо с осознания значимости духовной составляющей в нашем мире. Такое предпочтение внутреннего внешнему означает переоценку важности исполнения внутренней и внешней частей Торы, где внутренней частью Торы традиционно называется каббала. При этом правильная расстановка ценностей ни в коем случае не означает отказ от внешней части: внешнее и внутреннее всегда сосуществуют, как гармоничная пара. Но, только правильно выстроив свое отношение к ним, мы сможем прийти к гармонии. С помощью своего сознательного выбора люди должны выстроить пирамиду душ согласно ее изначальной структуре. Причем это должно произойти и на личном уровне, и на уровне народов. И в ту секунду, когда это происходит, на нас начинает действовать Высший свет, нисходящий через все ступени мироздания. Он создал нас, и он один обладает силой нас исправить.

Имеющий уши услышит и обладающий разумом поймет то, что сказали мудрецы, предупредив и известив каждого сына народа Израиля: путь к святости лежит через раскрытие науки каббала. Она – древо жизни для тех, кто ей следует.

-- Бен Иш Хай, «Даат ве твуна»

### Нести народам свет

Народ Израиля, внутренняя часть общей души, как бы является представителем в ней Творца. Она проводит через себя Высший свет исправления, сама не являясь его конечным потребителем. Настоящие свойства творения, которые должны быть исправлены, заложены не в Израиле, а в народах мира. Эгоистическая природа их душ еще не раскрылась. Однако подсознательно народы мира чувствуют, что Израиль сдерживает их духовное развитие, не передавая им достаточное количество духовной энергии.

Только после окончательного исправления все души станут равными в общей душе Адама. Наступит эра счастья, изобилия и гармонии.

---

**СПОСОБНА ЛИ ПОЛИТИКА ПРИВЕСТИ К ПОЛОЖИТЕЛЬНЫМ ИЗМЕНЕНИЯМ?**

Мы видим, что попытки любого правительства хоть как-то повлиять на ситуацию политическими методами не приводят к желаемому результату. Кризис будет только нарастать, пока мы не осознаем, что нашим миром управляют законы Высшей природы, в соответствии с которыми нам необходимо начать жить.

Средство, позволяющее достичь гармонии с этими законами и обеспечить себе лучшее будущее, находится в руках народа Израиля — это наука каббала.

## Поступь мироздания

*Беседа ученого-каббалиста, рава М. Лайтмана с известным телеведущим, журналистом и музыкантом Дмитрием Дибровым*

**Д. Дибров:** Здравствуйте, уважаемый Михаэль Лайтман!

**М. Лайтман:** Мне очень приятно вновь встретиться с вами, господин Дибров, и с вашими зрителями. Я знаю, что у вас очень большая аудитория, и я рад предоставленной мне возможности.

**Д. Дибров:** Наука каббала говорит о том, что Третья мировая война не только неизбежна, а уже началась. Но эта же наука говорит о том, что спастись все-таки можно. Да или нет?

**М. Лайтман:** Согласно общей теории развития мироздания, цивилизация, которая создалась на Земле, должна пройти через хорошие и плохие состояния. Всего есть четыре витка, и, согласно книге «Зоар», после двух мировых войн у нас есть возможность как «окунуться» в две самоистребительные мировые бойни, так и избежать их.

Абсолютно все, о чем предупреждает книга «Зоар», – со времени ее создания во втором столетии нашей эры и до наших дней – свершилось, и поэтому у нас нет оснований не доверять ей.

Каким же образом мы можем повернуть ход истории в лучшую сторону?

Для этого необходимо приоткрыть мир: «добавить» к нашему восприятию еще одну его часть. Мы пока ее не ощущаем, но именно она определяет законы, по которым мир существует и развивается. Если мы их узнаем и сможем правильно применять, то наши попытки создать «светлое будущее» не будут постоянно приводить к столь плачевным результатам.

Я оптимист и надеюсь, что это возможно.

**Д. Дибров:** Может быть, походы Александра Македонского или, например, битвы, описанные в Махабхарате, и были этими мировыми войнами? В таком случае победа над фашизмом – это и есть четвертая стадия?

**М. Лайтман:** Действительно, почему именно эти две войны мы считаем мировыми? Ведь были огромные площади на поверхности земного шара, где они были совершенно неощутимы. Дело в том, что эти войны были не просто захватническими – они были идеологическими. Произошло столкновение цивилизаций в эпоху развитого эгоизма, который уже достиг четвертого этапа и осознаёт себя как зло, а свое развитие как тупиковое.

Необходимо знать, что человечество движется по пути развития эгоизма в каждом из нас, из поколения в поколение. К началу 20-го века эгоизм достиг своей последней стадии, и поэтому все, что исходит из его окончательного развития, мы называем мировым эгоизмом, мировым злом, и войны тоже называем мировыми.

«Зоар» имеет в виду именно эти две последние войны, а также говорит о двух следующих ступенях, на которые мы должны подняться или путем войны, или путем осознания зла своей природы и поиском добра.

**Д. Дибров:** Для определения мирового зла будет, наверное, полезно, если мы с вами дадим определение эгоизма.

**М. Лайтман:** Как говорит каббала, вся природа представляет собой одну единую систему, все части которой взаимосвязаны. Сегодня мы только начинаем раскрывать это с помощью науки. Отсюда следует, что и люди, как ее интегральная часть, связаны между собой в единый организм.

Поэтому, если мы желаем существовать в здоровом обществе, то обязаны понять две простые истины: с одной стороны, мы полностью зависим друг от друга, как клетки в теле одного организма; а с другой, эта зависимость должна быть абсолютно альтруистической. Ведь в нашем организме каждая клетка стремится выполнять именно ту работу, которая необходима для успешного функционирования всей системы.

Однако в наше время активно проявляется совершенно иное свойство, эгоистическое, когда каждый из нас желает удовлетворить только себя за счет использования всех и вся. Это антисистемное, противоположное природе свойство губит нас и всю природу. Все уровни – неживой, растительный, животный – выполняют указания природы инстинктивно, а человеку дана свобода воли, чтобы соответствовать природе разумно, осознанно. Только он до этого состояния еще не дошел.

Вот эти четыре мировые войны, или четыре ступени осознания зла, должны создать в нас полное понимание того, что свою изначальную природу мы обязаны изменить на интегральную, альтруистическую, в соответствии с общим законом природы. Существуя внутри единой системы, мы не можем из нее выйти и делать все, что нам угодно.

Каббала рассказывает именно об этом общем интегральном законе природы, объясняет, каким образом прийти в соответствие с этим законом и тем самым выйти на уровень вечного, совершенного существования.

**Д. Дибров:** Вы говорили о том, что мы могли бы избежать насильственного способа постижения истины, если бы узнали, усвоили некоторые законы...

**М. Лайтман:** Если бы нам на самом деле раскрылось все мироздание, то мы бы увидели, что каждый из нас находится в абсолютной зависимости от всех остальных.

Посмотрите, как работает каждая клетка в нашем организме. Если ей приказано уничтожить себя – она уничтожает себя. Ну а если раковая клетка начинает поглощать другие клетки ради себя, то, убивая остальных, погибает и сама, так как вызывает смерть организма.

Это законы обычной природы. Нам не надо даже подниматься в какие-то «заоблачные выси», чтобы их изучать. Необходимо приспособить их к человеческому обществу, к нашему осознанию и воспитать самих себя в соответствии с этим. Вот это самое главное. Важно понять, что если мы не дадим альтруистическое интегральное образование новому поколению, то оно будет очень несчастным.

Нам надо понять, что природа – это законы. Чудес на свете не бывает. По крайней мере, за все пять тысяч лет существования человечества мы просто выдумываем эти чудеса. Вера – это отсутствие знаний.

**Д. Дибров:** Хотелось бы задать совершенно конкретный, «приземленный» вопрос: почему одним хорошо, а другим плохо?

**М. Лайтман:** Чтобы это понять, нам надо видеть кругообороты наших жизней. Мы делаем расчет только на сегодняшний день, на сегодняшнюю нашу короткую жизнь, даже не представляя, сколько жизней мы уже прожили и какие мы еще должны прожить. Мы не видим всей нашей истории, не видим нашей связи с другими душами в этом общем организме и поэтому, естественно, не можем правильно оценивать ситуацию.

Каббала говорит о том, что ты не сможешь найти оправдания существованию в мире добра и зла, пока не раскроешь для себя полную картину мира. А до тех пор тебе может быть хорошо или плохо, но это абсолютно случайные для тебя состояния.

Мы должны принимать мир и общество такими, какие они есть, так как не в состоянии ничего изменить. У природы свои законы, своя поступь, свое движение.

Сегодня в мире есть миллионы теорий о том, как дальше развиваться. Но мы уже понимаем, что ни одна из этих теорий не может быть истинной. Все наши попытки реализовать их в итоге приводят нас к разочарованию. Нам надо просто раскрыть для себя Высший мир. Высший – этот тот, который мы еще не ощущаем.

Мы испытываем страдания: я не могу что-то купить, я больной, ко мне плохо относятся, я что-то не понимаю, что-то не знаю… Все отрицательные ощущения сигнализируют о том, что в этих состояниях я нахожусь в дисбалансе с природой. Природа не терпит пустоты. Она обязана привести все к равновесию и подталкивает к этому только отрицательными побуждениями. Ее цель – приподнять нас на уровень осознания, желательного равновесия с ней, приподнять нас с того уровня, на котором мы существуем, – инстинктивного, эгоистического, – на уровень разумный, альтруистический.

Давайте дадим природе работать в нас, не искажая ее всевозможными доморощенными философиями. Это самое приемлемое. Только давайте вместе с этим проникать в природу, то есть понимать, каким образом она на нас работает, как мы ей должны вверяться. Если мы таким образом придем к равновесию с ней, это просто идеально. Каббала именно об этом и говорит: познай законы природы и адаптируй их на себе.

# Глава 5
# Израиль

## Каббалистическая география

Если вам зададут простой вопрос: «Скажите, в мире живет семь миллиардов человек. Как вы думаете, у каждого есть душа?»

– Да, – непременно ответите вы, – у каждого. Есть семь миллиардов человек, значит, есть семь миллиардов душ.

А если вам зададут второй вопрос: «Как вы думаете, они объединены вместе или нет?»

Тут возможны два варианта ответа:

– Первый. Вы раздраженно ответите: «Что значит объединены?! Зачем вы меня путаете? Я же сказал – семь миллиардов душ».

– Второй вариант ответа – вы ничего не ответите, задумаетесь.

И вот тогда мы воспользуемся этой вашей задумчивостью и расскажем о том, что говорят по этому поводу каббалисты.

Любой каббалист на такой вопрос отвечает молниеносно, легко и без тени сомнения: «Да, все души соединены вместе в одну единую систему, которая так и называется Единая душа».

– То есть все мы являемся частичками этой души? – спросите вы.

– Именно, – ответит каббалист.

После такого ответа вы можете продолжить вопрос: «Тогда почему же мы ее не чувствуем, эту Единую душу, если мы в нее соединены?»

– Потому что мы чувствуем только себя, заняты только собой, своим эго, и живем в этом мире разделенные, часто обозленные друг на друга, живем, не чувствуя никакого единства. О чем тут говорить!..

– Ну, а как же его почувствовать? – спросите вы.

– Соединиться. Наука каббала и проявилась человечеству с тем, чтобы рассказать каждому – абсолютно каждому! – как ощутить себя частью Единой души. Сейчас, не откладывая, при этой жизни. Она рассказывает, что для этого мы должны просто-напросто соответствовать закону, согласно которому существует эта Единая душа. Закон этот таков: «Возлюби ближнего как самого себя». Получается, что Единая душа – это великое соединение любящих друг друга людей.

– Более того, – продолжит каббалист. – Есть место на земле, где действует именно этот закон. И называется оно – Эрец Исраэль. Недаром «Эрец» происходит от слова «рацон» – желание, «Исраэль» – от «яшар Эль» – прямо к Творцу. Именно этот клочок земли отмечен Творцом, как место, на котором люди должны жить по закону Творца, закону Единой души – закону «любви к ближнему».

Именно для этого мы и собраны здесь. И в тот момент, когда мы это поймем и наконец-то последуем этому закону, сразу же откроется нам новая реальность: мы увидим, что едины, мы поймем, что такое истинные отношения между людьми, мы узнаем, что в действительности стоит за простым словом «счастье», мы сразу же поймем, что такое Единая душа. Что она все время существовала рядом, и мы не могли ее увидеть, почувствовать только потому, что были обратны ей.

И только тогда станет нам ясно, для чего мы оказались здесь, в Эрец Исраэль, а вернее, для чего нас собрала здесь Высшая сила – чтобы первыми объединиться, а потом уже рассказать об этом миру.

Теперь давайте поговорим конкретней об этом месте и о Высшей силе. О том, как она проецируется на этот крохотный участок земли, крохотный материально, но духовно являющийся центром мира.

Существует пять разных воздействий Высшей силы на территорию Израиля. Для простоты назовем их пятью духовными силами, которые проецируются следующим образом.

Первая сила – это начало всего, мысль, которая затем претворяется в действие. Она называется Кетер. Недаром Кетер – это сила, «отвечающая» за Хермон и его окрестности, самую возвышенную часть Израиля, мудрую, «седую» от снега зимой и благородную, каменную, погруженную в молчание летом.

Вторая сила – это уже воплощение мысли, это действие, свет, без которого нет жизни, и называется она Хохма. Это воды, стекающие с гор Хермона, и подземные воды, бьющие родниками и дающие начало рекам, это плато Голан, где собираются эти воды, чтобы спуститься ниже.

Третья сила – отдающая, альтруистическая, ни мгновения не думающая о себе, а только о ближнем, и называется она Бина. Отражение этой силы – это, конечно же, Кинерет – водоем, питающий всю страну, наполненный жизнью и отдающий ее всю без остатка. Недаром в каждом из нас при слове Кинерет возникают ассоциации: «чистота», «покой», «любовь», «отдача».

Отдача кому?..

– Четвертой силе, которая отвечает за движение. Она является результатом первых трех сил и наиболее близка к нашему миру. Называется она Зеир Анпин. Отражение ее – часть страны, прилегающая к озеру Кинерет и центру Израиля, ко всему, что как бы питается от Бины. Здесь и развитое сельское хозяйство, и средоточение населения, здесь и столица страны – Иерусалим, который в духовном смысле является сердцем мира, вершиной его и находится в самой середине Зеир Анпина.

**«Ведь Творец сделал Израиль сердцем всего мира. Как органы тела ни мгновения не проживут без сердца, так и народы не проживут в мире без Израиля»** (комментарий «Сулам» на книгу «Зоар»).

Но если вы спросите, для чего существуют все эти части Высшей души, то мы ответим: «Именно для того, чтобы оживить пятую ее часть. Ради нее все существует, она цель всего. Она называется Малхут и, с одной стороны, является олицетворением нашего мира, безжизненного в духовном смысле, а с другой, относительно Эрец Исраэль, – это районы Мертвого моря, ожидающие возрождения. Не удивляйтесь, именно эта часть – мертвая, эгоистичная – должна стать самой живой, отдающей, подобной Бине».

Сказано: «меняющий место – меняет судьбу...»

Если народ Израиля начнет чувствовать свои духовные корни – силы, которые на него воздействуют, и будет соответствовать этим силам, то каждый человек почувствует, где ему комфортней всего жить, и тогда и земля, и народ придут в гармонию между собой, и «расцветет страна и наполнится молоком и медом».

И мы почувствуем себя соединенными в Единую душу – Адам Ришон.

## Изгнание и освобождение

> «Среди народов не найдешь ты покоя».
> *Тора, гл. «Дварим»*
>
> **«И не бывать задуманному вами: «Будем, как другие народы»**
> *Пророки, гл. «Йехезкель»*

Где-то в конце 80-х годов теперь уже прошлого столетия один мой хороший товарищ неожиданно для меня, а может быть и для самого себя, вдруг заявил, что я должен уезжать в Израиль. Он просто ошарашил меня этим заявлением. Дело в том, что это было сказано без злобы, совершенно буднично и без всякого предисловия. Сказал и все. Я начал совершенно автоматически с ним спорить, доказывая, что все мои предки родились в России, что отец и мать воевали в Отечественную и так далее. Я действительно не понимал, почему я должен куда-то ехать. Но он, точно робот, без всяких доводов продолжал настаивать на том, что мое место в Израиле...

Через несколько лет пожелание моего товарища сбылось: мы с женой и маленькой дочкой оказались в Израиле. Израильтяне были рады нам и оказали радушный прием. Настроение было замечательное, с наших лиц не сходила улыбка. Мы чувствовали себя, как дома, среди своих.

Приблизительно через неделю пребывания в стране улыбка сползла с моего лица. Оказывается, мне никогда не стать израильтянином, потому что я... русский?!

– Какой русский? – горячился я. – Да, мы приехали из России, но мы евреи. Мои родители, как и я, страдали от антисемитизма...

Но мне объяснили просто: все, что ты говоришь, правильно, но ты русский и навсегда останешься им. Точно так же, как твой сосед – марокканцем! А еще имей в виду: ашкеназы не любят марокканцев, русские – эфиопов, марокканцы – русских, ну и так далее.

Картина сложилась сюрреалистическая: вне Израиля нас никто не любит, а в Израиле мы не любим самих себя. Но почему!? Полный ответ на этот вопрос я получил лишь через несколько лет.

Вот те несколько абзацев из статьи Бааль Сулама «Изгнание и освобождение» (газета «Народ»), которые объяснили мне все:

**В конечном счете здесь всего лишь собрались чужие люди, унаследовавшие культуру семидесяти народов… Каждый строит себе подмостки в собственном духе и вкусе, и нет ничего естественного и основательного, что могло бы объединить нас изнутри в одно целое.**

**Это проявление Высшего управления объясняется таким образом: нам дано истинное средство достижения цели человека – наука каббала, но мы сомневаемся в ее достоверности и говорим, что все произошедшее с нами – это случай и слепая судьба.**

**Этим я хочу показать, что наука каббала и закон естественного развития, и даже слепая судьба идут вместе, рука об руку, в чудесном единении. И потому причиной всех наших злоключений и изгнаний является наше пренебрежительное отношение к науке каббала. Если бы мы выполняли ее требования, с нами не случилось бы ничего плохого.**

**Одним словом, пока мы не возвысим высшую духовную цель над материальной жизнью, не придем мы к возрождению и к материальному благополучию, так как мы – представители духовной идеи.**

**ⓘ ПОЧЕМУ НЕ УГАНДА?**

Государство Израиль – это не только место на географической карте. Наука каббала объясняет, что у каждой страны есть свой духовный корень, и именно он заставляет людей селиться в данной местности. Внутреннее веление, которое привело Авраама, Моше, а теперь и нас в Землю Израиля, указывает на то, что здесь заложен наш духовный корень, сила, защищающая и охраняющая нас. Чтобы положение здесь улучшилось, нам нужно лишь познать эту силу и приобщиться к ней.

**КАК МОЖНО ОБЪЯСНИТЬ ТЯГУ К ИЕРУСАЛИМУ И ИЗРАИЛЮ?**

Тяга эта проистекает из связи между душами и духовными силами, называющимися «Земля Израиля» и «Иерусалим». В этом причина того, что подсознательно, в сердце мы испытываем влечение к Израилю, несмотря на все препятствия, возникающие на нашем пути.

# Глава 5. Израиль

**ЧТО ОЗНАЧАЮТ СЛОВА НАШЕГО ГИМНА «БЫТЬ СВОБОДНЫМ НАРОДОМ В СВОЕЙ СТРАНЕ»?**
«Быть свободным народом» – означает, иметь абсолютную власть над своей судьбой в настоящем и в будущем. Поднявшись на высоту духовных сил, воздействующих на нас и управляющих нашим миром, мы достигнем этого возвышенного состояния.

## Нельзя никого обвинять

*Беседа ученого-каббалиста, рава М. Лайтмана
с российским журналистом, популярным телеведущим В. Молчановым*

**В. Молчанов:** Господин профессор, совсем недавно я участвовал в съемках фильма, который называется «Мелодии рижского гетто». В Риге осталось всего шестеро бывших узников гетто. Один из них – замечательный дирижер, профессор консерватории, Мендель Баш, у которого в гетто уничтожили всю семью, – не раз повторял нам во время интервью: «Где ты, Бог?» Он уважает чувства верующих, но не в состоянии более обращаться с молитвой к Творцу.

Почему, с вашей точки зрения, Творец не ответил на молитвы людей, которые обращались к Нему в те страшные, чудовищные минуты?

**М. Лайтман:** А у нас вообще нет примера в истории, когда Творец отвечал на молитвы людей. Посмотрите на всю историю человечества. Это история страданий, это история бегства от страданий, продолжающаяся по сей день. И почему только среди евреев? Вообще среди всех народов.

Мы должны понять замысел природы, замысел Творца, и тогда, может быть, найдем ответ на вопрос: «Что происходит с нами и что уготовлено нам впереди?» Кроме маленьких передышек, я не вижу в истории хороших моментов, когда бы человечество не страдало. И я не вижу Творца, который бы милосердно к нам относился – не только к евреям, а вообще ко всем.

Надо перестать навязывать Творцу наше понимание действий. У Него своя программа. Творец – это природа, Высшая сила, которая управляет всем мирозданием и ведет его по определенному пути. Мы этот путь не знаем, просто вынужденно существуем в этом мире. Если мы желаем ощущать себя счастливыми, совершенными, то нам надо только узнать, чего желает от нас природа.

Изучая функционирование живых организмов, ты видишь, с одной стороны, с какой мудростью создана каждая клетка и весь организм, как природа предусмотрела всевозможные системы, чтобы все это функционировало хорошо, удобно и правильно. А с другой стороны, ты видишь, что весь этот организм постоянно страдает, вся его жизнь насыщена одними проблемами и поисками: как уцелеть. В итоге он так и умирает. Совершенно нерациональное, вроде бы, существование.

Наука каббала говорит, что нам надо относиться к природе – к Творцу – как к закону. Если я оступаюсь и падаю с крыши, то, согласно закону всемирного тяготения, я обязательно упаду на землю, и никакие молитвы по дороге не помогут…

То же самое происходит и с нами. Если бы мы знали законы, по которым управляется мироздание, то, правильно их используя, мы, конечно же, сделали бы свою жизнь более комфортной.

**В. Молчанов:** Вы утверждаете, что есть объективные законы управления. Из этого следует, что никто – ни Буш, ни Сталин – не в силах ничего сделать. А миллионы людей, уничтоженных Сталиным, Гитлером, они что – следствие этих объективных законов? Они вписываются в эти законы?

**М. Лайтман:** К сожалению, да. Если мы рассматриваем законы, мы должны абстрагироваться от наших чувств. Мы должны просто изучать силы, воздействующие на наш мир.

Представьте себе: одна единая, огромная сила, абсолютно альтруистическая, толкает нас к тому, чтобы мы стали подобными ей. И, естественно, как любая физическая сила, она действует, совершенно не принимая во внимание наши ощущения.

Вы говорите о милосердном Боге, о чувствах, о том, что Он заботится о своих творениях и так далее. В принципе этого нигде нет. Если мы смотрим на происходящее чувственно, то ощущаем радость или страдание, но все это – законы. Они и дальше будут вести нас вперед. Если мы не поймем их, если мы не будем знать точно, не научимся правильно ими пользоваться, как в физике или химии, то, естественно, и далее будем страдать.

Природа постоянно нас бьет. Почему мы не можем спросить, с какой целью это сделано? Ведь все, что происходит в природе, – целенаправленно. Это делается только для того, чтобы мы начали разбираться, в чем причинность и в чем цель всех этих ударов, всего этого нашего существования. Ничто не создано бесцельно и ничто не исчезает бесследно. Мы самонадеянно полагаем, что можем действовать по своему разумению, и в итоге – смотрите, какой кризис…

**В. Молчанов:** Я прочитал несколько ваших книг. Вы говорите в каждой из них об эгоизме. Вы сами по натуре эгоист?

**М. Лайтман:** Все мы рождаемся эгоистами. Такова природа нашего мира. Наука каббала говорит о том, что в человеке из поколения в поколение предусмотрен природой постоянный рост эгоизма. Этот рост обязателен и необходим, для того чтобы человек поднимался над своим эго, чтобы люди жили, как братья, единой семьей.

**В. Молчанов:** Вы пишете, что только каббалист в состоянии заранее увидеть и предупредить события до их проявления на Земле. Что ожидает Израиль, живущий в атмосфере абсолютной ненависти, которая исходит от ряда соседних мусульманских стран?

**М. Лайтман:** Законы природы абсолютны и объективны. Если народ Израиля в течение ближайших, допустим, семи-десяти лет не изменит себя внутренне, не преодолеет барьер, отделяющий ненависть от любви к ближнему, которая должна быть основой жизни всех людей, то нам не будет места на этой земле. Она, как и в прошлом, «изрыгнет» нас, и мы должны будем отсюда уйти, если еще успеем.

**В. Молчанов:** «Должны будем уйти, если успеем?» Это очень страшное замечание.

**М. Лайтман:** Да. И эта земля тогда наполнится арабским населением.

И весь мир в таком случае ожидает третья, а затем и четвертая мировая война. В итоге человечество все равно должно будет осознать необходимость своего изменения.

**В. Молчанов:** Число мусульман на земле растет в геометрической прогрессии. Разве борьба с «неверными» – с вами, со мной – угодна Творцу?

**М. Лайтман:** Я не обвиняю вообще никакие народы, ни в чем. Все они управляются свыше.

Наш мир является всего лишь следствием управления Высших сил. Цель этого управления такова: человечество путем осознания зла – эгоизма – должно само себя изменить. И мусульмане, и народы мира играют в этом движении свою роль. Нельзя никого обвинять, потому что человек действует согласно тому, что в нем вызывают законы природы.

Мы чувствуем себя комфортно только тогда, когда находимся в равновесии с окружающим нас миром. Сегодня на ментальном, моральном, психологическом уровне мы противоположны природе. Она абсолютно альтруистична. Мы же, относительно нее, эгоисты, готовые «пожирать» и ее, и друг друга. До тех пор, пока мы не выйдем на уровень равновесия с природой, мы все время будем ощущать ее давление – через арабов, через тех же фашистов… Неважно, кто будет играть эту роль, – мы все равно будем страдать.

**В. Молчанов:** Скажите, а может ли каббала, с вашей точки зрения, стать национальной идеей? Или она наднациональна?

**М. Лайтман:** Она наднациональна. Ведь евреи сформировались как народ только на основе идеологии. Это группа, которая образовалась в Древнем Вавилоне, вышла из него и начала жить согласно духовным принципам. Со временем она стала называться «народ Израиля». Потом, когда она упала с этого духовного уровня, название за ней сохранилось, но это лишь название.

**В. Молчанов:** Почему всё, что окружает каббалу, связано с некоей тайной? Почему каббалисты так закрыты? Ведь ваш учитель, великий каббалист Бааль Сулам, еще 70 лет назад говорил, что необходимо раскрывать каббалу широкому кругу общественности?

**М. Лайтман:** А кто этого желает? Где этот широкий круг общественности? Дайте мне его!

Я выпустил около тридцати книг, они переведены на десятки языков. Наш сайт в интернете открыт абсолютно для всех. Мы распространяем бесплатно газеты в России, в Америке, в Израиле, сейчас и в Индии…

Но где та широкая общественность, которая интересуется этим?

Каббала была скрыта до конца девятнадцатого века. Пока она была скрыта, вокруг нее «накрутили» очень много всевозможных домыслов. Люди все-таки хотели знать, что это такое… Но каббалисты специально ее скрывали. Они ждали, пока человечество «дозреет» до сегодняшнего кризиса и действительно востребует каббалу, а не какую-то мистику или амулеты. Двадцатый и особенно двадцать первый век – это время раскрытия каббалы. Сейчас она открыта для всех.

Каббала говорит о той части природы, которую мы в наших пяти органах чувств не ощущаем. В каждом из нас заложен дополнительный орган ощущения, но только в своем зачаточном состоянии. Изучая науку каббала, мы создаем условия для развития этого органа и начинаем ощущать, как дышит вокруг нас все мироздание, как мы взаимодействуем с природой.

Я желаю, чтобы мы все этого поскорее достигли.

> **ЧТО ТАКОЕ НАСТОЯЩАЯ НЕЗАВИСИМОСТЬ?**
>
> Это способность управлять судьбой благодаря осознанию законов духовной природы. Бааль Сулам пишет, что «ни личность, ни народ не осуществят то, ради чего были созданы, пока не постигнут внутреннюю суть Торы и ее тайн», то есть науку каббала.

# Глава 6
# Путь к единству

## К читателю

На протяжении всей истории нетерпимость и ненависть приводили к расколу и разобщению. Следствием этого процесса является напряженность, царящая сегодня в мире между государствами, народами и отдельными людьми. Да и в нашей стране ситуация непростая. Израиль образца 2006 года, где в одном котле варятся всевозможные этнические группы с их суждениями и верованиями, тоже болен недугом нетерпимости.

И вместе с тем, именно эта кризисная ситуация в мире подстегивает нас к поиску того, что может объединить народы. Мы больше не можем позволить миру катиться по наклонной плоскости, настало время перемен.

Каббала говорит нам, что поскольку мы являемся частью природы – всеобщей единой силы, то должны стать подобными ей. И только единство между нами является тем условием, выполнив которое, мы ощутим положительное воздействие природы на нашу жизнь. Поэтому нам следует отбросить надуманные расхождения и внешние различия в культурах, верованиях, суждениях и вкусах и найти точку внутреннего единения, соединяющую всех нас в один народ.

Достигнув долгожданного единства, мы вновь пробудим ту внутреннюю силу, которая всегда жила в наших сердцах. Тогда совершенство и радость придут на смену боли и страданиям.

## Война за мир

*Все мы надеемся на мир, все мы ждем не дождемся, чтобы он, наконец, наступил. Сколько же можно разочаровываться...*

Помните ли вы сентябрьский полдень 1993 года? Мы сидели тогда, прикованные к экранам телевизоров, и следили за историческим моментом:

премьер-министр Ицхак Рабин и Ясир Арафат, глава ООП, на фоне лужаек Белого дома ставили подписи под мирным договором.

Во время их нерешительного рукопожатия нами овладело смешанное чувство, и в домах повисла напряженная тишина. И в то же время как ярко вспыхнула тогда надежда – надежда на то, что вот-вот у нас настанет мир.

Сотни тысяч людей по всей стране смотрели те же кадры, и искра этой надежды невольно пронзала даже самых закоренелых скептиков.

Мы поверили в новый Ближний Восток, мы поверили, что через день-два, максимум через год-два, с нашей души упадет этот камень, эта тяжкая необходимость самоопределения среди проблем с религией, страной, арабами, территориями… Мы были просто уверены, что Израиль моментально превратится в европейскую страну, одну из заветного списка, только поколоритнее.

Тогда можно будет заняться действительно важными делами, и никому не придется больше дрожать за своих детей, когда они служат в армии или едут в общественном транспорте.

Даже пятничное приложение к газете «Маарив» целиком было посвящено розовому будущему, которое нас ожидает. Авторы статей предрекали, что солдаты ЦАХАЛа будут как сыр в масле кататься, что политика, экономика, культура и спорт резко изменятся к лучшему.

Несколько месяцев спустя наша мечта рухнула, шарик лопнул, и воздух из него с оглушающим свистом вышел наружу. А мы? Мы проснулись в суровой реальности терактов-самоубийств, с ощущением всеобщего хаоса. Второй этап соглашений Осло разделил нас на враждующие лагеря и вызвал яростные провокации. Ицхак Рабин был убит, начался «договорной период»: соглашение Уай-Плантейшн, Кэмп-дэвидское совещание, план Клинтона… Последний проблеск надежды погасила интифада «Аль-Акса», отрезвляющая, подобно звонкой пощечине.

**Усталость от разочарований**

Сегодня при слове «мир» на лицах людей появляется горькая улыбка.

– Мир? – цинично переспрашивают они. – Не о чем и мечтать, не с кем говорить.

Похоже, большинству уже надоело разочаровываться от ожидания мира.

Когда премьер-министр Эхуд Ольмерт заговорил о мире с Сирией, первой реакцией стала критика. Правительство обвинили в попытке отвлечь внимание общественности от других, более важных вопросов, стоящих на повестке дня. Неудивительно, что через каких-то пару дней тема эта почти полностью исчерпала себя.

Почему все попытки достичь мира терпят крах? Неужели только из-за внешних обстоятельств? Может быть, «дорога мира» заводит нас в тупик не из-за отдельных неудачных решений? Может быть, после стольких усилий пришло время остановиться и оглядеться: а ту ли дорогу к миру мы выбрали? Может быть, причина неудач кроется глубже, чем мы думали? А что если мы не там ищем?

## Израиль – 2007

*Хизбалла на севере, ХАМАС на юге. Президенты Ирана и Сирии, демонстрирующие экзотическое восточное здравомыслие. Местная элита, которая, в принципе, уже и не здесь... Пересчитав все ступеньки и потирая ушибы, мы, точно птица Феникс, зреем для возрождения и подъема.*

Через сорок лет после Шестидневной войны, через год после Второй ливанской войны и за ... лет до очередной мясорубки мы решили выбраться из снежного кома под названием «Государство Израиль», чтобы проследить траекторию его падения и поговорить с теми, кто по-прежнему не отходит от безмолвного телефона хороших вестей.

Алло?

**Кризис? Ша!**

«Израильская действительность не внушает воодушевления. Люди не готовы в этом признаться, но ситуация тупиковая. Спросите своих друзей, уверены ли они в том, что их дети будут жить здесь? Сколько скажет: «Да»? Максимум 50 процентов. Израильская элита уже покинула это место, а без элиты нет народа».

Таковы слова Авраама Бурга, в прошлом спикера Кнессета и главы Еврейского агентства. Они прозвучали в интервью газете «Гаарец», занявшем шесть страниц субботнего приложения.

На сайте газеты эта публикация вызвала около 1200 отзывов, сотни писем пришли в редакцию. В результате через неделю Бург был вынужден ответить читателям со страниц газеты.

Авраам Бург – сын одного из основателей государства, он был кандидатом на пост главы партии и правительства. Что же заставило его заявить следующее: «Мы задыхаемся здесь в бездуховности. Мы уже мертвы. Нас не известили, но мы мертвы. Механизм не срабатывает больше. Не срабатывает... Я был в религиозной общине – и не чувствую к ней ни малейшей принадлежности. Светская община – я не пришелся ей ко двору. Мне не с кем говорить. Я сижу перед вами, и вы меня тоже не понимаете».

Высказывания Бурга становятся в один ряд с редакционными статьями, а также с последними публикациями интеллектуалов и функционеров высшего звена. Все они предупреждают о глубоком кризисе, охватившем сегодня страну.

Председатель Верховного суда Дорит Бейниш, выступая на тель-авивском съезде по вопросам образования, сказала: «Мы в разгаре крушения всех систем». Ей вторит юридический советник правительства Мени Мазуз, давший лекцию в Бар-Иланском университете: «Мы переживаем социальную депрессию».

### Блуждания во тьме

Отложим в сторону свои политические пристрастия. Факт налицо: Израиль образца 2007 года – это страна, стоящая на тревожном перепутье.

У наших северных границ возникло своего рода «государство Хизбаллы», уже нанесшее болезненные удары. Юг охвачен хаосом новообразованного «Хамасстана». Над всей этой неразберихой, как коршуны, а скорее, как стервятники, реют Иран и Сирия.

Будь мы сторонними наблюдателями, нам было бы интересно и даже смешно, но Вторая ливанская война покончила с беспечностью и навсегда перечеркнула слова известного клише: «С нами этого не произойдет». Произойдет, уже происходит. Люди в смятении, и многим кажется, что страна потеряла путь. Сегодня мы блуждаем во тьме, в непроницаемом мраке истории.

## Ослепляющая гордыня

Всё это – лишь симптомы намного более глубокой проблемы. В свое время триумфальная Шестидневная война изменила лик всей страны. Дело тут не в расширении границ и не в терроре, который, кстати, начался вслед за тем, став неотъемлемой частью израильской действительности. Нет, все дело в далекоидущих психологических последствиях этой короткой битвы.

В послевоенные месяцы 67-го года в сердцах царило ощущение чуда, чуть ли не мессианского избавления. Победа оглушила людей, и их гордость взлетела до небес. Со временем эта гордыня стала второй натурой и затмила глаза почти всем.

Нужно было сразу понять, что победа дана нам как часть той цели, ради которой народ и вернулся в свою страну, но вместо этого мы возомнили себя повелителями собственной судьбы. Целое поколение, с детских лет рассчитывавшее на «блюдечко с голубой каемочкой», сегодня начинает прозревать и понимать, насколько оно ошиблось в своем взгляде на общий процесс.

## Против природы

Создание государства Израиль – лишь этап на пути к возрождению объединенного народа, живущего на духовном уровне по принципу любви. Противясь этому процессу, мы до боли затягиваем его, затягиваем петлю на своей шее. В истории не бывает случайностей, и наше присутствие здесь обусловлено четкими законами природы. Являясь абсолютными, они не зависят от нашего желания и не нуждаются в нашем согласии.

Нет смысла каждый раз заново проверять на себе действие закона тяготения – достаточно воспользоваться накопленным опытом. Точно также нет смысла проверять непреложность других законов, даже если нас гложет предательское любопытство.

Внутренние проблемы, так же как и враждебность соседей, являются прямой реакцией на наш отказ участвовать в общем процессе. Идешь против природы – будь готов ощутить на себе ее твердую руку.

Не исключение и фундаменталистские организации, столь агрессивно выступающие против Израиля. Им отведена одна из ключевых ролей, это еще один способ, чтобы повернуть нас лицом к цели, – способ не самый приятный, но действенный.

Народ Израиля должен стать носителем методики, которая поможет человечеству возобладать над глобальным кризисом и приведет его к счастью.

Пряча голову в зыбкий песок сиюминутных забот, мы не убережемся от природы, ведь этот песок – тоже ее работа.

**Чего же требуют от нас законы природы?**

Природе свойственна абсолютная гармония и любовь. Три ее базисных уровня – неживой, растительный и животный – поддерживают равновесие инстинктивным образом. Человек – единственный, кто нарушает баланс, следуя своей эгоистической природе.

Каббалисты говорят нам однозначно: так мы не сможем двигаться вперед. Природа требует, чтобы мы поддерживали с ней равновесие, иными словами, были равны ей, были вечными и совершенными, как она. Для этого нужно приподняться над эгоистической гордыней и объединиться друг с другом в подлинной любви.

**Несбыточно?**

Наука каббала проливает свет на иной путь, полный надежды и оптимизма. Нынешний спад, говорит она, может стать трамплином для прорыва в новую реальность. Каким бы болезненным ни был текущий этап, он все равно лучше опьянения, в котором мы пребывали до сих пор.

Перелом заложен в понимании общей системы. Осознав свою роль, мы станем вестниками добрых времен, которых с нетерпением ждут миллионы людей по всему миру.

Над нами веет ветер перемен. Не нужно бояться и отвергать их – нужно просто быть к ним готовыми, подобно цветку, готовому повернуться навстречу встающему солнцу.

# ЧАСТЬ ПЯТАЯ

Ступени духовного развития

*Кто разделил год на месяцы и дни? Почему праздники выпадают именно на эти числа? Откуда происходит наш древний календарь, в который мы заглядываем лишь изредка?*

*Праздники и обычаи были введены каббалистами – как символы законов духовного мира. Эти законы каббалисты открывали в процессе своих исследований. Таким образом, еврейский календарь – это, прежде всего духовный календарь.*

*Праздники – это особое время, и этим надо пользоваться, потому что согласно ветви и корню в этом есть большая возможность воздействовать на человека, чем в обычное время.*

# Глава 1
# Рош а-Шана

## С Новым годом, с новым счастьем!

*Что несет нам наступающий год? Будет ли он другим?
Будет ли он лучше прежних?
Сейчас на еврейском календаре месяц элуль – первая ласточка,
предвестница перемен, которые уже стоят на пороге.*

Полки магазинов постепенно заполняются баночками со сладким медом, яблоки снова получают национальный статус, а гранаты покрывают ярким румянцем щеки рыночных прилавков. До Нового года еще несколько недель, но дуновения приближающейся осени уже раскачивают неподвижный летний воздух.

Что таится в этих порывах грядущего? Как нам использовать предоставляющуюся возможность, чтобы открыть в жизни новую страницу, полную смысла и радости? Ответы – через несколько строк, но сначала давайте вглядимся чуть пристальнее в страницы еврейского календаря.

### Духовные вехи

Первый праздник, или первая остановка на духовном пути, называется «Рош а-Шана» – «Новый год». На этом этапе человек, как будто заново родившись, начинает задаваться вопросами бытия: «Почему все происходит так, а не иначе? Кто управляет реальностью? В чем цель моего существования?»

Впервые вопросы эти были заданы ровно 5768 лет назад человеком по имени Адам. В поисках ответа ему удалось раскрыть причины происходящего в нашем мире и уподобиться Высшей силе, закону отдачи, который управляет всем мирозданием. «Адам – значит «уподоблюсь Высшему» (эдамэ ле-Элийон)» (Пророки, гл. «Йешайау»). Его называют также «первым человеком» (Адам Ришон), поскольку он первым вышел в духовное измерение.

С этого открытия и начинается наше летоисчисление. Именно тогда было положено начало духовному развитию человечества. На Новый год мы будем отмечать очередную веху на нашем общем пути, а также уникальную возможность, дающуюся каждому человеку, – возможность раскрыть тайну жизни.

### Из глубины сердца

Неукротимое стремление узнать, ради чего мы живем, называется в каббале «пробуждением точки в сердце». Понятие «сердце» олицетворяет совокупность наших эгоистических желаний. Начиная с таких базовых потребностей, как секс, пища и семья, они постепенно развиваются, охватывают новые сферы и посылают нас в погоню за богатством, славой и знаниями.

«Точка в сердце» – это самое развитое, самое высокое желание человека. Пробуждаясь, оно вдыхает в нас свежие силы и открывает дорогу к полной самореализации. Однако человек не знает, как подступиться к своему новому порыву и воплотить его в жизнь. Точка в нашем сердце требует иного наполнения. Казалось бы, малютка, однако она не удовлетворяется ни деньгами, ни почетом, ни исчерпывающей информацией об этом мире. Теперь человеку нужно намного больше: он хочет жить, зная, что у жизни есть цель.

Именно в этом ему и помогает наука каббала. Как же это делается?

### По примеру Высшего

Каббала – это методика раскрытия Высшей силы, управляющей нашей действительностью. Каббалисты объясняют, что Высшая сила представляет собой безграничную любовь и отдачу. Чтобы уподобиться ей, чтобы стать таким же любящим и дающим, как она, человек обращается к каббале и развивает точку в своем сердце. Постепенно точка превращается в цельное, совершенное желание – желание любить, обращенное на других. Этим человек сравнивается с Высшей силой и обретает вечное наслаждение. Лишь тогда он становится подлинным человеком, Адамом, и уподобляется Высшему.

«Наше поколение стоит на пороге духовного подъема, который наступит, как только мы научимся распространять мудрость каббалы в массах».

-- Бааль Сулам, «Шофар Машиаха»

Месяц элуль – первая ласточка, предвестница перемен, которые уже стоят на пороге. Это намек на «тайную страсть», на желание наконец-то переродиться в Человека. Именно сейчас, накануне Нового года, всем нам предоставляется возможность раскрыть тайну, за которой стоит новая жизнь и новое счастье, которому нет конца.

## Точка отсчета

*Предпраздничное интервью ученого-каббалиста, рава М. Лайтмана нашему корреспонденту*

**Корр.:** Рав Лайтман, новый год уже стучится в двери и везде присутствует ощущение праздника. Магазинные полки заполнены баночками с медом, люди поздравляют друг друга, желая удачного года, и собираются на семейные трапезы в честь праздника. Не могли бы вы объяснить нам, в чем духовный смысл праздника Рош а-Шана, и что он символизирует с точки зрения каббалы?

**М. Лайтман:** Ожидая наступления нового года, мы интуитивно начинаем ожидать прихода чего-то нового и доброго, а потому так любим знакомые всем нам символы праздника: мед, рыбу, пожелания доброго года и так далее. Наука каббала объясняет нам, что Рош а-Шана действительно символизирует положительные изменения, однако речь идет о вещах гораздо более значительных и прекрасных, чем те, которые мы сейчас можем себе представить.

Рош а-Шана символизирует начало нового пути в жизни человека – его духовное рождение.

Ведь жизнь человека полностью диктуется заложенными в него генами, которые определяют его способности, возможности, и обществом, которое внушает ему свои ценности. Таким образом человек, словно робот, живет в рутине привычной повседневности… Жизнь не оставляет ему свободы выбора.

Однако в одном из жизненных кругооборотов человек задается вопросом: «А для чего я живу? Почему дана мне эта жизнь? Куда эта жизнь ведет меня, к какой цели?» Эти вопросы исходят из искры души, которая проснулась в нем. И тогда он естественным образом приходит к науке каббала. Изучая ее, он находит ответы на эти вопросы и раскрывает источник Высшего света, который дает его душе бесконечное и вечное наполнение.

Эту внутреннюю переломную точку и символизирует Рош а-Шана.

**Корр.:** Значит, Рош а-Шана – это не просто какая-то дата на календаре, а речь идет о внутреннем состоянии человека?

**М. Лайтман:** Совершенно верно. Все праздники Израиля символизируют различные духовные состояния, не привязанные к определенной календарной дате. Ни вращение земного шара вокруг Солнца, ни вращение Луны вокруг Земли не дают объяснения, почему мы должны что-то отмечать или праздновать.

Праздники Израиля установлены великими каббалистами как отпечатки духовных состояний, по подобию духовному миру, чтобы с приходом этого времени мы стали спрашивать сами себя: «Для чего же они предназначены?» и начали искать истинные ответы.

**Корр.:** Многие путают символы разных праздников и точно не помнят, что к чему относится. Однако все помнят о яблоках с медом и с чем это связано – ведь каждый любит их есть... Что же символизируют яблоки с медом?

**М. Лайтман:** Мед символизирует «подслащение» – то есть исправление эгоизма. Нельзя разрушать или подавлять наш эгоизм – мы должны лишь исправить его, чтобы сделать пригодным для правильного использования. И именно этому обучает человека наука каббала.

Поэтому, когда мы берем яблоко – (символ грехопадения Адама) и макаем его в мед, оно становится вкусным, сладким, и мы с большим удовольствием «употребляем» его.

**Корр.:** Когда говорится о грехопадении Адама, то, видимо, не имеется в виду рассказ о библейском яблоке или что-либо подобное? Какой каббалистический смысл вкладывается в это понятие – Адам Ришон?

**М. Лайтман:** Адам Ришон – это совокупность всех наших душ – душ, существовавших еще до возникновения нашей Вселенной, земного шара и появления жизни на планете Земля. Это одна большая душа, внутри которой все, впоследствии выходящие из нее души, находятся в чудесном единстве и слиянии.

Эта единая душа захотела подняться на высоту Творца, стать Ему подобной. Однако на деле потерпела неудачу. Внутри этой души раскрылось такое эго – такое огромное желание насладиться ради самой себя, что вместо того, чтобы достичь единства и слияния с Творцом, она «упала и разбилась».

«Разбиение» означает, что все души, пребывавшие внутри нее как одно целое, отделяются друг от друга, и, вместо любви, между ними раскрывается ненависть. Этот процесс и называется грехопадением Адама Ришон.

**Корр.:** Мы и есть те самые души?

**М. Лайтман:** Да, мы и есть эти частные души, и в каждом из нас находится маленькая искра той самой единой души. Но эта искра пока совсем крохотная и существует, словно одна маленькая точка, будто одна клетка тела, посылающая нам сигналы, которые мы ощущаем в тот миг, когда в нас вдруг пробуждается вопрос о смысле нашей жизни.

И потому с этого вопроса начинается процесс, ведущий человека по пути в духовную реальность.

**Корр.:** Значит, на самом деле мы все – партнеры, выполняющие одну общую духовную миссию?

**М. Лайтман:** Верно. И потому мы называемся людьми – «бней Адам» (сыновья Адама), ведь мы все выходим из Адама Ришон.

Кроме того, наше время – это начало эпохи пробуждения человечества. Осознание всеобщего кризиса, потеря веры в «светлое будущее» – вот ее приметы. Поэтому вопрос о цели существования, о сути процесса развития актуален сегодня как никогда.

Человечество впервые за всю историю на самом деле вступает в новый год. Мы действительно стоим на пороге новой эпохи.

**Корр.:** Желая продолжить эту тему – я знаю, что не принято предсказывать будущее, – но скажите только: вы оптимистично смотрите на будущий год?

**М. Лайтман:** Я вообще очень оптимистичен, поскольку вижу, как растет во всем мире потребность в науке каббала. Наши усилия по распространению вызывают живейший отклик. Эта заинтересованность возникает как благодаря чисто интуитивной притягательности этой темы, так и благодаря нашему широкому распространению информации о ней. По нашим подсчетам, число занимающихся уже насчитывает около 1,3 миллиона учеников.

**Корр.:** Я бы хотел на миг отвлечься от глобальных вопросов и перейти к частным. Что бы вы лично пожелали себе в наступающем году?

**М. Лайтман:** Я бы хотел, чтобы в наступающем году весь мир действительно узнал, почему он находится в кризисе, почему он страдает и почему именно таким образом протекает процесс исправления.

Методика исправления заключена в науке каббала, и мы – народ Израиля – обязаны передать ее всему миру. Поэтому требования к нам с каждым годом будут ужесточаться. Но когда мы исполним свою миссию, весь мир будет существовать в едином союзе (как об этом написано), соединившись с Творцом.

**Корр.:** Видимо, вы скажете то же самое, но я все же спрошу: что бы вы пожелали народу Израиля в этом новом году?

**М. Лайтман:** Я желаю народу Израиля понять, что он занимает совершенно особое положение в этом мире – действительно, как избранный народ. Поэтому бесполезно скрываться от своего предназначения и пытаться жить, как все другие народы.

В чем же наша избранность?

«Если не рассчитывать на чудо, то становится ясно, что наше существование – как каждого в отдельности, так и народа вцелом – балансирует на весах жизни и смерти. И если мы упустим время и не станем, как один, то опасность, нависшая над нами, примет угрожающие масштабы, поскольку ситуация разворачивается по воле наших врагов, рассчитывающих стереть нас с лица земли».

*— Бааль Сулам, газета «Народ»*

Дело в том, что Творец дал нам методику исправления, и мы обязаны передать ее всему миру, став «светом для других народов». А пока весь мир считает нас виновниками всех его несчастий.

Я надеюсь, что в будущем году народ Израиля осознает и свою миссию, и свой долг перед всем человечеством. И я желаю, чтобы мы достигли этого понимания по своей доброй воле, а не из-под палки и по принуждению. Человечество неукоснительно потребует от нас на деле реализовать все сказанное пророками и написанное в Торе относительно того, что мы обязаны исполнить согласно замыслу всего творения.

Это обязанность каждого из нас – стать посланником Творца перед всеми народами.

Достаточно обратиться к примеру пророка Йоны, сначала отказавшегося, но потом понявшего тщетность этих попыток и исполнившего свою миссию. И если мы примем эту свою миссию как самое важное дело своей жизни, то, безусловно, преуспеем.

Я надеюсь, что в будущем году мы исполним то, что на нас возложено, и тогда действительно поднимемся на вершину, во главу всего человечества, на предназначенное нам место, став учителями для всего мира. «И дом Мой назовется домом молитвы для всех народов».

**Корр.:** Заканчивая на этой оптимистичной ноте, я хочу поблагодарить рава Лайтмана и пожелать всем хорошего и благословенного года, чтобы он был для вас добрым и сладким. И, как сказал рав, будем надеяться, что он станет годом всеобщего исправления.

# Глава 2
# Йом Кипур

*Начало нашей эры, земля Израиля. Четверо мудрецов подходят к горе, на которой когда-то стоял Храм. Повсюду царит опустошение. Прямо на их глазах из норы в земле выбирается лисица. Раньше на месте этой норы находилась Святая Святых. У троих на глазах слезы, а четвертый смеется, и его смех доносится до нас через века. «Как поле вспахан будет Цион, Иерусалим превратится в руины, а Храмовая гора зарастет лесом». Всё сбылось – почему же он радуется?*

Минуло почти две тысячи лет. Страна перепахана войнами, пропитана политикой, заросла безразличием, пропахла душком легких денег и потом тяжелых будней. Уцелевшие бастионы рушатся у нас на глазах: раненый умирает на поле боя, не дождавшись помощи; бездыханный человек на дороге теряется в равнодушных потоках машин; пленные гниют в руках врагов, и мы не в силах их

спасти, а «денежный мешок» благополучно выбирается из цепких лап террористов и израильского правосудия. Дети возвращаются в сады и школы под вой сирен и взрывы ракет, зато на экранах у нас – сладкая реклама: «Хотите салата? – Да, но только чуть-чуть».

Проблема даже не в том, что это происходит, а в том, что мы не знаем, как к этому относиться. Многие сохраняют непробиваемое олимпийское спокойствие. Правда, непонятно, на кого они надеются – на пантеон древнегреческих богов? Другие наперебой предлагают решения: новое правительство, сильная армия, переговоры, размежевание, новый Ближний Восток...

Чего только не услышишь, только верится с трудом. Некоторые из руководителей государства уже ничего и не обещают, чтобы не тревожить население.

Перед нами удивительная картина, словно улыбка Моны Лизы: каждый видит в ней что хочет. Так не пора ли разобраться, чего мы, собственно, хотим? Бурное начало века не оставляет времени на долгие раздумья. Если сегодня мы не решим, как нам жить, – завтра будем думать, как выжить.

Наступает Новый год, а вместе с ним – «грозные дни» и День искупления (Йом Кипур). Этот период символизирует возможность разобраться в своих проблемах, взглянуть им в лицо. Наука каббала четко указывает на их причину – это мы сами, и потому разобраться нам нужно в себе самих. Такой подход не оставляет возможности в очередной раз «выкрутиться» и свалить все на особенности климата – международного, социального или субтропического. Погода в доме зависит от нас. Только анализ собственной природы покажет нам, что и как необходимо исправить.

«Необходимо признать, что народное самосознание, иными словами, то естественное ощущение, которое сплачивает и обеспечивает существование каждого народа, утрачено нами в течение изгнания. Узы любви, связывающие народ, атрофировались и покинули нас. А хуже всего, что остатки народной любви существуют внутри нас в отрицательном виде, являясь общим страданием, которое испытывает каждый, будучи сыном своего народа».

-- Бааль Сулам, газета «Народ»

«Разрушенный Храм» – это утраченное единство, благодаря которому наш народ жил как одно целое, пока возросший эгоизм не разметал его по всему свету. В День искупления этот эгоизм полностью раскрывается перед нами «во всей красе», обнажая разобщенность душ и острую необходимость в воссоединении.

Если, заглянув в себя, человек видит диких животных, рыскающих по некогда цветущему краю, значит он на пути к подъему. Ему горько, но что-то внутри радуется этому откровению, – ведь без него невозможно было бы сделать следующий шаг.

Не кто иной, как рабби Акива смеялся, видя исполнившееся пророчество. Об этом же писал и великий каббалист нашего времени Бааль Сулам: «Весел я и рад изъянам раскрытым и раскрывающимся. Хотя ропщу и сожалею об изъянах, которые до сих пор не раскрылись и еще раскроются, потому что скрытый изъян безнадежен…» («Плоды мудрости»).

День искупления – это вовсе не траур и не скорбь по утраченному. Наоборот, это праздник, который освещает всю глубину нашего эгоизма, чтобы вместе мы преодолели его на пути к счастью и единству.

# Глава 3
# Тайна Суккота

**Фантастическая история**

Испокон веков человек стремится к неизведанному. Поиском Атлантиды, кода да Винчи, снежного человека и инопланетян занимаются ученые и исследователи всего мира. Страсть к знаниям и врожденное любопытство подняли человека в космос и заставили опуститься в океанские глубины.

Но, как показывает практика, самое скрытое и удивительное всегда находится рядом с нами. Зачастую даже носители тайны не подозревают, что находится у них в руках. Это без всякого преувеличения можно отнести к праздникам, которые ежегодно на протяжении тысячелетий отмечает еврейский народ. Речь идет о фантастической истории, достойной мирового киношедевра: о том, как из глубины веков величайшая тайна, закодированная в предписаниях еврейских праздников, дошла до своего адресата – современного человечества.

### Кто это сделал

Не многие знают, что еврейские праздники учредили каббалисты – люди, находящиеся одновременно в двух мирах: материальном и духовном. Существует заблуждение, что духовный мир – это некий потусторонний мир со всеми полагающимися в таких случаях атрибутами. На самом деле это не так. Духовный мир – это место, где правит отдача и любовь. Эти свойства противоположны нашим эгоистическим, и потому мы духовный мир ощутить не можем.

За всеми поисками, желаниями раскрыть тайны мироздания скрывается неосознанное желание идеального духовного состояния. Такое исправленное, альтруистическое состояние человека называется «душа».

В духовном пространстве все души находятся в совершенном состоянии, объединенные силой любви. К такому состоянию должно в итоге прийти все человечество. Нам это понять очень трудно, практически невозможно. Как можно объединиться не силой страха, безысходности и лживых идеалов, но силой любви? Как???

С другой стороны, косвенным образом, под давлением обстоятельств мы постепенно уже приходим к такому пониманию и начинаем задумываться об этом. Каббала, древняя и одновременно современная наука, столь популярная сегодня, призвана помочь человечеству объединиться для ощущения совершенного духовного состояния.

«Не было ни одного истинного каббалиста, который не обладал бы знаниями о сути всех наук мира, так как все они включены в науку каббала».

-- Бааль Сулам, «Наука каббала и ее суть»

Праздник, называемый Суккот, и символизирует один из этапов на пути к такому состоянию.

### Особая сила

Подготовка к празднику Суккот начинается со строительства сукки – особого шалаша, главным элементом которого является кровля. Для ее изготовления используют отходы с гумна и виноградника. Понятие «отходы» выражает наше пренебрежительное отношение к духовным, альтруистическим ценностям, полностью противоположным нашей эгоистической природе.

Построить сукку и накрыть ее кровлей – значит, поднять духовные ценности над эгоистическими и сделать их самыми важными в жизни. Постройка сукки – дело непосильное для одиночки. Нужна помощь товарищей, окружения. Поэтому человек на пути к духовному обязан построить такое окружение.

Кровля олицетворяет масах – особую силу, которую получает человек для преодоления своих врожденных эгоистических качеств. С момента получения масаха человек способен получать наслаждение от ощущения совершенного духовного состояния. Это соответствует нахождению человека в тени кровли.

**Время надежд**

Мы живем в удивительное время. Вместе с невероятным технологическим прогрессом впервые огромные массы людей, практически одновременно, почувствовали зияющую духовную пустоту. Каббалисты еще с древних времен знали, что мы окажемся в таком состоянии. Именно поэтому народ Израиля стал носителем идеи, методики, предназначенной для выхода из этого тупика.

В скрытом, неявном виде методика находится во всех святых книгах и обычаях еврейского народа, а в открытом и четком изложении – в каббалистических источниках.

Нет нужды продолжать поиски насущных ответов в «Марианской впадине» и в «черных дырах». Проще просто открыть каббалистические книги и убедиться, что удивительное всегда было рядом, а мы об этом даже не догадывались.

# Глава 4
# Ханука – праздник света

## Духовное противостояние

### Ханука – первая остановка

Наука каббала объясняет постижение реальности, с одной стороны, несколько неожиданно, с другой стороны, очень просто. Дело в том, что человек может воспринимать, ощущать, видеть и слышать лишь то, что находится внутри него, то есть согласно

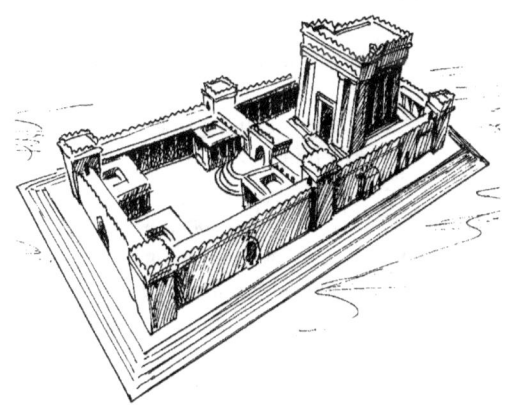

внутренней модели. И наоборот, то, что не находится во внутренней модели, человек не воспринимает и не может воспринять. Если сказать еще точнее, существуют силы, комплексы сил, которые рисуют в нас то, что мы воспринимаем как реальность. Эти силы делятся на две основные группы: эгоистическую и альтруистическую.

Эгоистические силы – это наша природа, с которой мы рождаемся, живем и страдаем. Альтруистические – это те силы, которые мы можем приобрести с помощью каббалы, и которые ведут нас не только к избавлению от страданий, но и к совершенству и счастью. Продвижение человека по пути к совершенному состоянию и символизируют все наши праздники.

Этот путь начинается с того, что в человеке просыпаются вопросы:

> **ХРАМ**
> На иврите это понятие выражается словосочетанием «дом святости». «Дом» обозначает желания человека, а под «святостью» подразумевается свойство отдачи, альтруизм. Если человек исправил все свои желания и использует их не в целях получения личной выгоды, а на благо других, значит, он построил в себе «дом святости».

– Откуда мы?

– Ради чего мы живем?

– В чем смысл жизни?

– Почему природа, которая создала такой совершенный мир с ювелирной точностью, с его обитателями, каждый из которых занимает точно только ему предназначенное место, эта умная природа не дала нам понимания в главном – для чего мы созданы?

Эти вопросы не дают человеку покоя, кипят в нем до тех пор, пока он не начинает искать ответы на них. Когда такой человек находит каббалу, он вдруг, к своему удивлению, обнаруживает современную науку с глубокими историческими корнями, которая точно отвечает на мучающие его вопросы.

Наука каббала включает в себя описание духовных миров, из которых нисходят силы, управляющие нашим миром. Эти Высшие миры описали каббалисты – люди, сумевшие их постичь. Методика каббалы заключается в том, что при изучении устройства духовных миров на человека воздействует сила, называющаяся «ор макиф» (окружающий свет), которая взаимодействует с желаниями человека и исправляет их. Вот как об этом удивительном явлении пишет Бааль Сулам: «…существует неоценимо чудесное свойство для занимающихся наукой каббала, и хотя не понимают того, что учат, но благодаря сильному желанию и стремлению понять изучаемый материал, пробуждают на себя воздействие светов, окружающих их души» («Предисловие к ТЭС»).

Начальную ступень духовного постижения, которую приобретает человек в результате изучения каббалистических книг, символизирует праздник Ханука. Само действие, которое производит человек при подъеме на эту ступень, обозначается термином «ханукат бейт микдаш рухани». В переводе это звучит как «справлять новоселье в святом духовном доме». Дом (ивр. – «баит») в каббале обозначает наши желания. Святость (на ивр. – «кодеш») обозначает свойство отдачи ближнему. Поэтому человек, исправивший все свои эгоистические желания на альтруистические, считается построившим в себе внутренний духовный дом. Однако это не все. Духовный путь человека состоит из двух основных частей. Ханука – это только первая часть пути, поэтому слово «ханука» включает

> **ⓘ ЧУДО**
>
> «Чудом» называется раскрытие в человеке Высшей силы. Вследствие этого человек начинает смотреть на мир по-новому, не так, как он делал это до сих пор. Человек обнаруживает, что окружающая действительность совершенна, и всегда была такой, и только собственная эгоистическая природа не позволяла ему это ощутить.

в себя дополнительный смысл – «хану ко» (остановитесь здесь). Вторую часть пути символизирует праздник Пурим, когда человек постигает ступень, на которой понимает, что абсолютно все человечество должно прийти к тому же состоянию вечности и совершенства, что и он.

### Маккавеи и греки

На разных этапах духовного развития человека в нем проявляются различные желания. Желания, цель которых знания, логика, рационализм и различного рода философии, пробуждают в нас мысли о том, что жизнь бесцельна, а потому бессмысленна. Поэтому нужно как можно быстрее и лучше наполнить все наши эгоистические желания, заниматься только собой и, конечно, не портить свою жизнь «всякими духовными поисками». Эти желания выражают «внутренние греки». Существуют антагонистические им желания, которые хотя и находятся в меньшинстве, но зато они более активные и неспокойные. Они требуют понимания цели творения, смысла жизни, толкают человека на духовные поиски. Эти желания не признают желания «внутренних

> **ⓘ ГРЕКИ И МАККАВЕИ**
>
> Война между греками и маккавеями олицетворяет борьбу между двумя силами в человеке: желанием получать наслаждение ради собственной выгоды (эгоизмом) и желанием отдавать (альтруизмом). Историческая победа маккавеев над греками, меньшинства над большинством – это символ внутренней победы, которую одерживает в человеке духовная сила над материальной.

греков», отрицают их власть, бунтуют против них. Такие желания выражают «внутренние Маккавеи».

Процесс, когда человек начинает различать в себе различного рода желания, начинается лишь во время пробуждения человека к духовному развитию. Лишь тогда он может видеть, что на его пути к Высшему миру стоят «внутренние греки». Само пробуждение человека начинается с точки в сердце, которая, как искра, разжигает внутреннюю борьбу против эгоистических желаний. Эта точка называется «Матитьягу». Человек, развивший эту точку до полного духовного состояния, сосуда (кли), начинает ощущать в нем Высший мир. Переход в высшее состояние сопровождается войной между желаниями эгоистической природы и желаниями, направленными на природу альтруистическую. Подчинение природного желания получать желанию отдавать необходимо, так как только в желании отдавать другому можно ощутить духовный мир. В каббале такую внутреннюю, духовную войну символизирует война Маккавеев против греков.

Наши желания во время развития проходят множество различных состояний. Они меняют свою форму во время внутренней борьбы и столкновений между собой и потому имеют различные названия. Например, состояние, когда человек с начальным желанием к духовному видит, насколько он слаб и беспомощен перед эгоистическими желаниями, насколько эти желания угрожают ему, и абсолютно не видно, как можно их победить, называется «войной меньшинства с большинством». Об этом состоянии много говорится во время праздника Ханука. Та же идея скрывается в выражении «передача сильных в руки слабых». «Сильные» – это материальные, земные желания, которые без устали «промывают» наши мозги и преодолеть которые возможно только с помощью вмешательства Высшей силы.

На протяжении всего духовного пути мы проходим этапы противостояния с силами, которые препятствуют нам. Они могут называться по-разному: Аман, Фараон, Эсав и Билам, а также греки, египтяне и другие народы. Сути это не меняет. Речь идет об одном – о борьбе человека с эгоистическими желаниями на его пути к духовному постижению.

### Духовный пример

Сегодня как никогда праздник Ханука актуален для всех нас. Война Маккавеев против греков не только не окончена, а, наоборот, только разгорается. Это видно из того, что впервые в истории все человечество начинает подниматься против нас, как древние греки против иудеев. В этих условиях мы должны осознать, что мир ждет от нас только одного – духовного исправления. Именно во имя этой цели нам дали свыше возможность Вернуться из изгнания в нашу страну. Вместе с тем известно, что исправление начинается с каждого человека, с внутренней духовной искры, которая разгорается и светит, как ханукальная свеча. Но лишь когда свет духовного исправления охватит весь народ Израиля, мы сможем стать примером всему миру, и «греки» потерпят поражение.

## Остановка ради исправления

*«Великие каббалисты, которые ввели в обиход традиции, сделали так, чтобы духовный свет проявлялся через них».*
*(Бааль Сулам, «Шамати»)*

С годами традиции народа Израиля превратились в рутинные ритуалы, в привычные церемонии, которые мы повторяем – или не повторяем – из года в год, не уделяя им особого внимания. Лишь немногие знают, что в основе этих обычаев таится глубокий внутренний смысл.

Традиции были введены каббалистами, гигантами духа, открывшими универсальные законы управления нашим миром. Глядя на реальность с высоты своего постижения, они укоренили в народе определенные стандарты, обозначающие те духовные состояния, пройти которые предстоит каждому из нас на одном из витков его жизни. Вот, что пишет об этом Бааль Сулам: «Все формы, присущие Высшему миру, количественно и качественно копируются на низший мир во всей полноте... Высший и низший миры называются корнями и ветвями» («Плоды мудрости»).

Например, зажигание ханукальных свечей призвано напоминать нам о необходимости зажечь ханукальную свечу в своем сердце и обозначает желание раскрыть духовный мир, увидеть свет. «Свеча символизирует освещение жизни человека и его души Высшим светом» (рав Кук, «Письма»).

В науке каббала понятие «свет» означает свойство отдачи, присущее Высшей силе. Чтобы войти в контакт с этой силой, достаточно желания уподобиться ей – стать дающим, таким же, как она. Если только мы захотим

---

ⓘ **КУВШИН С МАСЛОМ**

«Кувшин с маслом» – это символ первого духовного пробуждения в сердце человека, когда в нем появляется желание найти связь с Высшей силой.

этого, она зажжет в нашем сердце ханукальную свечу, и тогда «тьма воссияет как свет» («Псалмы»).

**От Бины до Малхут**

Наука каббала объясняет, что душа человека составлена из десяти частей, десяти сфирот: Кетер, Хохма, Бина, Хесед, Гвура, Тиферет, Нецах, Ход, Есод и Малхут. Праздник Ханука символизирует первую половину пути исправления, по которому душа возвращается в мир Бесконечности к своему корню. Первоначальное желание человека выйти в духовный мир называется Малхут, а свойство отдачи называется Бина. Если мы повышаем свое желание, поднимая Малхут к свойству отдачи, к Бине, то совершается исправление, и свет распространяется во всех восьми сфирот от Бины до Малхут, чему и соответствуют восемь дней праздника.

Само название Ханука составлено из двух слов: «хану» и «ко». «Хану» означает остановку (ивр. – «ханая») в процессе нашего духовного исправления, когда мы достигаем Бины. «Ко» означает «здесь», а числовое значение его букв указывает на дату праздника – 25-е число.

Исправление восьми первых сфирот в душе человека мы отмечаем зажиганием восьми ханукальных свечей. Как знак продвижения по пути, каждый день принято зажигать новую свечу.

**Самая важная свеча**

Вспомогательная, или «служебная», свеча под названием «шамаш» занимает возвышенное положение. Она наиболее важна, и именно от нее мы зажигаем восемь остальных. Шамаш олицетворяет человека, который должен исправить способ применения (ивр. – «шимуш») своих желаний, обратив их с личной выгоды на отдачу ближнему. Зажигание свечей указывает на предоставленную человеку возможность духовного роста. Проходя восемь этапов исправления души, мы наполняем ее светом.

**Масло, фитиль и огонь**

Как известно, ханукальная свеча состоит из трех компонентов: масла, плавающего в нем фитиля и огня.

Масло, горючий материал, символизирует желание, являющееся сутью человека. Зажигание свечи, то есть начало исправления души, происходит тогда, когда человек приступает к работе над своими желаниями, чтобы изменить способ их применения с эгоистического на альтруистический.

Слово «фитиль» (ивр. – «птила») происходит от слова запрет (ивр. – «псила»). Человек решительно борется с помехами, которые возникают на духовном пути. Он понимает, что мысли, перенимаемые от окружения, запутывают и уводят его от цели. Ему становится ясно: эти мысли запретны для духовного продвижения, и необходимо прилагать усилия, чтобы приподняться над ними.

Вот что пишет об этом Барух Ашлаг в одном из своих писем: «Если человек хочет больше света, он должен вложить больше усилий. Это и есть фитиль». Накапливаясь, усилия человека формируют полноценный фитиль, и тогда Высший свет зажигает его.

> **ЗАЖИГАНИЕ ХАНУКАЛЬНЫХ СВЕЧЕЙ**
> Зажигание ханукальных свечей указывает на внутренний духовный процесс, в ходе которого человек поэтапно развивает свою связь с Высшей силой. А ханукия символизирует достигаемое при этом совершенство. Зажигание свечей во время праздника призвано напоминать нам о необходимости зажечь ханукальную свечу в своем сердце.

Порядок событий следующий. Человек не щадит сил и делает все возможное, чтобы выйти в духовный мир. Наконец, когда после множества бесплодных усилий, он приходит в полное отчаяние, Высший свет внезапно рассекает тьму и производит исправление. Это и есть чудо Хануки, происходящее с человеком.

Окончательное же исправление происходит во время праздника Пурим, когда свет, впервые засиявший в Хануку, заполняет всю душу человека, позволяя ему подняться над этим миром и вступить в духовную реальность, вечную и совершенную. Человек делает новые шаги по духовному пути и исправляет две последние сфиры – Хохма и Кетер. Тем самым, завершается исправление его души, и наступает наивысшее состояние, вершина всей реальности – конец исправления (гмар тикун).

Каббалисты пишут, что каждый человек должен исправить свою душу на протяжении жизни в нашем мире. Мы будем возвращаться сюда снова и снова, пока не достигнем этой цели.

# Глава 5
# Ту би Шват

## Праздник каббалистов

В эти дни мы празднуем Ту би Шват – знаменательную и поистине каббалистическую дату. Еще в 16-м веке каббалисты Цфата отмечали ее на свой особый манер. Они выставляли на стол щедрое угощение из плодов земли Израиля, надевали субботние одежды, выносили вино и садились за изучение книги «Зоар». Сегодня мало кто знает о каббалистическом смысле «Нового года деревьев». А ведь он символизирует кульминационную точку, к которой все человечество может и должно прийти в своем развитии. Каббалисты придавали очень большое значение этому празднику, сравнивая его с порой созревания плодов.

> ⓘ **РАЙСКИЙ САД**
>
> «Сад» олицетворяет совокупность желаний человека, а «рай» – ощущение Высшего света, наполняющего эти желания.
>
> Человек, достигающий ступени «райского сада», ощущает, что действующая на него сила полна добра и любви.
>
> Наука каббала особо подчеркивает тот факт, что подъем на эту ступень вовсе не требует от человека умирать и покидать свое тело. Напротив, подняться в «райский сад» нужно еще при жизни в этом мире.

Ту би Шват – это время пожинать духовные плоды. Взрастить их способен каждый из нас, нужно только воспользоваться методикой науки каббала. Сегодня сложились все необходимые условия для того, чтобы направить нашу жизнь в русло добрых перемен: плодородная почва уже готова к духовному цветению, и нам осталось лишь вложить в нее семена той мудрости, которую каббалисты пронесли через века.

«Новый год деревьев» олицетворяет новый этап, начало долгожданного подъема, и мы представляем вашему вниманию практические инструкции духовного роста, которые приводятся в каббалистических первоисточниках. Пользуясь возможностью, мы желаем нашим читателям взойти на вершину духовной лестницы и всем вместе отпраздновать торжество жизни – праздник Ту би Шват.

## Вырасти духовно

*На основе письма рава Баруха Шалома Леви Ашлага (РАБАШ), написанного им в праздник Ту би Шват, 17-го января 1957 года*

Человек отличается от всей живой и неживой природы только одним – он развивается, и развивается всегда. Даже тогда, когда он сделал карьеру или вышел на пенсию. Это неважно. Внутренне, духовно он продолжает развиваться. Человека ведет Высшая сила, хотя сам человек об этом даже не догадывается. Момент выхода на финишную прямую духовного развития символизируется праздником Ту би Шват. С этого момента духовная работа становиться активной. То есть теперь человек сам, осознанно включается в нее. Этот путь необычен, но зато очень интересен и увлекателен.

Вырасти духовно, как вырастает дерево, – это непросто. Почему? Потому что я должен приложить большие усилия – сродни тем, которые мы вкладываем, когда из обычного саженца выращиваем садовое дерево. В чем, по сути, заключается наша духовная работа? Только в одном – в правильном ухаживании за «саженцем», чтобы в итоге он стал «плодоносящим деревом». Плод – это результат наших усилий. В терминах каббалы, плод – это свет хохма, облаченный в свет хасадим. Иными словами, высшее наслаждение, которое хочет передать нам Творец, облачается в альтруистическую работу, которую выполняет человек. Эта работа – работа человека со своими желаниями – и соответствует садовым работам, необходимым для выращивания плодового дерева.

**Виды работ:**

– **Внесение удобрений.** Удобрение – вещь, кажущаяся нам неприглядной, но без нее дерево не плодоносит. Также и в человеке мысли о духовном пути иногда выглядят чем-то неважным и ненужным. Но именно с добавления, умножения таких «неприглядных» мыслей и начинается движение человека к совершенному и вечному. Разве не удивительно?

– **Вскапывание.** Рост дерева зависит, в первую очередь, от состояния почвы, на которой оно растет. Поэтому ее вскапывают, раскрывают. Точно так же духовный рост человека зависит от вопросов: «Для чего я живу?», «Зачем я пришел в этот мир?», которые он должен найти и раскрыть в себе.

— **Удаление наростов и поврежденных частей.** Духовная работа связана с сугубо личными, внутренними переживаниями, направленными на связь с Творцом (Высшей силой). Поэтому человек совершенно естественным образом прячет от посторонних свои мысли и чувства, как бы удаляет их.

— **Удаление листьев.** Листья символизируют эгоистические желания. Плоды, которые растут на месте удаленных листьев, — это эгоистические желания, исправленные на желания альтруистические. Таким образом, только там, где был раньше эгоизм, может проявиться альтруизм.

> ⓘ **ДРЕВО ЖИЗНИ**
> «Древом жизни» называется наука каббала, так как свет, который воздействует на человека во время чтения каббалистических книг, приводит его к ощущению вечной и совершенной жизни, поскольку человек приобретает свойство отдачи и, тем самым, становится подобным Творцу.

— **Укрывание корней (окучивание).** Корни — это мысли человека. До тех пор, пока человек не исправлен, его мысли эгоистические. Для того чтобы это исправить, нужно пользоваться мыслями каббалистов — людей исправленных. Это значит — накрыть свои мысли мыслями учителей.

— **Окуривание.** По мере духовного подъема человека, позади него остаются пройденные ступени. Как ни странно, дальнейшему продвижению они не только не помогают, но даже мешают, как мешают вредные насекомые дереву. Поэтому человек должен от них избавиться, как избавляются от вредных насекомых с помощью огня, то есть предыдущие ступени как бы сжигают.

— **Освобождение от камней.** Духовный путь противоположен пути эгоистическому. Поэтому логика и обычные знания, основанные на эгоистическом восприятии, человеку помочь не могут. Как правило, они только мешают. И еще. Они тяжелы и тверды, как камни. Требуются большие усилия, чтобы их убрать.

> ⓘ **ДРЕВО ПОЗНАНИЯ**
> «Древо познания» символизирует ту духовную ступень, на которой мы постигаем замысел творения. Достигнув этой ступени, человек творит добро, подобно Творцу, и бесконечный свет наполняет его полным знанием обо всей реальности и наделяет совершенством и вечностью.

— **Удаление сухих веток.** Отдельные мысли и желания могут казаться, на первый взгляд, полезными для продвижения. Но это только на первый взгляд. Если присмотреться, выясняется, что они являются помехами на пути, как сухие ветви. Поэтому их удаляют.

– **Укорачивание ветвей.** Человек во время учебы приобретает множество каббалистических знаний. И тут очень важно, чтобы они не стали самоцелью. Каббалистические знания должны быть направлены на постижение цели творения через любовь к ближнему, а не на удовлетворение эгоизма. Не используя знания ради себя, мы как бы ограничиваем, обрезаем их.

# Глава 6
# Пурим

*«Все праздники утратят силу – лишь Пурим не отменится никогда».*
*(Мидраш «Мишлей»)*

## Пурим! Раскрытие скрытого

Пурим всегда ассоциируется с весельем. Улицы заполняются королевами и феями, чертями и принцами. Говорят, однажды видели даже тель-авивского мэра, гарцующего на белом коне. Карнавальное настроение у всех, от мала до велика. Забывая о проблемах, в этот день мы все немножечко становимся детьми.

И все же не пуримский маскарад является причиной всенародного веселья. **Радость, ощущаемая нами в этот особенный день, является лишь отголоском того безбрежного счастья, которое наполняет нас на вершине духовного развития.** В каббале это состояние называется Окончательное исправление, и описывается оно в «Мегилат Эстер» (Свиток Эстер). Те, кто его читали, могут не согласиться и заявить, что никакого упоминания об Окончательном исправлении в нем нет. И все же не стоит торопиться с выводами.

Дело в том, что все книги, называемые в народе святыми, на самом деле являются учебниками – учебниками каббалы. В них каббалисты рассказывают нам о происходящем в духовных мирах и о том, как нам поскорее в эти миры подняться. Вот только излагают они свои рассказы в иносказательной форме, поэтому разглядеть их истинный смысл действительно очень непросто. Но когда это удается сделать, они становятся лучшими друзьями и читаются увлекательнее любых романов. Давайте на примере пуримского рассказа посмотрим, что происходит с нами (а точнее, в нас), когда мы достигаем наивысшей духовной ступени.

Все начинается просто великолепно – с грандиозного празднования. Царь Ахашверош устраивает пир, который длится целых полгода. Так каббалисты описывают нам свои ощущения, которыми Царь (Творец) наполняет их при подъеме на новую духовную ступень. Лишь одно обстоятельство как будто бы омрачает праздник – на пир не является царица Вашти. Но на самом деле повода для огорчения нет – просто на новой ступени нужна новая царица, и на престол возводится Эстер.

Имя Эстер происходит от слова «астара», что в переводе с иврита означает «скрытие». Это говорит нам о том, что каждая новая ступень начинается с сокрытия Творца. Именно поэтому все наши праздники начинаются вечером, с наступлением темноты, символизирующей скрытие Творца. А когда человек преодолевает свое злое начало и вместо эгоистического желания получать обретает желание «отдавать подобно Творцу» – наступает «день», раскрытие Творца.

Желание отдавать подобно Творцу олицетворяет Мордехай. Это сила, помогающая душам подняться в духовный мир, объединяющая нас с Творцом. И племянница Мордехая Эстер, хоть и олицетворяет силу скрытия Творца, служит связующим звеном между Мордехаем и нашими, пока еще неисправленными, эгоистическими желаниями.

Начиная восхождение по духовным ступеням, человек ощущает, что Творец скрывается от него. Только тогда он получает возможность раскрытия. Поэтому рассказ о Пуриме называется «Мегилат Эстер» – скрытие, благодаря которому происходит раскрытие (ивр. – «гилуй»).

А пока: «И полюбил царь Эстер больше всех жен» – Эстер поселяется во дворце, и жизнь продолжается. Однако злое начало в человеке продолжает строить ему козни – против Царя готовится заговор. Его хотят убить – не дать человеку возвеличить в себе желание отдавать. Мордехай немедленно реагирует на этот замысел – он ощущает, что его хотят разъединить с Творцом, и раскрывает заговор, вследствие чего злоумышленников вешают на ближайшем дереве.

А затем происходит необъяснимая, на первый взгляд, вещь. Вместо того чтобы отблагодарить Мордехая, Царь возвеличивает Амана, о котором сказано, что он потомок царя Агага из дома Амалека. А кто же этот Амалек? В Торе сказано: «Помни, что сделал тебе Амалек, когда выходили вы из Египта». Самые эгоистические намерения, направленные только на собственное наполнение, ради которого человек готов уничтожить весь мир, – вот что такое Амалек. Поэтому сказано: «Сотри память об Амалеке под небесами».

Для этого в человеке заложены силы отдачи – «народ Израиля», находящийся в связи с Творцом – свойством отдачи. Но по воле Царя все желания оказываются сейчас под властью Амана – эгоистического начала, набравшего на этой ступени небывалую силу. Казалось бы, положение безнадежно, но Творец никогда не оставляет человека в безвыходной ситуации.

Аман поставил на колени всех, кроме Мордехая. Мордехай объявляет, что он йехуди (от слова «ихуд» – единство), то есть стремящийся к объединению с Творцом, и отказывается подчиниться Аману. В ярости Аман решает уничтожить не только Мордехая, но и весь народ Израиля. Желая заручиться благосклонностью судьбы, он бросает жребий (на арамите – «пур», отсюда и название праздника – Пурим), после чего идет к Царю за разрешением. И вновь происходит невероятное – Царь соглашается истребить свой народ! Но почему?! Об этом мы узнаем несколько позже.

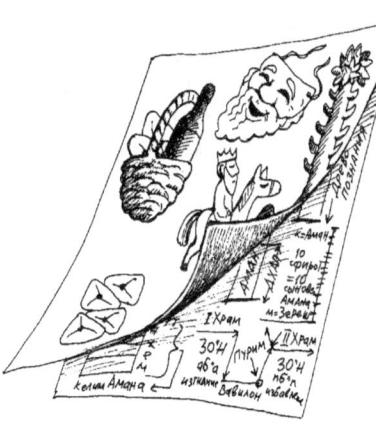

Сейчас же можно лишь сказать, что часто в нашем мире бесконечная любовь Творца к нам воспринимается как полная противоположность. Нам кажется, что Творец должен был бы относиться к нам гораздо лучше, и, как маленькие дети, лишь повзрослев, мы понимаем, что строгие родители на самом деле любят нас и всегда желали только добра.

Но вернемся к Мордехаю, ведь Аман уже приготовил дерево, на котором собирается его повесить, и уже мчатся гонцы «во все области царские, с приказом истребить, убить и погубить всех иудеев: от отрока до старца, детей и женщин». Ситуация угрожающая, и Мордехай обращается за помощью к Эстер.

Вначале человек не понимает, что его эгоистические желания, препятствующие соединению с Творцом, скрывающие Его, на самом деле не мешают, а помогают продвижению в духовном. Усиление Амана, эгоистических желаний – это помощь, посылаемая Творцом человеку. Ведь преодолевая эти желания, человек взрослеет, поднимается на более высокую духовную ступень. И помогает ему в этом именно Эстер, поскольку раскрытие следует благодаря предшествующему скрытию.

**Каким бы безнадежным ни казалось положение, Творец никогда не оставляет человека в безвыходной ситуации.**

Когда это происходит в человеке, Царь «меняет гнев на милость» и вместо Мордехая на том же дереве приказывает повесить Амана, что выполняется незамедлительно. «И обернулось так, что иудеи победили недругов своих». Так завершается исправление всех эгоистических желаний в человеке, и он поднимается на высшую ступень, называемую «Окончательное исправление».

Скрытия больше не существует – человек становится единым целым с Творцом, постигает все Его мысли и желания, чувствует, как наполняется безграничной любовью Творца. Оглядываясь на пройденный путь, видит, как, постоянно добавляя новые эгоистические желания, Творец заботился только о том, чтобы человек поскорее преодолел их и еще больше приблизился к Нему.

«Кому неизвестна мудрость каббалы, тот может постичь только внешнее, видимое, материальное. Но главное – это внутреннее, постигаемое путями внутреннего управления».

*-- РАМХАЛЬ, «Адир бэ-маром»*

Раньше казалось, что Творец просто бросил его на растерзание эгоизму, но сейчас он понимает, что никогда, ни на одну секунду не оставался один, – Творец всегда был рядом и, как любящий отец, терпеливо обучал его, подавая примеры, показывая и объясняя, страдая, видя, как неразумное чадо не хочет учиться, и радуясь его успехам.

Сегодня мы еще не ощущаем в себе присутствия Творца, но это скрытие как никогда близко к своему завершению. Методика каббалы позволяет нам раскрыть Творца не в каком-то отдаленном будущем, а уже сегодня, сейчас сделать Ему навстречу первый шаг. Наша судьба зависит только от нас самих.

## Праздники Ханука и Пурим

В праздник Ханука мы вспоминаем о победе евреев над греками, а в праздник Пурим – о победе над Аманом. Эти события действительно происходили в истории человечества. Но каббала тем и отличается от всех других наук, что рассматривает корни всего происходящего, а не следствия. А корнями происходящего были духовные события под названием Ханука и

Пурим, которые разворачивались, прежде всего, в духовных мирах. А далее все развивалось по непреложному закону: духовные события просто обязаны хоть раз воплотиться в материи. Вот они и воплотились в известные нам Пурим и Хануку.

> «Человек приходит в этот мир с единственной целью – преодолев все помехи, достичь подобия свойствам Творца».
>
> -- РАМХАЛЬ, «Путь праведных»

Вообще, вся земная история, все ее события, лидеры, трагедии и победы – это следствие событий духовных. И каббалист, живущий в двух мирах – духовном и материальном, видит силы, управляющие мирозданием, знает, как они проецируются в наш мир, и предупреждает человечество о том, что может произойти, если не изменить соотношение сил в мире, если не предпочесть силы альтруистические силам эгоистическим. Но его чаще всего не слышат, не верят, думают: «Как-нибудь переживем!..» Поэтому и движется человечество путем страданий, а не путем Света.

Но вернемся к нашей истории о праздниках, а именно к той духовной работе, которая происходит внутри нас. Оказывается, что в процессе духовного развития внутри человека происходят те же самые события – та же Ханука, например, и тот же Пурим. Мы словно проигрываем внутри себя все эти спектакли. Все персонажи живут в нас, они выясняют отношения друг с другом, побеждают или сдаются... Маккавеи, греки, Мордехай, Аман, Эстер, Ахашверош – это все наши желания, эгоистические или альтруистические, это силы, действующие в нашей душе. А Ханука, Пурим и другие праздники – это этапы исправления души.

Ступень Хануки – это этап частичного исправления души. Ступень Пурима – это окончательное исправление всей души и соединение ее с Творцом (с Царем, как представляется это в «Мегилат Эстер»), соединение с вечностью, с законом единства и любви.

Ну, что может быть прекраснее этого!

## Каббалистический словарь Пурима

**Адар** – название месяца, в котором произошли пуримские события. Этот месяц олицетворяет духовное состояние, в котором человек начинает обнаруживать в себе силы, позволяющие преодолеть эгоизм, соединиться с Высшей силой и достичь совершенства.

**Амалек** – аббревиатура ивритского выражения «ради получения» (аль минат лекабель). Аман, являющийся потомком Амалека, также олицетворяет эгоистическое намерение получать для себя. С другой стороны, Мордехай олицетворяет намерение, обращенное к другим, намерение ради отдачи.

**Аман** – олицетворяет вечно неудовлетворенную эгоистическую природу, свойственную каждому человеку. Аман зовется «злодеем», потому что сбивает человека с пути, который ведет к совершенству и вечности.

**Бигтан и Тэреш** – два стражника. Их заговор с целью покушения на Царя символизирует силы, якобы препятствующие духовному развитию. Мордехай своевременно расстраивает их планы.

**Вашти** – царица Вашти – обозначает предыдущую ступень духовного развития и потому исчезает из сюжета в начале повествования.

**Дерево** – дерево, на котором повесили Амана. Оно символизирует желание получать наслаждения. Это желание можно использовать по-разному: с намерением получать для себя, которое называется «Аман», и с намерением отдачи другим, которое называется «Мордехай». Полагая, что может повелевать силами получения в человеке, Аман хочет повесить на дереве Мордехая. Однако затем обнаруживается, что над этим деревом – желанием получать – властвует намерение отдачи. В результате Мордехай берет верх и вешает Амана.

**Десять сыновей Амана.** Всякое духовное раскрытие в мире происходит через десять сфирот. Каббалисты объясняют нам, что сначала духовные силы раскрываются в человеке, приняв эгоистическое обличье «десяти сыновей Амана». Далее, по ходу своего исправления, каббалист обращает их в силы отдачи.

**Дормита** – каббалистический термин, означающий сон, дремоту. Состояние, наступающее в конце изгнания, когда Творец скрывается от творений. Тем самым Он пробуждает в творениях неодолимое желание раскрыть Себя и потребность в новой силе, которая выведет их из изгнания.

**Зэреш** – жена Амана. Человеческое эго делится на две части: мужскую и женскую. Аман символизирует мужскую составляющую злого начала, а Зэреш – женскую.

**Иудей** – от слова «йехуди» – стремящийся к единению. Имеется в виду человек, который старается соединять все обстоятельства своей жизни с единым источником – с Творцом.

**Кипур** – Йом Кипур – духовный этап, на котором мы развиваем в себе желание получить самое большое наслаждение. А пост и другие ограничения символизируют нашу сегодняшнюю неспособность получить это наслаждение. В Йом Кипур мы только готовимся к получению наслаждения, а в Пурим получаем его и наполняемся Высшим светом. Неслучайно «кипур» – это «ке-пур», как Пурим.

**Конь Мордехая.** Конь – это символ желания наслаждаться. Победив Амана, Мордехай получает власть над желаниями человека. Иными словами, «едет на коне».

**Мадай – Мидия** – государство, а позднее – одна из областей Персидской империи. Его название происходит от иритского слова «дай» – достаточно. Иудеи, живущие в Мадае, олицетворяют те желания человека, в которых невозможно продолжать духовное развитие. Сказав, что им «достаточно», что с них «довольно» усилий по выходу в духовный мир, они покорились своему эгоизму.

**Маска и маскарадные костюмы** – символизируют состояние скрытия (см. «Свиток Эстер»). Пуримский маскарад подчеркивает, что внешняя сторона жизни скрывает внутреннюю суть – Высшую силу. Каббала позволяет человеку добраться до истины и снять с нее иллюзорные покровы.

**Мордехай** – его имя происходит от арамейского выражения «марей дахья», что означает «чистый и безупречный». Мордехай олицетворяет самое чистое желание человека – желание раскрыть Творца, приобрести намерение ради отдачи. Будучи иудеем, Мордехай понимает, что все обстоятельства его жизни создает Творец, дабы помочь ему в достижении цели.

**Окончательное исправление** – состояние совершенного, непрерывного и неограниченного наслаждения, которого должно достичь все человечество. Это состояние символизирует праздник Пурим. Когда каждый из нас придет к личному Окончательному исправлению, завершится и общий процесс исправления человечества. Ускорить достижение личного и общего исправления позволяет нам наука каббала.

**Парас.** Название Парас (Персия) происходит от слова «разрезать». Жители Параса будто разрезаны, разделены надвое: они хотят выйти в духовный мир, но и материальное им не чуждо.

**Перстень Царя** – символизирует возможность действовать, которую Творец предоставляет одной из двух сил в человеке: Аману или Мордехаю. Тем самым Творец позволяет человеку самостоятельно выбирать путь своего развития.

**Письменное послание** – дополнение к царскому указу, объясняющее его содержание. В «Свитке Эстер» рассказывается о двух посланиях. Первое говорит о необходимости анализа столкнувшихся в человеке эгоистических и альтруистических сил. Второе указывает на то, что человеку уже стало ясно: «иудеи» – это альтруистическая сила, которая мешает «Аману», эгоистической силе, выполнить задуманное.

**Пить допьяна.** В Пурим существует обычай напиться до такой степени, чтобы не отличать «проклятого Амана» от «благословенного Мордехая». Вино символизирует высшее наслаждение – свет хохма. На Пурим можно пить и пьянеть сколько угодно, потому что этот праздник олицетворяет окончательное исправление души человека. При этом творение, достигшее полного единения с Высшей силой, может получить все идущее от нее наслаждение, весь свет хохма, безо всяких ограничений.

**Подарки, посылаемые в Пурим** – символизируют свойство отдачи ближнему. Являясь внешним выражением любви друг к другу, подарки включают и еду, и напитки как знак полноты и совершенства дара.

**«Пока не перестанет отличать проклятого Амана от благословенного Мордехая»** – известное изречение из «Свитка Эстер». Речь идет об окончательном исправлении всех желаний, когда мы больше не нуждаемся в проверке возможности их использования. Для человека, достигшего исправленного состояния, нет разницы между свойствами Амана и Мордехая. И теми, и другими он пользуется в полной мере.

**Полцарства.** Царство – на иврите «малхут». «Хоть полцарства проси, и выполнено будет», – так говорит Царь, обращаясь к царице Эстер. Сфира Малхут означает совокупность всех желаний человека. Половина из них находится под властью силы отдачи, и потому их разрешено использовать. Над другой половиной властвует сила получения, и потому они не годны к употреблению. Царь, то есть Творец, позволяет царице Эстер использовать исключительно силу отдачи, которая и называется «полцарства».

**Пост** – состояние, в котором человек решает ограничить себя, прекратить пользоваться своим желанием наслаждаться.

**Праздник.** Праздники – это этапы, вехи на пути духовного развития человека.

**Пурим** – от слова «пур» – жребий, судьба. Если человек развивается в духовном направлении с целью обрести свойство отдачи, то он может изменить свою судьбу. При помощи духовной силы он преодолевает мощь собственного эгоизма, и это чудо называется «судьба» или «жребий».

**Радость** – в каббале это признак того, что наслаждение ощущается в исправленных желаниях.

**«С наступлением месяца Адар преумножается радость»** – цитата из трактата «Таанит». Пурим празднуется в месяце Адар. Понятие «месяц» (ивр. – «ходеш») означает внутреннее обновление (ивр. – «итхадшут»). В месяце Адар человек обретает способность получить все наслаждения, ради которых он был создан. Это и придает ему радость.

**Свиток Эстер.** Свиток (ивр. – «мегила») – от слова «раскрытие» (ивр. – «гилуй»). Эстер – от слова «астара» (сокрытие). «Свиток Эстер» символизирует раскрытие человеку духовной реальности, которая до сих пор была скрыта от него.

**Уши Амана (карманы Амана)** – треугольные печенья, которые готовят на Пурим. Изначально они назывались «карманы Амана» (ивр. – «умен ташим»). Аман олицетворяет эгоизм, из-за которого мы ощущаем «пустые карманы» – недостаток духовного наполнения.

**Царское одеяние** (ивр. – «левуш Малхут»). «Одеяние» – это намерение, обращенное к другим, намерение ради отдачи. Оно облачается в желание человека, которое символизирует сфира Малхут.

**Царь Ахашверош.** Это выражение включает в себя два понятия. Ощущение Творца, как отрицательной силы, называется «Ахашверош», а положительное ощущение – называется «Царь». Понятие «Царь» обозначает Творца, который царит над всем творением.

**Человек, которому Царь желает оказать почет.** «Что сделать для того человека, которому Царь желает оказать почет?», – говорится в «Свитке Эстер». Царь направляет человека к тому, чтобы предпочесть свойство отдачи (Мордехай) свойству получения (Аман). Творец показывает превосходство свойства отдачи, которое одерживает победу над всеми эгоистическими силами в человеке.

**Чтение свитка.** «Чтение» – значит раскрытие. Имеется в виду раскрытие большого света, выявляющего желания человека и исправляющего их. Этот свет приходит с более высокой ступени и раскрывает человеку то, что раньше ускользало от его взора. В результате, при помощи «чтения», то есть Высшего света, человек раскрывает добрую силу Творца.

**Чудо Пурима.** Изучая каббалу, человек стремится обрести свойство отдачи, которое называется «Мордехай», вместо своей врожденной эгоистической природы – «Амана». Раскрытие силы отдачи в человеке называется «чудо Пурима».

**Шушан (Сузы)** – столица Персии. Древнее значение слова «шушан» – роза. Иудеи, жители Шушана, подобны «розе среди шипов». Речь идет о тех желаниях человека, которые выражают его готовность идти до конца по пути духовного развития и удалить «шипы» – эгоистические желания, препятствующие достижению духовного совершенства.

**Эстер** – царица Эстер – олицетворяет связь между человеческим эгоизмом и силой отдачи, то есть «Царем». Эта связь скрыта от нашего восприятия. Преодолев помехи, человек раскроет, что «плохие» эгоистические силы в действительности были подмогой на его пути к Творцу.

# Глава 7
# Песах

## Пасхальное сказание
*(каббалистический комментарий)*

Многие из нас с детства знакомы с Агадой – Пасхальным сказанием, которое читают в Песах, сидя за праздничным столом. Однако немногие знают, что в действительности означает порядок пасхальной трапезы и почему он так строго соблюдается.

Песах – это особый праздник. Он олицетворяет выход человека из ощущения только нашего мира в ощущение мира духовного. Поэтому каббалисты придают ему огромное значение. Ведь главное, что должен совершить человек в своей жизни, это выйти из Египта – нашего сегодняшнего состояния, состояния изгнания из Высшего мира, из ощущения вечности и совершенства. И пока этого не произошло, человек несвободен. Находясь под властью своих природных свойств, он является просто покорным исполнителем заложенной внутри него природной программы, а сам, как личность, не существует.

 **ПОЧЕМУ МЛАДШИЙ СЫН ПОЕТ ПЕСНЮ «МА НИШТАНА» («ЧЕМ ОТЛИЧАЕТСЯ»)?**

«Младший сын» – это наше слабое желание высвободиться из-под власти эгоизма. Сын еще маленький, он очень хочет измениться, но пока не знает, как это сделать. Он хочет, чтобы в нем выросло полноценное желание достичь духовного. Поэтому он спрашивает: «Чем отличается эта ночь, ночь выхода из Египта, от всех других?» Сын хочет понять, какие ступени проходит человек, освобождаясь от эгоизма.

Не зря в самом начале Агады сказано: «Вначале праотцы наши занимались идолопоклонством». Это и есть наше состояние до выхода из Египта – поклонение своим природным желаниям, которые в совокупности называются «фараон». А заканчивается она словами «в следующем году в Иерусалиме», означающими, что мы уже вышли из рамок нашего мира и поднимаемся к высшей духовной ступени – Иерусалиму.

В Агаде каббалисты описали все условия и предпосылки, которые человек должен раскрыть в себе и пройти в определенном порядке, для того чтобы выйти из изгнания. Этот порядок называется «седер Песах» – пасхальная трапеза. Многие из нас знакомы с этой церемонией: мы выполняем ритуалы, не понимая, что они означают.

**В ЧЕМ СМЫСЛ ВЫРАЖЕНИЯ «РУКОЙ КРЕПКОЙ И МЫШЦЕЙ ПРОСТЕРТОЙ»?**

Эти слова учат нас, что только сила Творца способна помочь человеку выйти из-под власти его эгоистической природы.

Агада описывает все ступени и изменения, которые мы должны раскрыть в себе и пройти в определенной последовательности. Вот почему Агада не потеряла своей актуальности и сегодня. На примере случившегося когда-то исхода из Египта мы можем научиться тому, как произойдет освобождение в наши дни из нашего сегодняшнего, последнего изгнания.

Давайте остановимся на некоторых понятиях, встречающихся в Агаде, и попробуем объяснить, в чем заключается их внутренний смысл.

### Маца

Маца считается «хлебом бедняка» и символизирует пустоту, которая ощущается нами сегодня. Согласно каббале, бедняком является тот, кто начинает чувствовать, что имеет все, и все-таки чего-то не хватает. С этого момента и до выхода из Египта путь очень короткий. Мы едим мацу в знак того, что готовы бежать от своего эгоизма.

Интересно наблюдать, как в процессе изготовления мацы тесто постоянно перемешивают, чтобы оно не заквасилось. Ведь в каббале квасное означает наше природное эгоистическое желание, которое запирает нас в узком мире любви к самим себе.

Пока человек не использует желание для собственного наполнения, оно не «заквашивается». Для этого желание нужно все время взвешивать и изучать, куда оно толкает нас: к эгоистическому наполнению самих себя или хоть какому-то проявлению внимания к ближнему.

Разумеется, мы не способны победить эгоизм собственными силами, ведь он – наше природное свойство. Однако стремление к его преодолению рождает в нас потребность в помощи Творца, и как только это происходит, наступает долгожданное изменение нашей эгоистической природы.

### Египетская тьма

Решив отказаться от эгоизма, человек начинает ощущать тьму, ведь в своем эгоистическом желании он не получает никакого наполнения. Однако он понимает, что эго – Египет – это зло. Человек больше не хочет работать ради своего желания насладиться, своего эгоизма, который убивает его, и хочет убежать от него. Такое состояние и называется «египетская тьма».

### Десять казней

Десять казней соответствуют десяти сфирот – десяти свойствам Творца. Творение не может самостоятельно уподобиться свойствам Творца, поэтому производится десять исправлений, помогающих выделить и отсечь от эгоистического намерения те желания, которые способны обрести свойства Творца.

 **ЧТО ТАКОЕ ЯМ СУФ (КОНЕЧНОЕ МОРЕ)?**

Ям Суф – символ последних эгоистических желаний, удерживающих человека в своей власти. Чтобы преодолеть их, чтобы окончательно вырваться из Египта, человеку нужна помощь Творца.

Удары – это раскрытие зла, достаточное для того, чтобы отделить то желание насладиться, которое способно присоединиться к одной из десяти сфирот. Тогда это желание может получить наполнение светом Творца. А то желание, которое это сделать неспособно, остается в Египте.

 **ЧТО ОЗНАЧАЮТ СЛОВА «ИЗЛЕЙ ГНЕВ СВОЙ НА НАРОДЫ»?**

«Народы» символизируют эгоистические желания человека. Выражение «излей гнев Свой на народы» указывает на то, что для разрыва с эгоизмом человек должен обрушить на него весь свой гнев. Только полное неприятие своих прежних желаний позволит человеку отделиться от них.

Каждая казнь – это своего рода «удар» Высшим светом, который раскалывает огромное желание, находящееся в Египте, на две части. Одна из них остается в Египте до окончательного исправления всего творения, а вторая уподобляется одной из десяти сфирот – свойств Творца. Совершить эти десять казней помогает человеку осознание зла собственного эгоизма.

### Кеара – пасхальный поднос

На праздничный стол ставят особый пасхальный поднос (кеара) с шестью видами кушаний, символизирующих шесть видов наслаждения, которыми Творец наполняет творение. Это шесть сфирот – шесть из десяти свойств Творца, которые обретает человек, поднявшись над своим эгоизмом, отказавшись от его использования. На языке каббалы эти свойства Творца называются: Хесед, Гвура, Тиферет, Нецах, Ход, Есод. А кеара символизирует Малхут – исправленное желание творения, способное ощутить наслаждения, которыми задумал насладить его Творец.

### В будущем году в восстановленном Иерусалиме

«В будущем году» – значит, в следующее мгновение. Только что человек находился в состоянии выхода из Египта, а в следующее мгновение готов оказаться в восстановленном Иерусалиме.

«Восстановленный Иерусалим» означает, что Бина (свойство Творца) и Малхут (свойство творения) соединяются вместе. Малхут перенимает все свойства Бины и будет заново отстроена как центральная точка мира Бесконечности, в которую включатся все намерения ради отдачи, полученные Малхут от Бины в течение процесса исправления.

### Восхваление

Восхваление – это благодарность Высшей силе, которая в итоге выводит нас из Египта. Выйти из Египта самостоятельно невозможно. Поэтому все, что нам сегодня необходимо, – это определить, что же мы должны делать. И когда мы выполним возложенное на нас, тогда и получим помощь от Творца.

Для того чтобы соединиться с Творцом, человек должен сначала подготовить свое желание, свою просьбу. То есть он должен достичь такого состояния, такого желания, такой потребности, когда Творец почувствует, что человек действительно хочет исправления. Тогда Он откликается и раскрывается человеку.

### Чаша пророка Элияу

Пророк Элияу – это сила, которая приходит перед полным освобождением и подготавливает это окончательное освобождение в народе Израиля. Она проявляется не в одном человеке. Это сила, которую Творец посылает всему народу как предчувствие, понимание, осознание близости полного освобождения.

Полное освобождение – это приход света и получение народом Израиля огромной силы, которая позволит нам выйти в духовный мир. А затем полное освобождение наступит и для всех остальных народов. Так человечество начнет входить в состояние, называемое в каббале «будущий мир».

**КАКОВ ДУХОВНЫЙ СМЫСЛ ПАСХАЛЬНОЙ УБОРКИ ДОМА?**

В науке каббала «дом» означает сердце человека, то есть все его желания. Уборка дома напоминает нам, что мы должны очистить сердце от эгоизма и сделать его пригодным для любви к ближнему.

В этом будущем состоянии мир наших земных желаний присоединится к духовному на всех своих уровнях: неживом, растительном, животном и человеческом. Точно так же, как когда-то развитие творения происходило в направлении сверху вниз, так все миры свернутся обратно, словно ковер, и поднимутся до уровня Бесконечности.

Все миры, все ступени и все сфирот соединятся вместе в Малхут мира Бесконечности, и этим творение достигнет своей цели.

### Исход из Египта

История исхода из Египта показывает нам, как должно произойти возвращение из изгнания в наше время. Поэтому в народе всегда со всей серьезностью относились и к празднику Песах, и ко всему, что с ним связано.

В праздник читают Агаду и устраивают торжественную трапезу с соблюдением всех традиций и правил, установленных с древних времен. Ведь условия освобождения от эгоизма остались неизменными, изменился только его уровень в нас. Наш эгоизм стал больше, сильнее.

**ЧТО ЗНАЧИТ «СЖИГАНИЕ КВАСНОГО»?**

Найденное после уборки квасное принято сжигать. «Сжигание квасного» символизирует решение человека полностью избавиться от своего эгоизма и постичь Высший мир. Человек «сжигает» свои эгоистические желания, обращая их в прах, чтобы они не пробудились в нем снова.

И еще, отличие от исхода из Египта в том, что в то время народ Израиля подготовил себя к выходу и только потом покинул Египет физически, – а сегодня, вернувшись физически, мы остаемся в духовном изгнании. Мы уже освободили землю Израиля и вернулись в нее, но еще не поднялись на духовную ступень освобождения. Это нам и предстоит сейчас сделать. Мы должны подняться на духовный уровень, называемый «земля Израиля», – исправить себя, перейдя от ненависти к любви к ближнему. Если мы все вместе достигнем этого, то действительно вернемся из изгнания.

Весь этот процесс предстает перед нами как звенья одной цепи: нужно раскрыть, кто такие египтяне, кто сыны Израиля, фараон, Моше; нужно бежать из Египта, перейти море, дойти до горы Синай и получить Тору.

Сделав лишь первый шаг, мы увидим, как весь мир придет к нам на помощь и начнет помогать строить государство и Третий Храм. Так же, как сейчас мир относится к нам отрицательно, он начнет относиться к нам с любовью.

**ПОЧЕМУ В ПАСХАЛЬНУЮ НОЧЬ ОТКРЫВАЮТ ДВЕРИ В ОЖИДАНИИ ПРОРОКА ЭЛИЯУ?**
Пророк Элияу символизирует особую силу, ведущую нас в духовное, к нашему наивысшему духовному состоянию. Поэтому мы и оставляем дверь открытой в знак того, что открываем ему свои сердца.

## Прислушаться к Моше

**Петербург, 1917 год. 25 октября по старому стилю, 21:45. Носовое орудие крейсера «Аврора» производит холостой выстрел, и через несколько минут тысячи людей с винтовками наперевес бросаются в бой за то, за что не жалко отдать даже жизнь, – за свободу.**

Да, мы боролись и боремся за свободу, но возникает вопрос: «Почему мы в этой борьбе не побеждаем, а только проигрываем? Почему вчерашние победители сегодня становятся проигравшими? Почему на смену одному рабству приходит рабство другое – более утонченное, с бассейном и кока-колой, и даже с человеческим лицом, но все равно рабство?»

Может, прежде чем кинемся снова в бой, сначала выясним, в чем тут дело…

### Радости жизни…

Удивляет, что в те далекие времена, когда рабство было нормой, порабощенные почти не боролись за свою свободу. Более того, нередко они были довольны своей участью: кормят, поят, дают выходной. Почти как сегодня.

Яркий пример тому – выход евреев из Египта. Они не хотели никуда уходить. О радостях жизни в Египте они постоянно напоминали своему освободителю Моше.

Сотни, тысячи лет находились люди в рабстве, пока не начали восставать против своих поработителей. В. Ленин дал явлению перехода от одного строя к другому очень логичное объяснение: «верхи не могут, а низы не хотят жить по-старому».

Ну а все же: «Почему?»

### Так почему же

Дело в том, что развитие человека происходит не вследствие развития технологий, как убеждены многие, а наоборот – технологии развиваются, потому что развивается человек. Это напоминает заблуждение людей прошлого, думавших, что Солнце вращается вокруг Земли, пока Коперник не доказал обратное.

Наука каббала объясняет, что человек развивается, потому что в нем растет авиют или, попросту говоря, эгоизм. Тогда возникает вопрос, а зачем он растет, в чем причина?

### О причине

Имя этой причине – желание к духовному, которое в науке каббала называется «Моше» или «точка в сердце». Без появления этой точки невозможен подъем человека на духовный уровень. «Моше» может проявиться только в «Египте». Так называется состояние человека, находящегося в рабстве эгоистических желаний.

 Но человек должен почувствовать, что он в рабстве эгоизма или «фараона» – олицетворения самого большого эгоистического желания. Поэтому непрерывно растет эгоизм в мире и, вместе с ним, подспудное желание человека к свободе – отрыву от эгоизма, что приводит в движение как отдельных людей, так и целые народы.

### Махсом

Положить конец нашему рабству может только «Моше» и… «Израиль» – те наши желания, которые поддержат «Моше». Для того чтобы «Моше» смог подняться в полный рост, мы должны не заглушать его голос в нас, а, наоборот, постараться прислушаться к нему. В тот момент, когда мы полностью будем солидарны с «Моше», мы станем «народом Израиля», и «фараон» будет вынужден нас отпустить. И тогда нас ждет особое состояние –

«Ям Суф» (конечное море). Это последний рубеж материального, эгоистического мира – махсом (заграждение), условная линия, за которой начинается духовный мир, где царит настоящая свобода, не зависящая от места, времени и пространства.

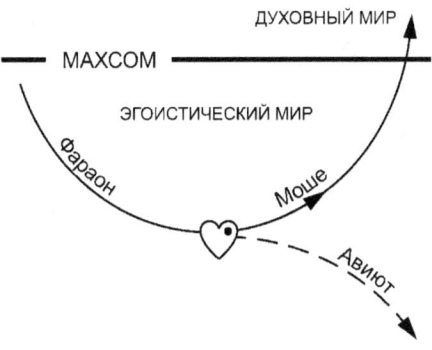

**Прислушаемся... к себе**

Мы, люди 21 века, оглядываясь на историю человечества, можем уверенно говорить о двух вещах: первое – мы нуждаемся в свободе; второе – как ее достичь, мы не знаем. Наука каббала утверждает, что человек достоин свободы, и – главное – настоящая свобода невозможна в мире, который управляется эгоизмом или, иначе говоря, фараоном.

Подсознательно мы это понимаем, поэтому на протяжении всей истории пытались изменить наш мир. Это действительно возможно, нужно только прислушаться к тому, что говорит в нас наше внутреннее желание к духовному – к нашему «Моше».

# Глава 8
# Лаг ба Омер

## Лестница к свету

Две тысячи лет назад в мире раскрылся источник огромного света – книга «Зоар». Написал ее великий каббалист рабби Шимон Бар Йохай (РАШБИ). Достигнув высочайших духовных ступеней, он в скрытой форме описал в этой книге тот путь, следуя которому, все люди сумеют наполниться Высшим светом.

Однако «Зоар» опередил свое время. Глубочайшие тайны этой загадочной книги были предназначены не для поколения РАШБИ, а для тех, кто придет двумя тысячелетиями позже. Именно мы достойны того сияния, которое каббалисты старательно сохранили для человечества.

Праздник Лаг ба Омер олицетворяет раскрытие этого сияния. Мы отмечаем приход в мир книги «Зоар», разъясняющей, как наполниться нашим душам непреходящим светом и испытать радость высшего постижения. Вот почему Лаг ба Омер называется «праздник света».

> **ЛАГ БА ОМЕР**
>
> Важная поворотная точка на духовном пути – состояние, когда человек завершил составление плана исправления души. После чего наступает следующий этап – реализация программы в действии. В результате человек приходит к состоянию, которое называется «окончательное исправление души». Символом завершения исправления души является праздник получения Торы, или света, – Шавуот.

Мы живем в самый удивительный период истории. Лишь мгновение отделяет нас от подъема в новое, высшее измерение. Для этого нашему поколению и дан ключ от сокровенных тайн.

Ключом является комментарий Бааль Сулама на книгу «Зоар». Он называется «Сулам» (лестница) и позволяет каждому из нас достичь обещанного совершенства. Нам нужно лишь вместе подняться по ней навстречу свету.

## Главный отсчет

> *Духовное отстранено от понятий времени, места, движения. Нет слов передать существующее там, поскольку весь наш словарь взят из наших кажущихся ощущений. Как же мы можем объясняться там, где нет места нашим обычным органам ощущений и нашим фантазиям?*
>
> *(Бааль Сулам, «Учение Десяти Сфирот»)*

### Высшее состояние

| Малхут | Есод | Ход | Нецах | Тиферет | Гвура | Хесед | |
|---|---|---|---|---|---|---|---|
| 7 | 6 | 5 | 4 | 3 | 2 | 1 | Хесед |
| 14 | 13 | 12 | 11 | 10 | 9 | 8 | Гвура |
| 21 | 20 | 19 | 18 | 17 | 16 | 15 | Тиферет |
| 28 | 27 | 26 | 25 | 24 | 23 | 22 | Нецах |
| 35 | 34 | 33 | 32 | 31 | 30 | 29 | Ход |
| 42 | 41 | 40 | 39 | 38 | 37 | 36 | Есод |
| 49 | 48 | 47 | 46 | 45 | 44 | 43 | Малхут |

Наука каббала позволяет нам понять причину любого явления природы, каждой мысли и ощущения, переживаемого нами. Эта наука основывается на представлении, что у жизни есть цель, которую мы можем и обязаны достичь.

Каббалисты в процессе исследования мироздания открыли, что существует необычайное, не сравнимое ни с чем состояние – состояние абсолютной гармонии и совершенства. Они выяснили, что оно достигается с помощью особой силы – Высшего света.

В дальнейшем, в результате исследований, удалось создать методику развития особого органа чувств, способного улавливать Высший свет. Этот орган называется душа. Настройка души на Высший свет определяется каббалистами как исправление. Этапы исправления, которые должна пройти душа до наполнения ее Высшим светом, символизируют праздники и торжественные даты, которые учредили каббалисты.

**КОСТЕР**

Костры, разжигаемые в Лаг ба Омер, олицетворяют тот большой свет, который раскрывается при нашем объединении между собой в любви к ближнему. В каждом из нас сокрыта искра желания к духовному. Когда мы объединимся друг с другом, все наши искры сольются в единое желание – пламя, символизирующее Высшую силу.

## Устройство души

Душа состоит из десяти частей, или сфирот, называемых: Кетер, Хохма, Бина, Хесед, Гвура, Тиферет, Нецах, Ход, Йесод, Малхут. Первые три сфиры – Кетер, Хохма, Бина – не нуждаются в исправлении. Семь остальных сфирот – Хесед, Гвура, Тиферет, Нецах, Ход, Есод, Малхут – необходимо исправить и это должен сделать сам человек.

Каждая из этих семи сфирот, в свою очередь, состоит тоже из семи сфирот, требующих исправления. К примеру, в сфире Хесед находятся семь сфирот: Хесед, Гвура и так далее, до Малхут. В следующей по порядку сфире – Гвура – тоже есть: Хесед, Гвура и так далее, до Малхут. Таким образом, всего получается 49 сфирот, которые мы должны исправить, поднимаясь по духовной лестнице.

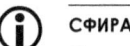

**СФИРА**

Слово «сфира» происходит от слова «сапир» (сияющий). Душа состоит из десяти сфирот: Кетер, Хохма, Бина, Хесед, Гвура, Тиферет, Нецах, Ход, Есод и Малхут. Эти сфирот являются свойствами души, и в них мы ощущаем Высший свет.

## От Песаха до Шавуота

Праздник Песах символизирует состояние человека, когда ему абсолютно явно раскрывается устройство души. От Песаха до Шавуота человек проходит 49 ступеней или дней, в течение которых исправляются 49 сфирот. На 50-ой ступени (50-й день) происходит «Дарование Торы» или, другими словами, получение Высшего света. Этот долгожданный момент символизирует праздник Шавуот.

## Порядок исправления

В молитвенник (ивр. – «сидур») каббалисты внесли информацию о методике исправления души. В том месте, где описывается порядок счета омера (меры), мы видим, что каждому дню соответствует определенная сфира. В первый день исправляют частную сфиру Хесед в общей сфире Хесед, и дальше по порядку, пока в последний день не исправляют Малхут в Малхут. В период от Песаха до Шавуота существует обычай зачитывать каждый день следующие слова: «Пусть благодаря подсчету омера, который я сделал сегодня, исправилось то, что я повредил в сфире...», и называется сфира, соответствующая этому дню.

**СВЕТ**

Ощущение человеком Высшей силы называется «свет». Каббала объясняет, что «свет» присутствует в каждом месте, в каждом желании, которое не находится под властью эгоизма, себялюбия. Исправив себя и сменив себялюбие на любовь к ближнему, человек наполняется новым ощущением. Это и есть «свет».

## 33 сфиры из 49

Каббалисты раскрыли, что душа исправляется по определенной программе: в исправлении первых 33 сфирот из 49-ти, от Хесед в Хесед до Ход в Ход, активно участвует сам человек; после этого программа завершает исправление оставшихся 16 сфирот автоматически. Поскольку на 33-й день счета омера завершается основная работа по исправлению души, мы отмечаем это праздником под названием Лаг ба Омер. «Лаг» – это аббревиатура букв ламед и гимел, гематрия (числовое значение) которых 33.

## Послесловие

Мы желаем вам, наши дорогие читатели, ощутить Лаг ба Омер так, как ощущают его каббалисты. Они приготовили нам для этого все, нужно только подойти и взять.

«Поэтому затратил я столько усилий для объяснения всей глубины понятия «десяти сфирот», чтобы каждый начинающий мог начать изучать науку каббала без страха запутаться и ошибиться, а, наоборот, открылись бы ему врата в высшую мудрость» (Бааль Сулам, «Учение Десяти Сфирот»).

**ОТСЧЕТ ОМЕРА**

Отсчет омера длится 49 дней и напоминает нам о процессе исправления 49 частей души. Душа человека состоит из десяти сфирот, разделяющихся на три первых и семь последних. Три первые, высшие сфиры уже исправлены великими каббалистами прошлых поколений. Нам осталось исправить семь последних сфирот, каждая из которых также делится на семь – всего 49 частей. Каждый день отсчета омера символизирует исправление очередной сфиры. Завершив этот процесс, мы достигаем ступени «Дарование Торы» – праздника Шавуот.

# Глава 9
# Шавуот

## Ночь невесты

*Свадебный полог, сияющая невеста и радостный жених, родственники и друзья, и, наконец, обильная трапеза – кто не знает, что такое свадьба. Но мало кто знает, что эта трогательная и захватывающая церемония, называющаяся хупой, учреждена... каббалистами.*

> «Рабби Шимон сидел и занимался Торой в ночь, когда невеста, Малхут, соединяется со своим мужем, Зеир Антином».

Так в книге «Зоар» начинается описание духовных процессов, стоящих за известной нам церемонией. Сколько удивительных вещей раскрывает нам эта книга. Оказывается, главное действующее лицо на свадьбе – невеста. Невеста – это собрание всех душ, желающих наполниться Высшим светом. Жених, Творец, ожидает, когда души пройдут исправление и смогут получить от Него Высший свет.

Общий духовный корень всех душ называется Адам Ришон. Раньше он объединял все души единым альтруистическим желанием отдачи. Но в процессе развития Адам Ришон разбился на отдельные души. Разбиение означает, что одно общее для всех стремление к Творцу исчезло. Души перестали ощущать друг друга. В них не осталось даже воспоминания о том совершенном состоянии, в котором они находились. Эгоизм, ощущение себя и только себя, захлестнул их вплоть до того, что осталось лишь ощущение материального мира. Наступило состояние духовной тьмы, из которого души обязаны вернуться в прежнее состояние единства. Позднее время проведения свадьбы, темнота, напоминает нам об этом.

«И все друзья, находящиеся в свадебном зале в эту ночь праздника Шавуот, обязаны вместе с женихом стоять под хупой и быть с ним всю ту ночь, то есть учить Тору».

Почему свадьба, о которой говорится в книге «Зоар», происходит в праздник Шавуот? Дело в том, что праздник Шавуот – это время получения Торы. Наука каббала объясняет, что слово «Тора» происходит от слова «ораа» (инструкция) и от слова «ор» (свет). Таким образом, в одном слове «Тора» сочетаются и само получение Высшего света, и инструкция по подготовке к этому – наука каббала.

**«А рабби Шимон был счастлив, и с ним – его товарищи. Сказал им рабби Шимон: «Сыновья мои, счастлив ваш удел, потому как завтра именно с вами явится к хупе невеста…»**

Друзья – вот кого каждая пара с радостью встречает на свадьбе. Друзья – это те люди, которые помогают и поддерживают жениха и невесту. А духовную поддержку оказывают настоящие духовные товарищи – каббалисты.

Дело в том, что выход из того духовного изгнания, в котором мы находимся, возможен при условии получения нами масаха (экрана) – единственной силы, которая может остановить наше эгоистическое желание получать ради себя. Масах на свадебной церемонии олицетворяется свадебным пологом – хупой, которую поддерживают друзья.

**«В эту ночь… все будут записаны в книгу памяти, а Творец благословит их 70-ю благословениями и украшениями корон Высшего мира».**

Ночь после свадьбы, долгожданное объединение жениха и невесты, говорит о том состоянии, которое называется Гмар Тикун (окончательное исправление). После длительного отрыва от духовного корня все души должны прийти к исправлению, а после этого – к наполнению Высшим светом.

Наше поколение, как никогда ранее в истории, оторвано от духовных ценностей. Эгоизм, в который погружено человечество, вышел на последнюю стадию своего развития. Он разрывает изнутри народы, семьи и каждого человека в отдельности. Именно об этом времени говорили каббалисты, как о времени исправления. На пороге Шавуот и вечер – время хупы.

## Глава 9. Шавуот

### ⓘ СТОЯНИЕ У ГОРЫ СИНАЙ
«Стояние у горы Синай» – это момент духовного прорыва. Его совершает группа людей, желающая стать народом и выйти из духовного изгнания. Они разобщены между собой и испытывают взаимную ненависть (ивр. – «сина»), которая описывается в Торе как «гора Синай». Когда сыновья Израиля впервые понимают, что спасение заключается в единстве между ними, тогда-то и происходит прорыв. Объединившись, они получают Тору – раскрытие Высшего света Творца. Сегодня разобщенность народа вновь подводит нас к подобному состоянию. Объединившись друг с другом, мы вырвемся к свету.

### СТОЯНИЕ У ГОРЫ СИНАЙ
«Стояние у горы Синай» – это момент духовного прорыва. Его совершает группа людей, желающая стать народом и выйти из духовного изгнания. Они разобщены между собой и испытывают взаимную ненависть (ивр. – «сина»), которая описывается в Торе как «гора Синай». Когда сыновья Израиля впервые понимают, что спасение заключается в единстве между ними, тогда-то и происходит прорыв. Объединившись, они получают Тору – раскрытие Высшего света Творца. Сегодня разобщенность народа вновь подводит нас к подобному состоянию. Объединившись друг с другом, мы вырвемся к свету.

### МОЛОЧНЫЕ ПРОДУКТЫ
В каббале молоко символизирует свойство чистой отдачи. Со дня нашего рождения лишь молоко является средством соединения матери и ребенка. На праздник Шавуот принято есть молочные продукты в знак того чудесного состояния, когда Высшая сила наполнит нас изобилием, словно любящая мать ребенка.

### ЗЕМЛЯ, ТЕКУЩАЯ МОЛОКОМ И МЕДОМ
«Земля, текущая молоком и медом» – говорится о состоянии, которое обещано народу Израиля в том случае, если он выполнит возложенное на него духовное предназначение и передаст всему миру методику раскрытия Творца. Но если народ Израиля уклоняется от своей миссии – земля Израиля превращается для него в «землю, губящую своих жителей».

### ГРЕХ ЗОЛОТОГО ТЕЛЬЦА
Грех золотого тельца символизирует такое состояние, когда человек отклоняется от цели творения, представляя себе духовный мир в материальном виде. Процесс внутреннего духовного развития, который проходит каждый человек, описывается в Торе. Если человек видит в этом тексте лишь историческое повествование, а не описание духовного пути к цели творения, то он совершает грех золотого тельца и отклоняется от цели, ради которой был создан.

### СЕМЬ ПЛОДОВ
В Торе сказано, что Земля Израиля благословенна семью плодами (пшеница, ячмень, виноград, инжир, гранаты, оливки и финики). Каждый плод символизирует одно из семи свойств духовного изобилия и ждет, чтобы мы «сорвали» и «отведали» его. Человек, который хочет насладиться этим изобилием, должен подняться над своей эгоистической природой, пройдя семь этапов, соответствующих семи сфирот его души. Взойдя на ступень «духовной земли Израиля», он вкушает духовные плоды, ради которых и проделал путь. И поэтому сказано: «Земля Израиля благословенна своими плодами».

### ПРАЗДНИК ПЕРВЫХ ПЛОДОВ
Праздник Шавуот, праздник дарования Торы, называется также «праздником первых плодов». Человек, который после больших усилий постигает свойства Творца, свойства любви и отдачи, пожинает первые плоды своих стараний и получает Тору – Высший свет, наполняющий его душу.

# Глава 10
# Девятое Ава

## Разрушение и созидание

> *Разобщенность, вражда,*
> *ненависть – вот что такое настоящее разрушение.*
> *Именно его символизирует*
> *9 ава...*

9 ава 1312 г. до н.э. – посланцы Моше убедили народ не входить в Эрец Исраэль
9 ава 586 г. до н.э. – Навуходоносор разрушил Первый Храм.
9 ава 70 г. н.э. – римляне разрушили Второй Храм.
9 ава 135 г. – пала крепость Бейтар; изгнание из Эрец Исраэль.
9 ава 1290 г. – изгнание евреев из Англии.
9 ава 1306 г. – изгнание евреев из Франции.
9 ава 1492 г. – изгнание евреев из Испании.
9 ава 1941 г. – указ Гитлера об окончательном решении еврейского вопроса.
...Надеемся, на этом список заканчивается.

Мы не раз говорили о том, что все явления в нашем мире – это результат воздействия сил, исходящих из Высших миров.

Каббала ведет речь не о разрушенных стенах Храма, воздвигнутого людьми, а о разрушенных сердцах, разрушенных взаимоотношениях между нами. Когда-то давно умерла наша любовь к ближнему, и с тех пор мы так и не воскресили ее.

Каббала всегда направляет наш взгляд сквозь внешние завесы внутрь – туда, где за маленьким окошком некий киномеханик заправляет пленку в проектор, чтобы прорезать его лучом мрак зрительного зала. Какие бы картины ни возникали на экране, их подлинный смысл заложен во взаимосвязи наших душ. Ведь это они, а не тела, составляют единый народ.

Чтобы понять уникальность и актуальность каббалистического подхода, давайте отправимся в короткое путешествие вглубь времен.

### Подъемы и спады

Авраам, такой же, как и все, идолопоклонник, отказался мириться с произошедшим в древнем Вавилоне взрывом эгоизма и разработал методику подъема над ним – науку каббала. В своем знаменитом шатре он обучал этой методике людей, из которых впоследствии образовалась первая в истории каббалистическая группа. С годами эта группа превратилась в народ Израиля, выстроенный не на этнической основе, а на близости по духу, по мировосприятию.

Впоследствии Моше тоже обучал тому, как подняться над эгоизмом с помощью любви и взаимного поручительства. Под его руководством народ сумел преодолеть грозившее ему разобщение. Начался духовный подъем, который продолжался вплоть до периода царства Давида и Соломона.

> «Связи, основанные на языке, религии и истории, абсолютно недостаточны, чтобы опереться на них, как на основу самостоятельного существования народа. Поэтому нам надо организовать особое воспитание, дабы внести в каждого из нас чувство любви и индивидуума к индивидууму, и индивидуума к обществу. И эта работа предваряет любую другую».
>
> *– Бааль Сулам, газета «Народ»*

Но затем начался кризис. Разросшийся эгоизм снова вырвался на волю, только на этот раз некому было вести людей и модернизировать каббалистическую методику.

Некогда единый духовный монолит покрылся трещинами раскола, и народ Израиля потерпел крах. Он утратил основу – внутреннюю взаимосвязь, свойственную ему со времени возникновения. Духовное падение стало неизбежным и повлекло за собой череду крушений – ведь внутренний развал ведет к внешнему разрушению.

Первый Храм пал.

Позже народу удалось снова объединиться, но и Второй Храм был разрушен: очередной скачок эгоизма вновь привел к расколу. Рабби Акива, пытавшийся остановить падение, остался неуслышанным. Беспричинная ненависть ввергла нас в пучину распрей, и в итоге мы оказались рассеянными по всему миру.

### На данный момент: все еще в изгнании

Сегодня мы по-прежнему живем на развалинах. Народ вернулся в свою страну, но изгнание, начавшееся почти две тысячи лет назад, еще не завершилось. Эгоизм опять рвется наружу, в сердцах все тот же развал. Разобщение вгрызается в нас с новой силой, а мы не желаем понимать происходящее, как будто ничего не происходит.

**Как же вернуть любовь в наши сердца?**

Наука каббала объясняет, что именно на дне, на самом низком уровне мы найдем решение. Сначала нужно «осознать зло» – увидеть, насколько мы разъединены и обессилены собственным эгоизмом. Правильный диагноз и искренняя боль за происходящее – первый шаг к излечению.

Тогда мы поймем, что все зависит от нашего отношения к ближнему, что возрождение народа может осуществиться только на духовном уровне. Иначе говоря, нам нужно воссоздать между собой те самые взаимоотношения, которым обучал Авраам.

# ЧАСТЬ ШЕСТАЯ

※

Человечество

*Для человека существует порядок ступенчатого развития, который не распространяется ни на одно существо – поэтапное развитие его мышления.*

*Хотя он уже не находится на уровне первобытного человека, но все-таки еще далек от совершенства. И потому до сих пор управляется он войнами позитивных и негативных сил – верных посланцев, ведущих все человечество к совершенному состоянию».*

Бааль Сулам

# Глава 1
# Неоспоримая правота природы

## Единое поле

### Вступление

Каббала учит, что существует определенное количество желаний. В каждом из нас они находятся в различных сочетаниях, поэтому мы отличаемся один от другого. И еще. Все желания стоят, словно в очереди за дефицитом, в ожидании наполнения. При первой же возможности «наш компьютер – разум» моментально приводит желания в действие.

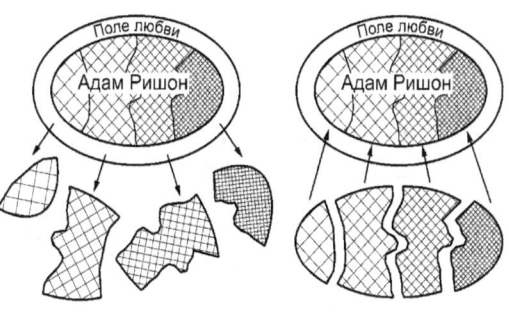

### Устройство Адама

В духовном измерении существует конструкция, объединяющая все человечество в единое целое. Она называется Адам Ришон. В ней все мы находимся в гармоничной связи между собой. При этом каждый полностью сохраняет свою индивидуальность, что не только не мешает, а, наоборот, идет на пользу всем. Это наше будущее исправленное состояние, в которое мы, сегодняшние, должны прийти.

### Гармония

Возникает вопрос: «А не утопия ли это?» Ведь весь опыт человечества говорит об обратном. Если бы нам показали пример такой гармонии – тогда другое дело. Оказывается, за примером гармоничного, идеального объединения индивидуалистов далеко ходить не надо. Это наше собственное тело! Организм, состоящий из бесконечного количества элементов, функционирует в абсолютной гармонии, да еще как функционирует!

Почему же Творец, создав наше тело так гармонично, не позаботился о гармонии между нами? Дело в том, что мы сами, своими усилиями, должны создать такую гармонию между собой. В этом и заключается наше участие в творении, это и есть наша свобода воли.

### Кто против

На самом деле никто не против такой гармонии. Наоборот – пусть все, словно клетки организма, обеспечат мне все необходимое и устранят все ненужное. Это представить можно. Трудно представить другое: как я один, точно клетка, смогу заботиться обо всех. И что мне за это будет?..

### Что нам за это будет

Если мы достигнем гармонии – тогда... И желания, и разум, и знания всех людей, когда-либо живших на Земле, станут моими, и поэтому наполнение всех желаний, то есть абсолютно все наслаждения – они мои. Но картину необходимо дополнить. Дело в том, что все это заложено в программе творения, поэтому, хотим мы этого или нет, мы к этому придем. От нас зависит только – когда и как.

### Поле

Остается только один вопрос: «Что находится в основе всеобщей гармонии?» Каббала отвечает на это просто – любовь!

Мощным, единым полем такой любви защищен Адам от проникновения в него чужеродных, эгоистических объектов. Можно представить это и иначе. Любой объект, имеющий такое поле, мгновенно притягивается в единую душу и поглощается ею.

### Что у нас есть

Нам даны желания и разум. Ничего другого нет, не будет и быть не может. Природой это не предусмотрено. Поэтому именно с этими данными нам и нужно работать. Задача наша непростая – вырваться из эгоистического поля, где мы находимся сегодня, и попасть в притяжение поля альтруистического, поля любви. Человечество не раз пыталось из эгоистов сделать альтруистов, и всегда это заканчивалось одним и тем же – еще большей ненавистью. А причина неудач совершенно прозаическая – мы просто не знаем, как это сделать! И только с помощью методики каббалы, обладающей всеми сведениями об устройстве, материале, механизмах работы желаний, можно изменить поле ненависти на поле любви.

## Закон
*Бааль Сулам, отрывки из статьи «Мир»*

Я не любитель формальной философии и ненавижу любые исследования, проведенные на теоретической основе. Большинство моих современников согласны со мной, потому что слишком много испробовали мы в этой области. Если шатка основа, то при малейшем сотрясении рухнет все здание, а потому я не пишу здесь ни одного слова, не прошедшего проверку опытом.

Управление творением исходит от Творца, и во всех Его действиях есть цель – ведь никто не действует бесцельно. Общая цель развития базируется на всех законах природы без исключения, и ей вредит каждый, кто преступает хотя бы один из них.

Природа накажет всякого, кто нарушил даже один ее закон, так как это нарушение наносит ущерб общей цели. А посему и нам нельзя жалеть такого человека, ибо он пренебрегает законами природы и принижает цель Творца.

В итоге все согласны с тем, что на нас возложено выполнять заповеди Высшего управления, другими словами, законы природы. И все признают, что человек, нарушивший заповедь Высшего управления, достоин наказания, которому подвергает его природа. Наказание даже желательно для него. Таким образом, суть закона одна, и в этом нет между нами разногласий.

Будет лучше, если мы придем к общему знаменателю и примем слова каббалистов о том, что гематрия (числовое значение) слова «природа» (הטבע) такое же, как у слова «Бог» (אל-הים), и составляет 86. **Тогда законы Творца я смогу называть «заповедями природы», или наоборот, так как это одно и то же.**

Однако при нарушении закона о благе общества кара не постигает нас на месте. Наоборот, наказание приходит косвенно, и потому закон этот не соблюдается как положено. И жарится человечество на огне в жутком котле, а беды и страдания не отступили от него и по сей день. И что удивительно: природа, как компетентный судья, наказывает нас, принимая во внимание наше развитие. Ведь мы видим, что чем дальше развивается человечество, тем больше наши бедствия.

> «И волк будет жить рядом с агнцем, и тигр будет сидеть с козленком; и телец, и молодой лев, и вол будут вместе; и маленький мальчик будет водить их».
>
> — Пророки, «Йешайа»

Итак, перед вами научно-экспериментальное подтверждение тому, что управление Творца заповедало нам всеми силами и с предельной точностью выполнять заповедь «любви к ближнему».

Пока мы ленимся выполнять ее в полной мере, природа не перестанет наказывать нас и мстить нам. Учитывая те бедствия, которые мы претерпеваем в настоящем, нужно также принять в расчет опасности, грозящие нам в будущем. Следует сделать из этого верный вывод о том, что природа, в конце концов, победит нас, и все вместе мы обязаны будем сообща выполнять ее законы в полной мере, которая от нас требуется.

## Гармония природы

Наблюдая окружающий нас мир, мы можем подумать, что имеем дело с множеством хаотических и противоборствующих сил природы: вода и ветер разрушают горы, пшеничное поле зарастает сорняками, лев ест ягненка. Так думали древние греки, поместившие у себя на Олимпе множество богов, каждый из которых отвечал за определенный аспект этих сил. Более широкий и глубокий взгляд на вещи позволяет видеть, что в природе все взаимосвязано. Окружающий нас мир представляет собой набор взаимозависимых, самонастраивающихся систем. Неживая природа, растения, животные и даже человек, как биологический организм, склонны самостоятельно находить

# Глава 1. Неоспоримая правота природы

«Человек! Не ищи иного виновника зла. Этот виновник – ты сам».

-- Жан Жак Руссо

ту точку равновесия, которую в науке принято называть гомеостазом. Процессы адаптации и поддержания динамического равновесия работают все время, но становятся особенно заметными при вмешательстве человека. Многие помнят об экологических катастрофах, к которым в свое время привели уничтожение комаров в России или воробьев в Китае. Комары – маленький и, как казалось, вредный элемент природы, но без них погибли рыбы и лягушки, которые питались их личинками, заболотились реки и озера, стала изменяться почва и гибнуть лес. Примеров равновесия и самоадаптации природных систем великое множество, но что же является той основой, которая объединяет природу и поддерживает ее гармоничное равновесие?

## Река жизни

*По предисловию к книге М. Лайтмана «Раскрытие Творца»*

*Мальчик строил лодку.*
*И построил лодку.*
*И поплыл по речке*
*В тихую погодку.*

*Д. Самойлов*

Каждый задает себе вопрос: «Как могу я изменить свою судьбу, то, что предначертано мне? Как узнать, что хорошо в моем будущем и что плохо? Как заменить плохое на хорошее?»

Кроме этих утилитарных вопросов человека сегодня больше ничто не интересует! Решением глобальных вопросов человечество уже давно перестало интересоваться, поняв, что они не приведут к общему благоденствию.

Никакие науки в мире, богатство, могущество не могут изменить рок, предначертанный каждому! И это потому, что все мы, подобно маленьким лодочкам, неудержимо несемся по течению реки жизни, реки времени. Ее поток несет лодочку каждого из нас точно по тому пути, который уже заранее предначертан каждому.

Происходит это потому, что все мы рождаемся с заранее заданными внутренними свойствами, в заранее заданных внешних условиях. Все это не оставляет нам никакой возможности для вольных решений: наоборот, все решения могут быть заранее просчитаны и предсказаны, если бы мы знали все внутренние свойства человека и внешнее влияние на него. В нашем настоящем состоянии мы являемся не более чем роботами, не осознающими даже вынужденности своего мышления и поведения.

Задача природы, как проявление Высшего управления, заключается в постепенном подведении нас к осознанию вынужденности нашего состояния. Мы должны осознать его, оценить как отрицательное и устремиться к истинно совершенному состоянию.

Достижение этого состояния задано Высшим управлением, Творцом, как цель развития всего человечества, к этому Он ведет нас заложенной заранее внутри нас программой развития.

Поэтому Творец влияет на нас постоянно меняющимися воздействиями, а мы немедленно вынужденно реагируем на них, каждый – согласно своим природным свойствам. Однако мы – существа, ощущающие наслаждение или его отсутствие. Такими нас создал Творец, только это мы в состоянии ощущать. А потому проходящие по нам постоянно меняющиеся воздействия извне мы ощущаем как более или менее хорошие (наслаждающие) или плохие (вызывающие страдания).

Вследствие этого мы накапливаем опыт хорошего и плохого и таким образом подготавливаем себя к осознанию и ощущению цели творения – осознанию того, что же такое истинное наслаждение. Это осознание должно представиться нам как одно единственное решение – необходимость ощущения Творца, вплоть до слияния с Ним!

Расцвет всевозможных «духовных» учений в наше время является следствием того, что Творец посылает нам свыше всё новые проблемы, которые вызывают в нас именно такие формы их решения, как заинтересованность в развитии «выше нашей природы».

И неважно, что пока еще мы интересуемся надуманными, а не истинными средствами изменения своей судьбы, мечемся в отыскании эликсира удачи и здоровья. Эти поиски и разочарования постепенно разовьют в нас способность к осознанию и опознанию истины.

Вот тогда-то каждый и все человечество в целом поймет уникальность метода каббалы в исправлении судьбы, осознает, убедится, что эта методика не придумана человеком, а ниспослана свыше самим Творцом.

Если действительно каждый из нас подобен маленькой лодочке, безудержно и неуправляемо несущейся по реке жизни, то для того, чтобы изменить свое движение, как-то противостоять потоку, надо иметь свой мотор, свои силы.

А поскольку эта река – река жизни, по которой несется весь наш мир, то противодействовать ее течению может только тот, кто имеет силы выше нашего мира. Потому что вся природа нашего мира заключена в самой реке или в нас, несущихся по ней.

«В природе человека заложена возможность подняться над страстями нашего материального мира и получать наслаждение от более важных вещей – от постижения духовного мира. И тогда он сможет ощутить настоящую радость».

-- РАБАШ, «Даргот а-Сулам»

Человечество подсознательно давно уже осознало это и потому всегда обращалось к шаманам, колдунам, экстрасенсам, предсказателям и прочим, якобы обладающим высшей силой.

Но и эти обращения постепенно принесут горькое разочарование, умрут все надежды на чудеса, окажется несбыточной вера в возможность избавления от напастей изменением имени, покупкой амулета и прочее. Правда, пока у всего общества произойдет это общее осознание ничтожности подобных средств, пройдет еще не один год бесплодных надежд и веры в заклинания, благословения, камеи и амулеты.

Но постепенно количество разочарований каждым перейдет в качественно новое отношение к шаманству у всего общества, в том числе и у тех, кто не прошел путь надежд и разочарований... И только единственный метод изменения своей судьбы, каббала, предстанет пред всеми не как надежда, а как средство избавления от страданий.

Что же предлагается вместо амулетов и заклинаний? Простое чтение истинных каббалистических книг. На любом понятном вам языке. Истинных – потому что каббалист находился во время их написания на определенном духовном уровне. Поэтому его тексты связаны с высшим внутренним светом, которого он достиг.

А для читающего этот свет будет светить как окружающий, потому что в нем еще не исправлены внутренние свойства. Но этот окружающий свет постепенно подготовит его к получению внутреннего света, и у человека появятся свои личные духовные силы управлять своей судьбой.

# Глава 2
# Мужчина и женщина

## Еще раз о любви

Все происходящее с нами – лишь отражение высших законов, основанных на принципе получения и отдачи. Любая наша эмоция, любое действие продиктованы одним: возможностью и необходимостью удовлетворения желания. Поэтому я люблю то, что доставляет мне наслаждение. А если нечто приносит мне страдания, то я ненавижу источник этих страданий. Я приближаюсь к тому, кого люблю, желаю обрести с ним связь и быть вместе. Но как только обнаруживаю, что, может быть, это не так уж хорошо для меня, начинаю охладевать к нему и отдаляться.

В каббале расчет прост: «плюс – минус». Величина «плюса» – это мое стремление к объекту наслаждения, величина «минуса» определяет желание отдалиться от него. Вот и все.

Любовь – такое же эгоистическое чувство, как стремление к насыщению, безопасности, богатству, власти, знаниям. Романтическая фраза: «я люблю тебя» – по своей природе абсолютно аналогична весьма прозаическому выражению: «я люблю рыбу». Есть еще любовь к Творцу. Это высшая форма любви – альтруистическая. Она включает в себя любовь к человечеству.

Состояние, которое мы считаем «любовью», зависит от развития желания, а оно, в свою очередь, от «скрытия и раскрытия». Сказано еще в Торе: «Раскрыть можно только одну часть, но даже при этом ты обязан две части прикрыть». Только в таком случае ты гарантируешь сохранность желания и, соответственно, наслаждения в будущем.

На этом построен весь флирт – на игре в возможность удовлетворить желание. Именно эта игра его усиливает. А возможность легкого достижения, наоборот, снижает. В этом заложен очень глубокий смысл. «Сокрытие» исходит из сокрытия Творца – это Его свойство, это очень важная категория для развития духовной составляющей человека. Попеременное усиление и ослабление влияния на нас Высших сил и рождает настоящее желание. Мы пробуем что-то – нам нравится, а потом это что-то исчезает, и мы начинаем искать его, стремимся воспроизвести потерянное ощущение.

Еще один стимул к сохранению желания – это страх потерять любимого. В нашем мире – это эгоистический страх остаться без чего-то ценного для себя; в Высшем мире – это страх лишиться возможности отдавать, любить.

Но в любом случае, механика любви – это умение сохранять желание.

В нашем материальном мире желание и его наполнение соответствуют мужскому началу и женскому. Мужчина воплощает в себе наполнение (влияющую, дающую часть, «свет»), а женщина – желание (сосуд, «кли»). Поэтому мы находимся во взаимном поиске. По мере исправления и возвращения в свой корень, мужская и женская части человечества смогут правильно дополнить друг друга и обрести счастье.

Великий каббалист Бааль Сулам объясняет нам, что во всем мироздании действует всеобщий закон подобия свойств. Согласно ему, мы, как взаимодействующие объекты, ощущаем, воспринимаем, понимаем только то, что является общим между нами. Если между нами нет никакого общего свойства, если нет хоть какой-то общности в сознании, мы не способны ощутить и понять друг друга.

Таким образом, если мужчина и женщина поддерживают друг друга в стремлении к достижению и ощущению вечного существования, между ними возникает взаимная глубокая связь, которая помогает выйти за рамки эгоистических расчетов, и они открывают для себя мир бесконечных, бескорыстных чувств, наполненных вечным светом. Только в соединении противоположностей, когда они ради этого убирают своей эгоизм, создается семья, способная породить новую жизнь.

Отсутствие любви является одним из сильнейших мотивов, толкающих нас к исправлению нашей эгоистической природы. В сущности, именно поиск любви подсознательно толкает все человечество вперед, потому что в итоге наша общая цель определена как вечная любовь. И все ступени, по которым мы поднимаемся, исправляем себя, приближаемся к духовному идеалу, являются ступенями претворения любви.

Это не так просто, как нам кажется. Благодаря этому мы видим, что любовь не присутствует в нашем мире, на нашем уровне, что для достижения любви мы должны подняться из нашего мира в мир бескорыстной духовной отдачи. Человек, любящий альтруистически, чувствует наполнение Бесконечностью. Это наполнение обретает тот, кто любит, а не тот, кого любят. Поэтому, на самом деле, надо стремиться любить, а не быть любимыми. И чем быстрее мы начнем подниматься над нашим эгоизмом, тем быстрее ощутим бесконечность течения жизни и любовь. Ведь высший свет – это свет любви.

## Врозь и вместе

### Учимся соединению

Каббала предоставляет мужчине и женщине точку соприкосновения, основу для совместной работы по объединению в совершенную семью. Сделать это можно только одним способом – выстроив между нами такие же взаимоотношения, как между творением и Творцом. В таком случае все наши отличия становятся верной подмогой на пути к цели.

Не верится? Все дело в том, что желание – главный фактор духовного развития. Пока душа не захочет, Творец не даст ей обещанного изобилия. Ведь это стало бы уже не даром любви, а даром растраченной любовью. Необходима настоящая потребность, чтобы «повернуть кран» в горловине рога изобилия.

### Взаимозависимость

Мужчина и женщина равны, взаимозависимы и абсолютным образом дополняют друг друга. С одной стороны, мужчина не может продвигаться к следующей ступени без женщины, а с другой стороны, женщина не сможет наполниться светом Творца без мужчины.

Но вот проблема: кто-то должен подстегнуть мужчин к действию – здесь-то и проявляется роль женщин. На них возложено пробуждать в мужчинах желание двигаться навстречу Творцу.

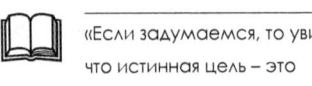

«Если задумаемся, то увидим, что истинная цель – это слияние с Творцом, и только это даст нам настоящее наслаждение. А все остальное, что считается благом у человечества – это всего лишь ненужная иллюзия».

-- Рав Кук, «Орот Акодеш»

### Вместе к цели

Каббала объясняет нам, что мужчина и женщина, продвигающиеся вместе духовным путем, создают между собой связь иного уровня, прочную и нерушимую. Их жизнь наполняется новым содержанием, позволяя приподняться над конфликтами этого мира. Они соединяются ради более высокой цели и создают новую духовную структуру, которая не является ни мужской, ни женской. Это сосуд, в который вливается высшее изобилие, вечная жизнь. Такого не достичь порознь.

Как же ему понять ее, а ей – его? Как прислушаться друг к другу? Как полюбить друг друга? Для этого нужно вместе приступить к духовному развитию. Самый чудесный подарок супружеской жизни – возможность взойти на ступень, недоступную отдельным «осколкам» того или иного пола. Тогда семья обретает истинный смысл, и две души вместе, рука об руку идут навстречу счастью.

## Отпечаток души

*Беседа ученого-каббалиста, рава М. Лайтмана с ведущей канала «Израиль Плюс» Е. Яраловой*

**Е. Яралова:** Уважаемый рав! После одного из ваших интервью (я сразу поняла, что это интервью было с женщиной) вышла статья, которая называлась: «Рав сказал, что любви нет».

Так есть или нет?

**М. Лайтман:** В нашем мире, конечно, нет любви в том смысле, который мы хотели бы ей придать. Ведь все мы – эгоисты, и если я кого-то люблю, значит, мне это приятно, выгодно, удобно.

Каббала утверждает, что любовь – слово, которое мы так часто используем, – это на самом деле любовь к наслаждению. Таким образом мы созданы – как желание насладиться, наполнить себя. Это может быть искусство, наука, культура, дети, запахи, лужайка зеленая… всё. И вот это желание насладиться – и есть желание любви.

А если бы этого наслаждения не было, любили бы мы? Конечно же, нет.

Так вот, каббала говорит о том, что мы можем подняться над своим земным стремлением к обычному наслаждению и достичь такого состояния, когда наша любовь, отношение друг к другу не будет зависеть от того, нуждаюсь я в тебе, чтобы насладиться, или нет. Ведь даже дети – это объект нашего наслаждения. Если бы я ими не наслаждался, то никогда бы о них не вспомнил, как не помню о соседских детях.

**Е. Яралова:** Я всегда говорю детям: «Неважно, что вы сделаете, я люблю вас в любом случае». Хотя не всегда наслаждаюсь…

**М. Лайтман:** Ну, это потому, что в вас заложено естественное, животное, материнское чувство. Вы их любите, потому что природа вас вынуждает к этому. В противном случае вы бы о них и не вспомнили.

Я не хочу грубо говорить, но истина в том, что все наши чувства происходят оттого, что я наслаждаюсь каким-то объектом, и поэтому я его люблю, он наполняет меня. Поэтому мы и говорим: «Я люблю эту песню, я люблю эту картину, а эту не люблю, а это мне не нравится, а это…», и так далее.

**Е. Яралова:** Вы всегда говорите, что мы – часть природы (согласна, чего тут спорить), хотя и очень сильно от нее оторвались… А все-таки, мы чем-то отличаемся от животного мира?

**М. Лайтман:** Биологи говорят, что мы ничем не отличаемся, что мы, например, так же подсознательно выбираем самку, как и животные, что нас тянет друг к другу по каким-то внутренним порывам, чисто животным инстинктам, заложенным в нас.

С другой стороны, мы, конечно же, находимся под влиянием окружающего общества – тем, что нам все время пытаются навязать какие-то нормы прекрасного, нормы вкуса: это красиво, это некрасиво, и так далее. И я, глядя на экран телевизора, вижу, что же это за символ красоты, и в соответствии с этим эталоном ищу для себя нечто подобное. А когда я уже выбрал и живу вместе, оказывается, что это совсем не в моем вкусе, а по вкусу, который мне продиктовало общество.

Человек не чувствует внутреннего, природного, я бы сказал даже, животного тяготения к тому образу, который перед ним, потому что это не отвечает его естественному вкусу, и расстается.

Мы видим это очень часто. Мне кажется, что в этом кроется причина многих разводов.

**Е. Яралова:** Хорошо. А теперь объясните мне, пожалуйста, что такое мужчина и что такое женщина – конечно, с точки зрения каббалы.

**М. Лайтман:** С точки зрения каббалы, мужчина и женщина в нашем мире – это отпечатки душ в материи. Они из разных духовных корней, поэтому, с одной стороны, мужчина и женщина противоположны, а с другой стороны, взаимодополняют друг друга.

Соответственно тому, что есть мужские и женские души, в нашем мире есть мужские и женские тела со всеми их, так сказать, внутренними свойствами, желаниями, способностями, навыками и вообще всем тем, что должно с ними произойти, исходя из их душ. То есть тело в нашем мире является просто копией, отпечатком души, и проходит определенные этапы своего развития – коротенький жизненный путь, а душа продолжает жить дальше, переселяется в новое тело, и так далее.

И всегда мужчина в мужчину, а женщина в женщину.

**Е. Яралова:** А ошибки могут быть?

**М. Лайтман:** Нет, не может быть никаких ошибок. Вы, видимо, имеете в виду гомосексуалистов, лесбиянок, душевнобольных и так далее...

Взаимодействие душ, на самом деле, – это очень сложная система, и подобные явления в нашем мире – результат строгого, точного расчета.

**Е. Яралова:** Тогда так. Я читала в одном из ваших интервью (что меня, кстати, очень обрадовало, мой эгоизм погладили), что общепринятая фраза: «Творец создал женщину из ребра мужчины» – результат не совсем точного перевода. Может быть, правильнее сказать: «отражение»?

**М. Лайтман:** Да, именно отражение, зеркальное отражение. То есть мы не ниже и не выше, мы друг против друга, зеркально подходим друг другу.

Я постараюсь это объяснить.

Начнем с того, что многие нас упрекают: почему мы не допускаем к занятиям женщин, почему они, вроде бы, не занимаются вместе с мужчинами? А дело в том, что у женщин совершенно иная методика духовного возвышения – через мужскую группу.

Эгоизм мужчины, его эгоистические порывы, конечно, ужасны по сравнению с женскими. Женский эгоизм намного проще, намного мягче, хотя он может быть коварней... Но на животном уровне, не более того. А у мужчины – это на более высоком уровне, и поэтому мужчина нуждается в очень серьезной методике исправления.

Женщина в этом отношении ближе к природе, ее движения в нашем мире более естественные, и поэтому ее исправление происходит намного легче. Ну, мы не говорим о том, что происходит в современном обществе, где все искусственно и настолько все изуродовано...

В общем, все проблемы в мире создают мужчины.

А женщины действительно требуют от жизни лишь самого необходимого. То есть если бы женщине дали только семью, детей, ее мужчину – нормальную, так сказать, обстановку, она была бы этим полностью удовлетворена, и мир не был бы, конечно, таким испорченным.

**Е. Яралова:** Да, но этого почему-то не происходит.

**М. Лайтман:** Поэтому-то наш мир такой несчастный. Женщина может стремиться к идеальному состоянию, но...

Мы все являемся эгоистами, мы постоянно эгоистически развиваемся, в каждом поколении эгоизм наш все больше и больше растет. И поэтому мы все больше и больше отдаляемся друг от друга, ненавидим друг друга, пытаемся использовать друг друга, насладиться ради себя в любом, самом грубом, простом виде.

Если мы хотим на самом деле достичь хоть какого-то минимального брачного – или не брачного, неважно, – союза между мужчиной и женщиной, мы должны объяснить им, в чем заключается их природа и каким образом, вообще, это возможно.

**Е. Яралова:** Так в чем?

**М. Лайтман:** То, что воспевает «Песнь Песней», то, о чем говорится в книге «Зоар»: в природе заложено совершенно иное состояние, противоположное тому, к чему мы сегодня стремимся. Мы должны подняться выше своего эгоизма, там находятся настоящие чувства, там желания не ради того, чтобы наполнить себя, и тогда лишь между нами возникает связь. Эта связь будет именно от себя: я – в тебе, а ты – во мне.

Вот тогда мы придем к правильному взаимодействию: один дает «емкость», а второй имеет возможность ее наполнения.

Я не хочу, конечно, разочаровывать никого. Я объясняю с точки зрения знания законов природы. И поэтому мне нечего стыдиться и извиняться за природу. Наоборот, чем мы ее лучше будем знать, тем меньше собственных ошибок сделаем и будем как-то приближаться к комфортному состоянию.

**Е. Яралова:** Решение может быть спущено сверху? Или оно уже есть?

**М. Лайтман:** В рамках нашего мира решения не будет.

Мы пользуемся в нашей жизни штампами, которыми нас напичкали средства массовой информации, общество, окружающая среда. И я не выбираю – я читаю то, что они рекомендуют, смотрю то, что они показывают, думаю так, как они, поступаю, в итоге, так, как они хотят. Я все время состою из каких-то заданных, как бы фрагментарных состояний: я должен делать так, сяк. И я так делаю поневоле, это мне навязывает окружающее общество.

Конечно, это все разыгрывается, потому что таким образом проще манипулировать обществом. Неужели вы думаете, что это не технология обработки населения? Неужели такие процессы власти упускают и пускают на самотек? Где это видано? В России «пустили» на 10 лет и теперь быстренько прибирают все обратно к рукам. Да и в любой стране мира… Все проблемы, которые нам показывают, и эти ничтожные сериалы – это все для обработки населения.

Задурить, забить население, чтобы оно удовлетворилось этим ширпотребом, сидело и молчало. А что мы будем делать с этой массой, если она станет немного более разумной, начнет думать? Кому это надо?

**Е. Яралова:** Кто виноват, я поняла. Что делать?

**М. Лайтман:** Человек должен приподняться над своими желаниями, выйти из них, оторваться от них – а это невозможно без той методики, которую дает нам наука каббала, – тогда у него появится возможность ощутить желания другого.

Вы перестаете быть эгоистом: вы желаете ощутить мои желания, пустоту, которая во мне, и все, что есть у вас, – только для того чтобы наполнять меня.

Это и называется «возлюбить ближнего как себя». Как сегодня я люблю себя и полностью наполняю себя, и только об этом думаю, – я должен выйти из себя и таким же образом возлюбить ближнего. То есть полностью всего себя как бы снарядить на то, чтобы наполнять его.

Вот это – любовь.

> «Развить в нас чувство осознания зла, которое заложено в нас с рождения и определяется как любовь к самому себе, для того чтобы прийти к абсолютному добру, которое определяется как любовь к ближнему, – в этом смысл науки каббала. И это единственная возможность постичь основной закон природы – закон любви».
>
> -- *Бааль Сулам, «Свобода воли»*

# Глава 3
# К проблеме здоровья человека

## Записки практикующего врача

Мы трепетно относимся к своему телу – ведь его состояние во многом определяет комфорт нашего существования. Медицина разработала системный подход к изучению болезней и борьбе с ними. Она определила причины: вирусы и бактерии, радиационные, химические факторы, нарушения в питании, гиподинамия и стрессы, снижение иммунитета... Кто может с этим спорить? Но факт остается фактом: несмотря на развитие медицины, мы продолжаем болеть!

Именно поэтому во всем мире на полную мощность запущен печатный станок, тиражирующий «литературу» на тему здоровья. Спрос опережает предложение. Мы с великим интересом читаем научно-популярные статьи о современной медицине и о чудесах ее нетрадиционной части. Даже полный бред неизвестного происхождения на тему здоровья мы тоже читаем.

Мало того, мы готовы применять и применяем этот бред на себе. Иногда доходим в этом до абсурда, нанося огромный вред своему здоровью.

Вместе с этим, страдания, а порой и безысходность, которые несут болезни, толкают человека в «сферу духовную». Любой практикующий врач подтвердит, что чем серьезней заболевание у пациента, тем вероятнее на тумбочке увидеть Библию, Тору, Коран. Больной пытается ответить на вопросы: «За что меня так? Кто или Что может мне помочь?» Ведь когда нам хорошо, нас не заботит вопрос: кто я, зачем живу?

Однако жизнь неизбежно заканчивается смертью. Так что же там, за чертой? С телом все ясно – предали земле (воде, огню), и дело с концом. А с моим «я» что? Куда оно девается? Инстинктивное ощущение человека, что он не исчезает со смертью, было всегда. Но как проверить?

Итак, есть тело, которое болеет и умирает, и это самый точный медицинский факт; и есть «я», которое появляется неизвестно откуда и исчезает неизвестно куда. Медицина духовные аспекты учитывать не способна, даже психиатрия.

Сегодня, в начале XXI века, все больше ученых, в том числе и моих коллег-врачей, приходит к выводу, что причина болезней, как и всех остальных проблем человека, находится не в окружающем нас мире и даже не в биологическом теле, а внутри его «я». Отсюда вывод: только изменив себя, свое «я», мы сможем решить наши проблемы, в том числе и болезни.

Недаром сказано мудрецами: «Не пытайся изменить мир – это невозможно. Измени себя и мир изменится!»

## Натиск пустоты

### Аффективное расстройство? Не расстраивайтесь

Сезонное аффективное расстройство больше известно в народе как зимняя депрессия. Наступает она чаще всего зимой и сопровождается столь неутешительными симптомами, что я позволю себе опустить их список. Зимнее солнце дарит нам меньше света, пасмурная погода навевает мрачные мысли, и весь мир тускнеет на глазах.

Однако пугаться не стоит, справиться с этой напастью не так уж сложно. Надо только поддерживать заведенный распорядок, активную физическую деятельность и правильное питание. Под заунывным вдохновением зимней меланхолии даже слагаются рассказы и песни.

Другое дело настоящая, «матерая» депрессия. За последние годы она превратилась в эпидемию, угрожающую всем людям Земли, и особенно западному миру. Психологи и психиатры накопили колоссальный запас знаний и, тем не менее, они не в силах решить эту проблему. Ясно одно: причиной болезни служит потеря смысла жизни, пустота, поглощающая человека изнутри.

### Она рядом

Несколько лет назад по делам службы я поддерживал отношения с одной адвокатской конторой. Там работала Рути (имя изменено) – образчик современной молодой женщины. Это была 30-летняя жительница Тель-Авива с высшим образованием, уже успевшая сделать карьеру, заработать деньги, обзавестись друзьями и насладиться благами цивилизации.

Рути назначили главой нашего совместного проекта, и вот, через два месяца я начал замечать, что с ней происходит что-то неладное. Она располнела, постоянно выглядела усталой и уже не проявляла прежней проницательности и интуиции. В какой-то момент я почувствовал, что ее мысли витают где-то далеко.

За время нашего знакомства мы несколько расширили тематику общения и часто обсуждали вопросы, не связанные с работой. Однажды, на исходе дня, она сказала мне, что в ее жизни возник невосполнимый пробел.

– Я больше не вижу смысла вставать по утрам, выходить из дома, спешить куда-то... Понимаешь?

Я как мог попытался утешить ее, поговорить по душам, обнадежить. Под конец даже посоветовал сходить к врачу. Но, наверное, было уже поздно. Через несколько недель после этой беседы ее состояние катастрофически ухудшилось. Она почти не появлялась на работе, перестала отвечать на звонки, а затем и вовсе закрылась дома, порвав связь с внешним миром. Спустя еще несколько месяцев она покончила с собой.

### Что приуныли?

Я вспомнил о Рути, когда прочел статью «Неврастеники, надоели» в приложении к газете «Едиот ахронот». Эта публикация стала в общий ряд весьма тревожных новостей, из которых следует однозначный вывод: кризис обостряется.

По данным Королевского психиатрического колледжа (Англия), каждая пятая женщина и каждый десятый мужчина испытывают депрессию на определенном этапе жизни. В Израиле только за последний год было выписано более 2.3 миллиона рецептов на антидепрессанты.

И все же никакие лекарства и процедуры не решают проблему в корне. Новые усовершенствованные препараты частично облегчают страдания больных – и только. В интервью «Едиот ахронот» психиатр и психоаналитик д-р Порам Юваль объяснил, что такие лекарства, как «Прозак» и его новые производные, подавляют симптомы заболевания, но не устраняют его причину. «По-видимому, мы единственные существа в мире, которые осознают неотвратимость собственной кончины и кончины своих любимых. Люди удручены смертью, жизнь лишена смысла».

Решения нет, мир медленно, но верно погружается в трясину безысходности.

### Покончить с наивностью

Последнее столетие ознаменовалось потерей надежды – надежды на лучшее будущее. Д-р Хагай Орен, психиатр, директор отделения в психиатрической клинике «Абарбанель», высказывается вполне определенно: «Если в прошлом, по утверждению Фрейда, люди были счастливы, имея возможность любить и работать, то сегодня этого уже недостаточно. Люди хотят и ищут чего-то большего, чем эта жизнь».

Каждый раз, достигнув пика своих ожиданий, мы обнаруживаем новую вершину и отправляемся на ее покорение. Бесконечная гонка за иллюзией счастья приводит к обратному результату: мы чувствуем, что счастье ускользает все дальше.

Именно об этом писал еще 60 лет назад великий каббалист Бааль Сулам: «Речь идет о гнетущем вопросе, который задают все: «В чем смысл нашей жизни?»... Суть вопроса осталась неизменной во всей своей силе и горечи и иногда застигает нас врасплох, прожигая разум и унижая в прах, прежде чем нам удается найти всем известное ухищрение – отдаться без рассуждений потоку жизни, как и вчера» («Предисловие к ТЭС»).

И все же, в отличие от психиатрии, каббала с уверенностью утверждает, что человек способен реализовать весь свой потенциал оптимальным способом, получая радость от жизни. Просто этому нужно научиться.

В середине прошлого века Бааль Сулам сформулировал принципы развития, согласно которым желание наслаждений является насущной потребностью и основным мотивом поведения. Мощь и качество желаний постепенно растут, новые устремления вырываются на первое место, а прежние отходят на задний план.

Так продолжается до тех пор, пока не остается ничего. Все богатства земли, слава, власть, знания о мире и высокие идеалы неспособны удовлетворить человека. Тогда-то и начинаются поиски чего-то более высокого, поиски смысла жизни.

Все больше людей, пишет Бааль Сулам, поднимаются на эту ступень, но не находят верного решения. В тупике возросших желаний беспомощность и отчаяние становятся невыносимыми, а потому прогрессирующая депрессия вполне закономерна.

**Дайте мне смысл жизни!**

Смысл жизни – дело серьезное. Если нас не пугает это словосочетание, то сначала нужно понять одну простую вещь: мы созданы для бесконечного наслаждения. Именно поэтому во всех нас заложено базовое стремление насладить себя. Оно диктует ход нашей жизни и определяет, насколько мы счастливы или несчастливы в каждый конкретный момент.

Проблема в том, что наша потребность бездонна. Мало того, чем больше наслаждений мы кидаем в эту бездну, тем больше она становится. Пустота наступает на пятки, поглощая все, чем мы пытаемся ее ублажить, и когда под рукой у человека ничего не остается, она проглатывает его с головой.

Не в силах удовлетворить свое желание, люди теряют вкус к жизни. В тайне от себя мы предчувствуем этот момент опустошения и всеми силами оттягиваем его, послушно отрабатывая «блага», которые предоставляет нам общество, или пытаясь урвать что-нибудь без спроса. Годы уходят, и пустота, сопровождающая нас с рождения, все растет.

Признаемся себе: временные услады – это не бесконечное наслаждение. Правда, бесконечность кажется чем-то абстрактным по сравнению с реалиями жизни. Но разве может быть реальным то, что исчезает без следа? Куда подевались все наши хорошие моменты и счастливые переживания? Они были... но их нет. Каждый новый день начинается с нуля, с ноющей, зудящей необходимости сделать что-то, чтобы накормить тело и дух. Что же это такое – бесконечное наслаждение?

### Набраться духу – и захотеть

По сути, бесконечное наслаждение – это ответ на бесконечное желание. Стремясь наполнить себя, мы рано или поздно окажемся в тупике – зато стремление насладить других открывает перед нами действительно бесконечные возможности.

Каббала четко объясняет, что такой подход не имеет ничего общего с нашими сегодняшними представлениями. Любить других – значит помогать им, чтобы они тоже научились любить. Этот путь никогда не упрется в стену. Но в одиночку тут ничего не сделаешь, и потому каббала обращается ко всем. Взаимоотдача не ограничена материальными рамками, она протекает на более высоком уровне и выводит нас в вечность. Там, вместо красивых слов, мы вместе занимаемся делом – единственным делом, которое стоит затраченных усилий.

«Свойство эгоизма, заложенное в каждое создание, является условием, непреложно вытекающим из самого факта его существования. Без этого вообще не было бы обособленного, самостоятельно существующего объекта. И, вместе с тем, это вовсе не противоречит свойству альтруизма в человеке, только эгоизм обязан сохранять свою действенность лишь в мере обеспечения минимальных потребностей, а все, что сверх того, необходимо отдать в пользу ближнего».

– Бааль Сулам, газета «Народ»

В окружении пустых оберток, пустых дней, пустых обещаний люди отчаиваются и впадают в депрессию. У каббалы есть рецепт от этой беды.

## Риталин и заблудшая душа

*Ваш ребенок тоже не может и минуты усидеть на месте? Ему трудно сосредоточиться, он вспыльчив и даже способен на жестокость? Прежде чем пичкать его химическими веществами, попробуйте помочь маленькому человеку.*

– В начале этой недели директор школы пригласила нас с женой на беседу, – поведал мне приятель с озабоченным выражением лица. – Она порекомендовала нам отправить сына на освидетельствование. Говорит, у мальчика нарушено внимание и концентрация.

Я видел, что ему больно говорить об этом.

Проблемы со вниманием и концентрацией обостряются год от года. Готовя эту статью, я проинтервьюировал учителей, специалистов по воспитанию, детских психологов и многих родителей.

— Масштабы этого явления огромны, — рассказал мне учитель, работающий в престижной школе и пожелавший остаться неизвестным. — Почти четверть учеников в классе, где я преподаю, принимают риталин (самое распространенное сегодня средство в подобных случаях).

На самом деле проблема коренится намного глубже и не ограничивается трудностями с усвоением материала. Она затрагивает всю систему образования, которая вот уже несколько десятилетий, словно поезд без тормозов, мчится вниз по крутому склону.

Учебный год закончен, новый еще не начался. Давайте же «выйдем из поезда» и попробуем разобраться в причинах сложившейся ситуации.

### В погоне за кайфом

Желание всегда служило той силой, которая побуждала человечество к прогрессу и развитию. Именно оно заставляло людей искать всё новые способы самоудовлетворения. В прошлом мы довольствовались малым: хлеб, вода, крыша над головой — но со временем очертя голову устремились к богатству, славе, власти и знаниям.

Годами мы пытались «насытиться». Однако «аппетит приходит во время еды», и наше желание растет и растет.

Каждое поколение рождается с еще более развитым желанием, требующим еще более изощренных методов его удовлетворения. Очень хорошо написано об этом в Мидраше: «Человек уходит из мира, не достигнув и половины желаемого» («Коэлет Раба»).

Однако в нашем поколении что-то пошло не так. Стремительное развитие во всех сферах привело к небывалому применению стимулирующих средств. Мы оказались втянуты в сумасшедшую гонку с призрачными шансами на успех. За чем же мы, собственно, гонимся?

За чем-то иным, стоящим, настоящим, более глубоким и более высоким, чем все приманки этого мира. Нам во что бы то ни стало нужно заполнить разверзшуюся внутри бездну.

Величайший каббалист нашего поколения Бааль Сулам указывает в своих трудах на это явление и объясняет, что поиски наши будут только расширяться и усиливаться, – ведь они проистекают из неискоренимого вопроса: «Ради чего мы живем?»

### Мудрость нового поколения

Каждое новое поколение, говорит наука каббала, обладает внутренним зарядом, включающим в себя все достижения и разочарования, все желания и перемены, выпавшие на долю поколения предков. Дети – это своего рода «качественная модернизация» родителей. В статье «Мир» Бааль Сулам пишет: «Если судить по душам, то все поколения с самого начала мира – словно одно поколение, жизнь которого длится несколько тысяч лет».

Таким образом, наши дети обладают намного более развитыми желаниями и побуждениями, чем мы сами. Они легко и естественно адаптируются к техническим новинкам: мобильным телефонам, компьютерам, интернету и прочим изыскам современной цивилизации.

Мало того, их развитие затрагивает также намного более глубокие, внутренние пласты. В них «встроена» неистребимая потребность узнать, ради чего мы живем. Подсознательно дети 21-го века хотят сначала понять зачем, а потом уже решить как.

### Неудовлетворенность ведет к нетерпеливости

– В течение последних 20-30 лет нарушение внимания возросло на сотни процентов, – утверждает д-р Мири Кац, директор Института нарушений внимания и концентрации при больнице «Тель а-Шомер», в интервью газете «Маарив», опубликованном несколько месяцев назад.

Каббала объясняет, что одной из основных причин этого является неудовлетворенное желание человека раскрыть цель своей жизни.

Казалось бы, в чем связь?

Желание, выросшее в наших детях и не находящее удовлетворения, вызывает у них неослабевающее внутреннее беспокойство, которое проявляется также и во внешнем нетерпении. Некоторые ученики в классе подвергаются воздействию сильнейших внутренних импульсов, которые не позволяют им спокойно сидеть за партой. Неудержимое желание заставляет их вставать, кричать, а иногда даже проявлять насилие.

Все это – лишь верхушка айсберга, свидетельствующая о том, что подрастающее поколение не в силах привести себя в соответствие с требованиями общества. Дети нового века очень быстро теряют интерес и вкус к происходящему. Некоторым тяжело общаться с родителями, другие переносят всю сферу своего общения на экран компьютера, подключенного к всемирной сети.

Часть молодежи еще пытается найти удовольствие в потоке жизненных событий, но все больше и больше молодых людей подсознательно чувствуют, что этот мир не дает ответа на угнездившуюся в них пустоту. В результате, пустота разрастается, отчаяние и депрессия охватывают человека, и он начинает искать спасение в чем угодно, даже в алкоголе и наркотиках – лишь бы заглушить неутолимый внутренний зов.

В многочисленных опросах молодежь, употребляющая наркотики, указывает на «бессмысленность», «безвкусность» жизни как на основную причину сложившегося положения.

**Профилактика симптомов**

Каббала называет новое поколение детей «последним поколением». Они смотрят и видят, что все наши «успехи» в прошлом не принесли нам счастья. Естественно, они не хотят идти по тому же пути.

А мы сами?

Мы пытаемся решить современные проблемы с помощью вчерашних рецептов. Вместо того чтобы заглянуть в корень, мы наивно сражаемся с симптомами, возлагаем ответственность на посланца и не замечаем его весть.

То или иное поверхностное вмешательство не убаюкает и не усыпит наших детей. Необходимо изменить саму суть воспитания, пересмотреть ценности, которые оно внушает. Ребенок хочет знать, для чего он живет, и мы должны дать ему ответ.

**По сути**

Сказано: «воспитывай отрока согласно пути его» (Писания, «Мишлей»). Этот принцип должен лежать в основе всей системы. Вместо того чтобы загонять ребенка в рамки искусственных шаблонов поведения, созданных нами или нашими предками, нужно адаптировать методы воспитания и программу обучения к новым желаниям и порывам, обуревающим наших детей. Нужно развивать ребенка так, чтобы он становился Человеком.

Важно не количество знаний, которые ребенок впитывает в детстве, а их суть. Багаж, с которым он выходит на дорогу жизни, – вот что имеет первостепенное значение. Мы должны отвечать ребенку на его главные вопросы, особенно когда они затрагивают саму суть вещей.

Для этого нужно постепенно интегрировать в систему образования новую тематику, объясняющую человеческую природу, принципы нашего мировосприятия, роль человека в обществе, а главное, цель, к которой ведет его жизнь. Благодаря этому мы, по крайней мере, покажем ребенку то, что он ищет.

**Соединить душу с источником жизни**

Наука каббала однозначно заявляет: только изучив скрытые от нас законы природы, человек увидит полную картину мироздания. Обнаружив единую силу, действующую за кулисами, он поймет, на что устремлены все события, и увидит последствия всех своих действий.

Все чаще мир кажется нам тесным и непривлекательным – это потому, что в нас созрела духовная составляющая, душа, которая все еще оторвана от источника подлинной жизни. Из-за этого разрыва мы и страдаем.

Случайностей не бывает. Все, что с нами происходит, в высшей степени закономерно. Чтобы изменить ситуацию, нужно совместить между собой два фрагмента мозаики: нашу реальность и решение, которое предлагает каббала.

В таком случае нашим детям больше не понадобятся успокоительные лекарства. Подрастающее поколение перестанет бежать от реальности, ясно почувствовав, что родители и учителя обеспечивают его всеми необходимыми средствами для успеха.

**В книге «Зоар» (глава «Ваира») сказано, что в конце двадцатого столетия родится поколение, которому придется с помощью каббалы раскрыть истинную реальность.**

# Глава 4
# Экономика в призме каббалы

*«Эффект бабочки», «эффект потребителя», головокружительный успех и обвальное крушение – все это следствия невидимых взаимодействий между экономическими и природными механизмами. Перед нами картина, достойная кисти живописца: четкая зависимость и хрупкий баланс.*

## Природе вопреки...

У Майрона Шоулза и Роберта Мертона было все, о чем только может мечтать ученый: Нобелевская премия по экономике, лекторские ставки в престижнейших университетах мира и слава выдающихся аналитиков финансового рынка. Однако даже слава померкла перед новым шансом, который выпал им в середине девяностых. Один бывалый и небезызвестный брокер предложил ученым на деле применить свои познания и заработать деньги – много денег.

Как именно?

Шоулз и Мертон были уверены, что статистическое исследование позволит им в точности предсказывать колебания и тенденции биржи. «Экономические рынки на удивление пунктуальны, – повторяли они неоднократно. – Это все равно, что бросать кости. Шансы на ту или иную комбинацию легко поддаются вычислению».

Собрав ударную группу из профессоров математики и экономики, вместе с уже упомянутым брокером они основали частный хедж-фонд (компанию по инвестициям, применяющую стратегию прибыли при любых условиях) под названием Long-Term Capital Management (LTCM). Компания базировала свою инвестиционную политику на математических моделях. Ее офисы расположились в модном пригороде, на расстоянии каких-то 60 км от Уолл-стрит, и дело пошло в гору.

За считанные годы фонд превратился в объект неукротимой зависти любого банкира и биржевого брокера. Матерые акулы бизнеса не верили своим глазам: LTCM добился 40-процентных годовых прибылей, его вкладчики не ведали ни убытков, ни колебаний, ни риска. Казалось, ученые расшифровали секретный код, отыскали закономерность в хаотичных движениях капитала и научились, что называется, «делать деньги» – простите, очень много денег.

Инвестиционные банки, эти неумолимые скептики, размякли под напором столь очевидной гениальности и выдали фонду кредиты на **сто миллиардов** долларов, даже не потребовав надлежащих гарантий. LTCM наладил экономические связи со всеми банками Уолл-стрит и создал разветвленную финансовую систему, в которой каждое звено влияло на всю цепочку…

А затем, в одну из сентябрьских ночей 98-го года, пузырь лопнул. Россия, запутавшаяся в экономических проблемах, объявила дефолт (проще говоря, обанкротилась), и лавина понеслась вниз…

Фонд LTCM потерпел крах, вызвав этим лихорадочное сердцебиение во всей мировой экономике. В те дни казалось, что рынок галопом движется к непоправимым убыткам. Алан Гринспен, легендарный глава федеральной резервной системы США, собрал на экстренное заседание за закрытыми дверями директоров крупнейших банков Уолл-стрит и Европы. «Молитвами финансистов» было принято кардинальное и очень дорогостоящее решение спасти LTCM путем реструктуризации (долги были оплачены, и LTCM тихо закрылась). Это позволило вызволить мир из глубочайшего экономического кризиса.

### Обвальное крушение

Нынешние проблемы мировой кредитной системы напоминают те условия, которые привели LTCM к бесславному концу десять лет назад. Правда, в последние дни мировые биржи пошли на повышение, однако кризис субстандартного (Sub Prime) ипотечного кредитования в США (речь идет о ссудах на жилье для проблематичных заемщиков) уже распространился по всему миру и далек от завершения.

Краткая справка для тех, кто отлучался по делам.

После трагедии Башен-близнецов в 2001 году, вследствие «мягких» процентных ставок начался резкий подъем рыночного спроса. Так родились два гигантских пузыря: пузырь недвижимости и пузырь акций.

Пузырь недвижимости лопнул первым. Высокие учетные ставки 2007 года, с одной стороны, понизили цены (поскольку резко упал уровень продаж), а с другой стороны, ударили по должникам. Волна неплатежей привела к разорению банков и финансовых учреждений. Начавшийся в США обвал захлестнул биржи, банки, компании и хедж-фонды всего мира. От взрывных волн, прокатившихся по Европе, Азии, Канаде и Австралии, пошатнулись многочисленные корпорации, производители, компании по сбыту и даже фирмы высоких технологий.

Сегодня призрак глобального кризиса снова витает под сводами здания мировой экономики. Сколько времени оно сможет противостоять разрушительным порывам? Как предотвратить очередное крушение? Существует ли некое универсальное средство?

### Это тонкое равновесие

Ипотечный кризис и провал LTCM наглядно иллюстрируют неразрывную взаимозависимость всех систем. Даже самый маленький «прокол» – любой единичный фактор – перекидывается на самые разные сферы и подводит мировую экономику к краю пропасти. А любые попытки спрогнозировать развитие событий с помощью экономических моделей до сих пор оканчивались неудачей.

Чтобы найти всеобъемлющее решение проблем, стоящих на повестке дня, нужно внимательнее присмотреться к тому удивительному балансу, который царит в природе. Лишь поняв общую закономерность окружающей нас интегральной системы, мы сможем верно предсказывать грядущие события. Именно об этом и говорит наука каббала.

О какой же закономерности идет речь?

Нобелевский лауреат по физиологии и медицине профессор Гюнтер Блобель, один из ведущих исследователей Рокфеллеровского университета медицинских исследований (Нью-Йорк), сказал в интервью газете «Каббала сегодня», что наука считает принцип обоюдности ключевым для функционирования любой системы в природе. «Самый лучший пример тому – клетки живого тела. Они соединяются друг с другом посредством взаимной отдачи, направленной на нужды организма в целом. Каждая клетка получает необходимый ей минимум, а остальные силы отдает на благо всего тела».

Фактически, на всех уровнях природы любая особь действует на благо общности, к которой она принадлежит, и в этом ее совершенство. Тонкое взаимное равновесие создает условия для жизни, и именно на нем строятся все природные системы.

**Вопреки природе**

Механизмы, созданные человеческим обществом, абсолютно противоположны естественной природной гармонии. В основе нашего поведения лежит эго, всегда предпочитающее узкие личные интересы. Оно не только игнорирует общее благо, но и действует за счет других в погоне за богатством, славой и властью.

На примере экономики мы видим, что интересы владельцев капитала и акций стоят во главе социальных приоритетов. Некоторые скажут: «Однако многие фирмы делают пожертвования на общие нужды, создавая страховочную сетку безопасности». Такие взносы, конечно, заслуживают похвалы, но разве не скрывается за ними стремление каждой фирмы сделать себе имя и извлечь выгоды из рекламы собственного имиджа?

Ситуация тупиковая: малейшее наше действие способно вызвать далеко идущие последствия в других частях мира и, одновременно с этим, мы заточены в замкнутом круге эгоизма, не позволяющего нам сделать ни одного свободного вдоха.

«Эффект бабочки» – это распространенная метафора математического хаоса. В эпоху глобализации аналогом ей служит «эффект потребителя»: каждый наш шаг в сфере потребления оказывает влияние на многочисленные механизмы, о которых мы не имеем ни малейшего представления.

«Человек не может самостоятельно изменить свою природу на противоположную и, забыв о собственной выгоде, действовать ради отдачи.

Однако с помощью методики каббалы мы можем научиться этому».

– Бааль Сулам, «Послесловие к книге «Зоар»»

Когда Рахель из Петах-Тиквы идет в ближайший торговый центр за покупками, ее незамысловатые финансовые операции сказываются на жизни многих людей по всему миру. Товар, который она купит, может решить судьбу целого предприятия, привести к массовой миграции, спасти кого-то от голода, а кого-то, наоборот, загнать в тиски нищеты.

Кстати, Дани из Пардес-Ханы тоже участвует в общем процессе. Переключая телеканалы у себя дома, он может ненароком встряхнуть весь рекламный рынок. Одно нажатие кнопки отражается на зарплате и карьере сотен людей...

В последние годы наш мир превратился в своего рода хрустальный шар, который может погубить любая трещина, даже если она незаметна на глаз. Отдельные события, такие как экономический кризис в США, стихийное бедствие, террористическое нападение или нагнетание напряженности в Персидском заливе, напрямую влияют на стоимость товаров и угрожают мировой экономической стабильности.

Как же мы умудрились дойти до того, что почва ежесекундно угрожает уйти у нас из-под ног? И что делать дальше?

Решить проблему не так уж сложно – говорит каббала – и для этого не нужно быть блестящим экономистом. Вместо того чтобы адаптировать механизм наших взаимоотношений к естественным природным системам, мы создали систему искусственных связей, которая целиком пронизана эгоистическим подходом. Мы даже не понимаем, что тем самым вступили в конфронтацию с законами природы.

Однако человечество, как общность, неотделимо от природы и, естественно, обязано выполнять ее законы. Временные и точечные решения здесь не помогут. Пока мы не доберемся до сути проблемы, нас ждут постоянные потрясения и весьма туманные виды на будущее.

**Обучение законам природы**

Сама основа системы человеческого общежития ведет к дисбалансу с природой. Исправив этот изъян, мы решим свои проблемы.

Такое исправление можно осуществить лишь с помощью воспитания. Когда рулевые мировой экономики разочаруются в анальгетиках и решат заняться лечением болезни, им придется предпринять несколько шагов:

• Сначала надо будет воспользоваться всевозможными системами пропаганды и агитации, чтобы донести до людей простое послание: мы представляем собой многоклеточное тело и взаимосвязаны друг с другом. Каждая клетка человечества должна будет понять, что наиболее прибыльная для нее экономическая модель – это счастье других людей. Только так человек сможет гарантировать себе стабильность.

• Одновременно нужно объяснить людям причину кризиса. Вся природа живет по четким законам, противостояние которым и привело нас к нынешней тревожной ситуации. В объяснениях можно использовать многочисленные примеры функционирования и взаимодействия систем в природе.

• Наряду с этими шагами, люди, принимающие решения, должны будут изучить фундаментальные принципы природной гармонии и сделать вывод о переменах, которые необходимо произвести в социальных механизмах, чтобы привести их в равновесие. Методика, дающая знание о природных законах, уже существует – это наука каббала.

Только если люди, имеющие влияние на нашу жизнь, в силу создавшихся условий, начнут действовать именно в этом направлении, нам удастся вывести человечество из болота, в которое оно погрузилось по горло, и поставить его на твердую почву. Когда мир устремится к равновесию с природой, результаты превзойдут все наши ожидания.

## Дракон поднимает голову

Говорят, что время чудес прошло. Мир меняется на глазах, и то, что казалось вчера немыслимым и нереальным, в изумительно короткое время властно и безоговорочно входит в нашу жизнь и становится ее неотъемлемой частью. Достижения современной науки и техники уже не поражают воображение, а фантасты давно прекратили пророчить новые открытия. Фантазия не успевает за реальностью.

Но вот небывалый подъем экономики в Китае называют сегодня не иначе, как чудом. Об этом пишут газеты, это обсуждают политики, это пытаются анализировать экономисты. Прилавки магазинов завалены дешевыми товарами из Китая, оптовики предлагают комплектующие изделия для предприятий высоких технологий, и вершина достижений Поднебесной — успешное освоение космоса. Такое под силу только экономически сильной стране.

Анализируя в свое время программу выхода из тяжелейшего кризиса, в котором оказался Китай в семидесятых годах прошлого века, ведущие эксперты Запада пришли к единогласному выводу: разработки китайских специалистов противоречат законам мировой экономики и не могут дать положительных результатов.

Однако необъяснимый с позиций экономики рывок отсталой аграрной страны вполне укладывается в рамки закона развития человеческого сообщества, давно описанного в трудах каббалистов.

Наука каббала рассматривает все население Земли как единый организм, существующий и развивающийся по единому принципу и движущийся к одной цели. За всеми взлетами и падениями в развитии народов, которые происходили на протяжении всей истории человечества, стоит один-единственный закон, утверждают они. Это закон развития эгоизма.

Эгоизм является нашей природной основой. По своей сути, это врожденное желание наслаждаться. Не успеваем мы заполнить одни желания, как тут же в нас раскрываются новые, и, подстегиваемые ими, мы послушно бежим за новыми и новыми наслаждениями. Что бы мы ни делали и чем бы ни занимались, мы неосознанно выполняем команды природы, которая целенаправленно, каждое мгновение развивает, увеличивает наше желание к наслаждениям, наш эгоизм.

Таким образом, развитие народов, наций и отдельных людей, их падение или возвышение строго подчинено законам природы. И в том, что вопреки предсказаниям экономистов Поднебесная рвется ввысь, нет ничего удивительного. Сегодня поднимается Китай, завтра может подняться Вьетнам. Но именно Поднебесная символизирует сегодня новый уровень раскрывающихся эгоистических желаний.

Каббалисты объясняют, что эгоизм человека всегда ищет только максимальных наслаждений. Если он готов довольствоваться малым, то только по причине ограничений, наложенных на него извне. Это может быть давление со стороны общества, мораль, заставляющая умерить аппетит, может быть отказ от сегодняшних наслаждений в пользу будущих, более сильных. Но суть эгоизма остается неизменной – он не может долгое время оставаться подавленным.

Едва только представится удобный случай, все накопившиеся, незаполненные наслаждениями желания вырвутся на свободу, сметая на своем пути искусственные барьеры и преграды. В неутолимой жажде заполнить себя мы можем отказаться и от моральных принципов, и от принятых ранее законов, вплоть до того, что готовы поставить под угрозу существование всей цивилизации.

Каббалисты постигли законы природы и, исходя на них, характеризуют наше время как последнюю стадию развития эгоизма.

Вся мудрость в том, говорят они, чтобы разумно использовать силу эгоизма. Не нужно требовать от человека подавления естественных эгоистических желаний и стремлений, с которыми он родился, – нужно научиться правильно и эффективно использовать их. Подобно тому, как в природе все творения связаны в единый организм и существуют только ради поддержания жизни всей системы, так же должно жить все человечество. Для этого природа, развивая наши эгоистические желания, приводит нас к состоянию полной удаленности от ощущения связи с силами природы, с единой системой мироздания, с остальным человечеством. Это и есть пик развития эгоизма.

> ⓘ Богатство, деньги – эквивалент всех остальных видов наполнений: пищи, секса, жилища, власти, славы, знания. Поскольку деньги позволяют приобрести все, они дают человеку ощущение уверенности в настоящем и будущем. Если бы общество не ценило деньги, человек бы не накапливал их.

Теперь от нас требуется самостоятельно подняться до уровня гармоничного слияния в единый организм природы, а это невозможно без специальной методики.

В чем же роль каббалы в этом процессе? Она развивает чувствительность человека к объективному восприятию окружающего, усиливает остроту анализа добра и зла, способствует осознанию зла собственной природы, не позволяющей человеку видеть дальше собственного носа, – и, в результате, даже самые сильные желания, пробудившиеся в нас, мы начинаем использовать не ради себя, а ради всего человечества.

# Глава 5
# Восприятие реальности

## Перевернутый мир

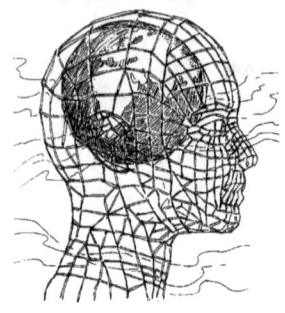

*Я открываю глаза. Что передо мной? Окно в мир или экран проектора? Я зажмуриваюсь. Затворил ли я ставни? Или нажал на паузу?*

Утро. Вы сонно потягиваетесь в постели. Солнце уже пригревает, на улице щебечут птицы. Но на душе скребут кошки. Вы встаете «с левой ноги», не желая начинать день, не думая ни о чем, кроме возвращения в дрему.

Вчера все было иначе. Вчера день задался. Казалось, мир сверкает и лучится у вас перед глазами. Ложась спать, вы были просто счастливы. А сегодня – апатия и непроходимый мрак.

Что же изменилось? Действительность? Или вы сами?

В каббале нет понятия «объективная реальность». Мы воспринимаем лишь то, чему соответствуем. У меня внутри «приемник», настроенный на определенные частоты – частоты нашего мира. Если я сумею изменить настройки и расширить свой диапазон восприятия, во мне зазвенят такие струны, о которых я даже не догадывался.

«Мир» – это сумма ощущений, и зависит она от того, насколько я соответствую внешней среде, внешней силе, природе. **Природа обладает свойством абсолютной любви и отдачи.** Однако чтобы увидеть это, нужно настроиться на ее волну, нужно самому стать любящим и дающим. Достаточно изменить себя, свои исконные качества – и мир преобразится.

Ну, а пока что я полностью противоположен этому абсолюту любви, и потому моя реальность – лишь слабый отголосок, смутный отблеск того, чем она могла бы быть. Каббалисты изменившие себя и «проснувшиеся» в новом мире, говорят об этом откровенно: «Мы были как во сне» («Псалмы»).

## Где живут НЛО

Тема неопознанных летающих объектов волновала меня с самого детства. Под влиянием Станислава Лема и братьев Стругацких меня и моего друга, такого же, как и я, фантазера, захватила совершенно безрассудная идея. Мы решили вступить в контакт с НЛО. Нам очень хотелось узнать, откуда они прилетают. С этой целью по ночам мы стали собираться на большом пустыре. Лучшего места в городской черте для наблюдения за звездным небом нельзя было и придумать. Однажды нам повезло. Где-то вдалеке мы заметили несколько мерцающих огоньков, собранных в треугольник, плывших по звездному небу в нашу сторону. Навсегда врезался в память горький вздох разочарования, когда неопознанный летающий объект на наших глазах приобрел очертания обычного самолета.

Ни тогда, ни потом моим надеждам не суждено было сбыться – я так и не выяснил, где живут НЛО.

Между тем жизнь текла своим чередом, и так случилось, что ровно через двадцать пять лет, после описанных выше событий, я поступил на академический курс по изучению каббалы. Неожиданно, во время изучения раздела под названием «Восприятие реальности», я получил ответ на свой старый и уже совершенно забытый вопрос – об НЛО. Привожу это объяснение почти без изменений:

«Наше восприятие действительности искажено одним-единственным, но решающим заблуждением. Мы уверены, что существует огромный мир и внутри него мы. Но на самом деле все не так: не мы находимся внутри мира, а наоборот, мир находится внутри нас.

Для того чтобы в этом убедиться, давайте вспомним, каким образом происходит наше восприятие.

Как известно, вся информация, которую мы получаем, поступает к нам через пять органов чувств: зрение, слух, обоняние, вкус и осязание. Но мы постигаем не саму информацию, а то, как наши органы реагируют на нее. Вижу я что-то или пробую – неважно, в любом случае постижение, ощущение этой внешней информации происходит внутри меня. А вот дальше

---

«Когда человек обретает свойство, противоположное эгоизму, он видит в истинном свете все мироздание и поражается: «Я считал, что мир, в котором я родился, подобен горькому плоду, но теперь вижу перед собой огромный, прекрасный, сияющий мир».

-- Бааль Сулам, «Предисловие к книге «Зоар»

происходит невероятное. В тот момент, когда во мне накапливается информация о моих реакциях на внешние раздражители, происходит инверсия, и я начинаю представлять себе **нечто**, находящееся вне себя.

Эффект искажения восприятия мы не замечаем и нам это абсолютно не мешает. Нас интересует не то, каким образом мы ощущаем. Нас волнуют сами ощущения! Мы находимся в постоянной гонке за ощущениями, несущими нам наслаждения, и в бегстве от тех, которые несут нам страдания. У нас нет времени остановиться, осознать и почувствовать, что все, происходящее с нами, на самом деле происходит внутри нас! Это, действительно, трудно представить. Но весь тот огромный мир, который нас окружает, включая родителей и детей, сослуживцев и соседей, заводы и магазины, страны и материки, и даже весь космос с черными дырами и белыми карликами, находится внутри нас.

Интересно, что сегодня к таким же выводам приходят и естественные науки.

«Даже один человек может вызвать своими действиями возвышение или падение всего мира, потому что есть строгий закон мироздания: «Общее и частное равны, и всё, действующее в общем, действует и в частном. Более того, части создают и определяют общее, и не раскроется общее до тех пор, пока не раскроются все части, его составляющие».

– Бааль Сулам, «Введение в книгу «Зоар»

Ученые всегда утверждали, что восприятие мира не зависит от личности исследователя. Однако впоследствии выяснилось, что это не так. Оказалось, что эксперимент, проводимый исследователем, зависит от внутреннего состояния самого исследователя. И тогда картина мира пошатнулась. С этого момента начала образовываться связь между естественными науками и наукой каббала.

Сегодня каббалисты и представители других наук совместно обсуждают проблемы правильного восприятия реальности. Благодаря этому человечество начинает узнавать истинное устройство мира. Это настоящий переворот в мировоззрении. Кто мог подумать еще совсем недавно, что вся система законов этого мира, все наблюдаемые нами связи и соответствия зависят только от нас самих!

Та картина мира, которая сегодня предстает перед нашими глазами, не внушает оптимизма: проблемы экологии, наркомания, депрессия, терроризм, кризис личности и общества в целом. Однако это вовсе не потому, что так устроен мир. Просто таким мы его воспринимаем.

Вне нас не существует никакой объективной реальности. Нам необходимо знать только одно: каким образом мы можем изменить свои внутренние свойства, с тем чтобы изменить мир. Именно в этом и состоит цель науки каббала».

**P.S. Что же касается НЛО, то они, как и вся наша вселенная, живут внутри нас самих.**

## Реальность реальности

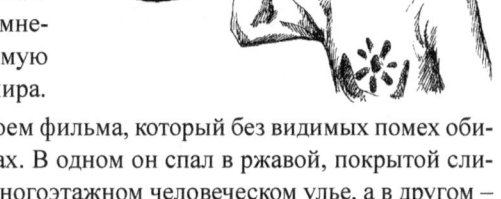

В 1999 году в мировом кинопрокате появился фильм «Матрица». Его появление вызвало немало шума. Впервые густая тень сомнения легла на самую незыблемую истину – реальность нашего мира.

Зритель был заворожен героем фильма, который без видимых помех обитал одновременно в двух мирах. В одном он спал в ржавой, покрытой слизью капсуле, подвешенной в многоэтажном человеческом улье, а в другом – жил полноценной жизнью нашего современника.

Общественность впервые оказалась перед дилеммой: в каком же мире мы на самом деле находимся – в настоящем или иллюзорном? Этот вопрос вызвал большой резонанс. Такой живой отклик говорит лишь об одном: человек недоволен окружающей реальностью и мечтает о реальности альтернативной.

Авторы фильма попытались построить такой альтернативный мир. Но, несмотря на все усилия кинокудесников, эта идея потерпела крах. Кроме оскомины разочарования, ничего другого так называемый «мир правды» не вызывает. Даже предательство одного из героев фильма, решившего бежать из альтернативного мира, не повлекло за собой явного осуждения зрителей.

Это случайность или закономерность? Неужели человечеству навечно суждено оставаться запаянным в капсуле нашего неустроенного мира? Давайте не торопиться с выводами и для начала сделаем небольшой исторический обзор.

5768 лет тому назад впервые в истории появился каббалист. Этому человеку открылась истина, которую нам еще предстоит осознать. Оказывается, весь огромный, бесконечный мир, в котором мы живем, находится... внутри человека. Поскольку он был первым, то его так и зовут: Адам Ришон (первый человек). Именно с этого момента ведется отсчет времени в Торе.

Если говорить еще более точно, он открыл, что нашего мира нет вовсе! А что же тогда есть? Есть цветная объемная картинка, которая рисуется внутри наших ощущений и от них же и зависит.

Кстати, к этому выводу уже приходят ученые. Ведь именно они открыли тот факт, что результат наблюдений зависит от наблюдателя. Пока они на этом остановились. Каббалисты, в отличие от ученых, именно с этой точки начинают исследование мира. И вот некоторые результаты.

Снаружи нет ничего, кроме силы – абсолютно альтруистической силы, несущей ощущение совершенства, вечности, счастья. Эту силу каббалисты называют Творец.

Почему же, в таком случае, мы ощущаем только наш материальный мир, мягко говоря, не очень альтруистический и совсем не совершенный? Дело в том, что наши органы ощущений обратны внешней альтруистической силе. Другими словами, они работают на принципе поглощения, а не отдачи. Такая, зацикленная на нас самих, настройка органов ощущения дает всегда искаженную – эгоистическую – картину мира, которая, в свою очередь, диктует наши реакции и поведение и воспринимается нами, как правильная и единственно возможная. Отсюда наши фильмы, общество, наши взаимоотношения, наши фантазии и даже наши сны.

К пониманию этого мы уже начинаем подходить. К такому же выводу в далеком прошлом пришел Адам Ришон. Ему же удалось найти методику перехода с эгоистического восприятия реальности на альтруистическую – методику каббалы. Этой методикой может воспользоваться каждый, в ком возникает ощущение существования другой реальности – не такой, как наша.

Такие люди всегда появлялись на протяжении истории, но их было не так много. Сегодня таких людей в мире множество, и именно их поиски выхода из тупика иллюзорной реальности вызывают появление таких культовых фильмов, как «Матрица».

Таким образом, чтобы вырваться из закрытой капсулы наших искаженных эгоизмом ощущений и ощутить совершенный мир, в котором не существует ограничений пространства и времени, нам не нужно ничего выдумывать и изобретать. У нас есть проверенная на протяжении 5768 лет методика выхода в реальную реальность – наука каббала.

# ВМЕСТО ЭПИЛОГА

# Секрет счастья

**«Подумайте, что сделало бы вас счастливыми? По-настоящему счастливыми?»** Так начинается передовица журнала «Ньюсуик» (Newsweek), который посвятил целый выпуск этой животрепещущей теме.

Ведущие психологи, социологи, биологи и экономисты попытались ответить на вопрос стоимостью миллион долларов: «В чем секрет счастья?»

### Доллар соседа зеленее

Возможно, все дело в деньгах? «Был бы я богат, летал бы себе по миру, покупал бы что хочется и жил бы припеваючи». Верно?

Нет!

В последние годы многочисленные исследования выявили неожиданную закономерность: когда доходы покрывают основные потребности человека, деньги больше не доставляют ему радость. Ощупывая в кармане распухший кошелек, он начинает тревожно озираться по сторонам: а как обстоят дела у соседей? Грех повторяться, но жизнь сама напоминает нам об этом: доллар в кошельке соседа всегда зеленее.

### Пойди поймай

Может быть, нам просто нужен покой? Будем меньше работать, больше отдыхать – и станем счастливыми?

Подобные гипотезы отметаются учеными «с порога». Недавно Школа Психологии при Лестерском университете в Британии опубликовала всемирный индекс счастья. В этом списке «трудолюбивая» Америка занимает 23-е место, намного опережая «пляжную» Францию, которая сиротливо хандрит на 62-й строке. К слову сказать, Израиль удерживает 58-ю позицию.

Исследователи счастья отвергают одно за другим все устоявшиеся представления. В долгосрочной перспективе, заявляют они, нам не помогут ни повышения по службе, ни прелести семейной жизни, ни отменное здоровье.

– Но что же все-таки сделает нас счастливыми? – спрашиваем мы.

В ответ профессора почему-то мнутся. Некоторые пытаются что-нибудь сказать, но их слова звучат неубедительно. Видимо, легче распознать то, что не принесет нам счастья, нежели предложить практическое решение наболевшей проблемы.

«Спрос рождает предложение: в мире все больше ученых, развивающих молодую науку – экономику счастья… Счастье везде: в списках бестселлеров, в умах тех, кто творит политику, в центре внимания экономистов – и все равно оно остается неуловимым». Так описывает ситуацию Рана Форухар, главный экономический обозреватель «Ньюсуика».

Есть ли у нас хоть какой-то шанс расшифровать таинственную матрицу счастья? Может, лучше дождаться, пока кости сами выпадут как надо? А как надо?

### Механика фортуны

Чтобы решить это уравнение, говорит каббала, нам необходимо сначала понять суть своей природы: все мы хотим наслаждаться. «Творение целиком, от начала до конца, создано из желания наслаждений. Все многочисленные создания представляют собой лишь количественные и качественные вариации этого желания», – так пишет Бааль Сулам, великий каббалист нашего времени.

На первый взгляд, звучит довольно просто и даже банально. Но дело в том, что желание наслаждений действует намного изощреннее, чем мы думаем. Дергая за невидимые ниточки, оно заставляет нас неустанно искать удовлетворения. Все наши действия и помыслы направлены только на это, и мы не в силах успокоиться, пока не достигнем желаемого.

Секс, деньги, слава, власть, знания – таковы лишь некоторые ингредиенты того топлива, которого требует этот, находящийся внутри нас, раскаленный реактор. Желание наслаждений определяет весь ход нашей жизни, все радости и страдания. Не удалось достигнуть желаемого – мы расстраиваемся, а удачная попытка, наоборот, повышает наш жизненный тонус.

### Без дна

Вершина счастья – это чувство, переполняющее нас в момент встречи желания и его наполнения. «Остановись, мгновенье!» – в восторге кричим мы, но не тут-то было. Каждый раз та же история: не успеешь оглянуться, а счастья уже нет – улетучилось, как дым.

«В нашей жизни возможны только две трагедии. Одна – это когда не получаешь того, что хочешь, другая – когда получаешь. Вторая хуже, это поистине трагедия». Автор сентенции – Оскар Уайльд. Как он был прав!

Мы годами можем мечтать о роскошном автомобиле, но стоит осуществить мечту, и удовольствие начинает рассеиваться прямо пропорционально километражу. Такова участь каждого исполнившегося желания. Поистине, человек – бездонная бочка.

Ричард Истерлин из Университета Южной Калифорнии говорит о «гедоническом цикле»: «Мы очень быстро привыкаем к счастью и принимаем его как само собой разумеющееся или сравниваем с тем, что есть у других, а не с тем, что было у нас раньше». В результате, счастливыми мы не бываем практически никогда. Наслаждения этого мира только распаляют нас, оставляя в итоге ни с чем. Сегодня это уже ни для кого не секрет.

Какой же выход? Беспрестанно менять источники наслаждения? Или измениться самим?

**Преображение**

Каббалисты объясняют, что природа целенаправленно ведет людей к совершенству, к счастью без конца. Секрет счастья заложен во внутреннем преображении: «Наслаждение ради себя» сменяется «наслаждением ради ближнего». Не пугайтесь, это не схоластика и не нотация. Сама природа подает нам замечательный пример: взгляните, как мать наслаждается счастьем своих детей. Только любовь позволяет людям переносить все свои чаяния на любимых.

**Коротенькое резюме**

– Что такое счастье?

– Наслаждение, которое наполняет наше желание.

– В чем проблема?

– Наше желание невозможно удовлетворить, по крайней мере, на длительный срок. Как только оно наполняется, наслаждение исчезает.

– Каково решение?

– Наслаждаться наполнением не своих собственных желаний, а желаний ближнего. Если мы захотим наполнить друг друга наслаждением, каждый будет чувствовать себя счастливым.

– Как это работает?

– Точно так же, как у любящей матери или у страстно влюбленных. Я хочу наполнить другого наслаждением, и он готов принять это наслаждение, зная, что тем самым насладит меня. Вместе мы создаем бесконечную систему отдачи-получения, и счастье больше не ускользает из наших рук. Именно это и объясняет наука каббала. Она учит нас получать наслаждение, которому нет ни конца, ни края.

**Итак, счастье не играет с нами в прятки. Оно стоит на самом виду и внимательно поглядывает на часы. Свидание назначено. Опаздывать просто неприлично.**

От издателя

## Международная Академия Каббалы

Международная академия каббалы (МАК) основана в 2001 году ученым-каббалистом, профессором Михаэлем Лайтманом с целью распространения каббалистических знаний во всем мире для повышения духовного уровня человечества. Основная цель организации: изучение и раскрытие законов мироздания, постижение которых приведет к решению как личных проблем каждого человека, так и глобальных проблем всего общества. Филиалы Академии открыты в 30 странах мира.

### Михаэль Лайтман

Михаэль Лайтман (философия PhD, биокибернетика MSc) – всемирно известный ученый-исследователь в области классической каббалы, доктор философии, профессор онтологии и теории познания, основатель и руководитель Международной академии каббалы и Института исследования каббалы им. Й. Ашлага (ARI – Ashlag Research Institute) – независимых, некоммерческих ассоциаций, занимающихся научной и просветительской деятельностью в области науки каббала.

М. Лайтман родился в 1946 г., в г. Витебск (Беларусь). В 1970 году окончил Ленинградский политехнический институт, по специальности «Биологическая и медицинская кибернетика». В рамках обучения проводил учебную исследовательскую работу в Институте исследования крови, специализировался по электромагнитному регулированию кровоснабжения сердца и мозга. С 1973 живет в Израиле, женат, имеет троих детей.

В 1978 г. научные исследования привели М. Лайтмана к изучению древней науки каббала. Став учеником каббалиста Баруха Ашлага (1907–1991), сына и последователя величайшего каббалиста XX в. Йегуды Ашлага (1884–1954), автора комментария «Сулам» (Лестница) на книгу «Зоар» (по названию этого труда он получил имя – Бааль Сулам), М. Лайтман продолжил цепочку передачи каббалистического знания современному поколению.

М. Лайтман – автор более 40 книг по науке каббала, которые являются углубленными комментариями ко всем оригинальным каббалистическим источникам. Благодаря этим книгам, каббала становится доступной пониманию каждого, кто задается вопросом о сущности и смысле существования Вселенной и человека в ней.

Сегодня многолетние исследования М. Лайтмана в области науки каббала находят всеобщее признание. С 2005 года М. Лайтман является членом Всемирного Совета Мудрости (World Wisdom Council) – собрания ведущих ученых и общественных деятелей, занимающихся решением глобальных проблем современной цивилизации.

## Основные виды деятельности академии

- **Выпуск учебной и научной литературы**

Силами издательского отделения Академии выпущено в свет более 40 учебных и научно-популярных изданий, которые переводятся и издаются крупнейшими издательствами Северной и Южной Америки, Европы и Азии.

Книжный интернет-магазин: **www.kabbalahbooks.co.il/ru**

- **Выпуск газет**

С октября 2006 года издается газета «Каббала сегодня», которая распространяется в разных странах мира на иврите, русском, английском и испанском языках. Все выпуски газеты выставлены на сайте www.kab.co.il/rus и доступны для просмотра и бесплатного скачивания.

На сайте можно также подписаться на рассылку электронной версии газеты.

- **Интернет-газета «Каббала миру»: www.kabmir.com**

Ежедневно обновляемая в режиме онлайн, газета знакомит читателей со всем, что происходит в мире каббалы. На страницах газеты читатели найдут аналитические статьи, отражающие взгляд каббалы на актуальные темы, комментарии каббалиста, интервью с гостями, телемосты, видеофильмы, каббалистическую музыку и многое другое. Постоянные авторы газеты ведут свои колонки на блоге, а на форуме клуба читателей можно принять участие в острых дискуссиях по самым разным темам.

- **Сайт Международной академии каббалы**

Сайт академии каббалы **www.kabbalah.info** отмечен энциклопедией «Британика» как один из крупнейших учебно-образовательных интернет-ресурсов по числу посетителей, количеству и информативности материала.

Он доступен пользователям на 27 языках и насчитывает 4.5 миллиона посетителей в месяц, которым предоставляется бесплатный и неограниченный доступ ко всем опубликованным материалам.

Медиаархив сайта содержит более 6000 уникальных видеозаписей лекций, продублированных также в аудио- и текстовом форматах.

- **Телеканал в интернете – «Каббала ТВ»**

Ежедневная прямая трансляция уроков проф. М. Лайтмана с синхронным переводом на 5 языков, демонстрацией чертежей, возможностью задавать вопросы и получать ответы в реальном времени: **www.kab.tv/rus**.

Уроки на русском языке для начинающих: курс виртуальных лекций в прямом эфире по воскресеньям в 16:00.

Лекции и ответы на вопросы слушателей в прямом эфире с синхронным переводом на русский язык: по вторникам в 19:30, по четвергам в 20:30 и по пятницам в 9:30.

Телеканал «Каббала ТВ» предоставляет Вашему вниманию фильмы, видеоклипы, телемосты и беседы с ведущими учеными, журналистами и деятелями искусства.

- **Курсы дистанционного обучения: www.kabacademy.com**

Международная академия каббалы предоставляет возможность бесплатного, углубленного и интерактивного изучения науки каббала на курсах дистанционного обучения. В программе курсов дается сравнительный анализ науки каббала и других наук, излагаются взгляды каббалистов на возникновение и эволюцию Вселенной, рассматриваются основные методы взаимодействия человека с обществом и природой. Все материалы сайта находятся в открытом доступе, предусмотрено подключение к лекциям в режиме онлайн и прямое взаимодействие с преподавателем. По окончании обучения студент получает диплом и возможность участия в конгрессах, проводимых академией в разных странах мира.

### Очный курс для начинающих
«Основы природы человека»

**Цель курса:**

– ознакомить с основами науки каббала, каббалистическим методом восприятия и познания действительности;

— дать представление о происхождении и развитии мира, о причине и цели существования человека;

— научить ориентироваться в многочисленных книгах и материалах по каббале, практически применять полученные знания в решении проблем воспитания молодежи.

*Занятия проводят преподаватели Международной академии каббалы, ученики проф. Михаэля Лайтмана.*

*Предварительная запись по телефону: 03-921-7172*

# Аннотации к книгам Михаэля Лайтмана

### Каббала для начинающих

Предлагаем вашему вниманию новое учебное пособие, при создании которого была предпринята попытка системного изложения основных разделов классической каббалы современным научным языком. Книга составлена на основе лекций проф. М. Лайтмана и снабжена чертежами, справочной информацией, ссылками на аудио- и видеоматериалы и печатные классические каббалистические источники.

Использование изложенного здесь научного материала рекомендуется как для самостоятельных занятий, так и в качестве учебного пособия для студентов Международной академии каббалы, и открывает возможность для более углубленного изучения оригинальных трудов великих каббалистов, таких как книга «Зоар», «Учение Десяти Сфирот» и других.

---

### Каббалистический альманах

Каббалистический альманах – это периодический сборник избранных материалов из бесед, лекций, уроков, телепередач, которые проводились в центре Международной академии каббалы.

Этот сборник предназначен для читателей любого уровня подготовки. Здесь представлены яркие и, в то же время, емкие материалы, освещающие самую суть науки каббала в контексте современных событий и глобальных тенденций нового времени. Никогда еще древняя каббалистическая мудрость не соприкасалась так явно с каждым из нас и не объясняла таким простым языком основные проблемы человека и человечества.

---

### Каббала — это очень просто!

Книга «Каббала – это очень просто!» является попыткой в краткой и ясной форме донести до людей идею учения, зародившегося в древнем Вавилоне около четырех тысяч лет назад.

Из этой книги вы узнаете, как развивалась эта древняя наука, какие взлеты и падения она переживала в процессе своего распространения в мире. Книга объясняет, каким должен быть подход к изучению каббалистических текстов, повествует о всевозможных мифах и заблуждениях, сопровождавших каббалу на протяжении веков.

Но самое главное – она рассказывает о смысле и цели нашего существования, о законах взаимосвязи всех людей как единого организма, и поэтому является очень близкой всем нам.

---

### Вавилонская башня – последний ярус

Тысячи лет пройденного пути не сделали нас счастливее, и именно теперь, когда весь мир оказался в хаотичном и угрожающем состоянии, наука каббала раскрывается человечеству, предлагая свое решение глобальных проблем.

В этой книге, наряду с результатами последних исследований в разных областях современной науки, вашему вниманию представлены фундаментальные законы развития природы с точки зрения науки каббала. Ознакомившись с ними, вы увидите, как можно грамотно их реализовать с тем, чтобы достичь счастливого финала.

---

### Время действовать

События лета 2006 года на Ближнем Востоке, так называемая «Вторая ливанская война», снова подняли на поверхность сущностные вопросы, связанные с судьбой еврейского народа и его предназначением в мире. Пытаясь понять смысл происходящего, многие люди обратились к ученому-каббалисту Михаэлю Лайтману. Из их бесед составлена предлагаемая книга.

Книга пропитана динамикой современной жизни и заботой о человеке и мире, в котором он живет.

---

### Каббала в контексте истории и современности

Впервые в истории российской философской мысли ученый-каббалист М. Лайтман и философ-культуролог В. Розин выходят на открытый диспут о каббале. Авторы рассматривают глубинные проблемы духовного мира человека в широком спектре истории и философии.

Книга полна ярких описаний духовного опыта выдающихся людей, посвятивших свою жизнь разгадке формулы «Замысла творения». Каббала, практически, не была представлена в российской научно-философской литературе. В данной работе впервые сделана попытка открыть для русскоязычного читателя богатейший, неизведанный мир и предоставить все инструменты для его свободного, самостоятельного постижения.

### Суть науки каббала. Том 1

Михаэль Лайтман, крупнейший ученый-каббалист, биокибернетик, профессор онтологии и теории познания, говорит просто: каббала – это наука – наука о человеке, об окружающем его мире, о цели нашего существования. И нет науки более необходимой человеку сегодня, чем каббала, поскольку дальнейшее существование без познания общих законов мироздания, влияющих на нас и наш мир, становится невозможным.

Эта книга – начало нашего проникновения в глубины познания истинной реальности.

### Суть науки каббала. Том 2

Во втором томе сборника «Суть науки каббала» раскрываются важнейшие аспекты глобальной картины мироздания. Все лекции и беседы, представленные в сборнике, базируются на оригинальных каббалистических источниках – трудах великого каббалиста современности Йегуды Ашлага (известного под именем Бааль Сулам, 1884–1954).

Изложение каббалистической информации на языке, близком современной науке, позволяет в доступной форме объяснить причины тысячелетних страданий человечества и раскрыть метод их преодоления. Картина мироздания, открывающаяся в этой книге, сама ведет читателя к правильному анализу окружающей действительности и его роли в ней.

### Книга «Зоар»

Древнейший источник знания, основа каббалистической литературы – книга «Зоар», написанная метафорическим языком, – была покрыта тайной все 2000 лет своего существования. Истинный смысл скрытого за метафорами текста и ключ к его пониманию веками передавался только от учителя к ученику. Расшифровать тексты книги «Зоар» пытались мудрецы и мыслители всех времен и народов. Эти попытки не оставляют и современные ученые.

В предлагаемое издание включены фрагменты оригинальных текстов с переводом и пояснениями М. Лайтмана, основанными на исследованиях выдающихся каббалистов и на собственном опыте.

Автор раскрывает широкому кругу читателей тайный код, с помощью которого вы можете сами прикоснуться к информации, зашифрованной древними каббалистами.

**Наука каббала. Том 1, 2**

Эта книга – базовый курс для начинающих изучать науку каббала. Великий каббалист XX века Бааль Сулам изложил тексты основных каббалистических источников современным языком.

Главная часть книги – статья «Введение в науку каббала» – приводится с комментариями последователя и наследника школы Бааль Сулама, современного каббалиста Михаэля Лайтмана. Учебный курс включает альбом графиков и чертежей духовных миров, контрольные вопросы и ответы, словарь каббалистических терминов.

Во втором томе приведен текст Бааль Сулама на иврите и словарь. После освоения статьи на языке оригинала читателю станут доступны практически все основные каббалистические источники.

**Основы каббалы**

Этот сборник – основная книга для желающих познакомиться с наукой каббала. Тот, кто хочет узнать причину и цель существования человечества, смысл прошлого, возможность решения проблем современности и характер вариантов будущего, найдет в этом сборнике ответы на множество своих вопросов. В первую очередь, ответ на главный вопрос человека: «В чем смысл моей жизни?» Книга захватывает и увлекает, разворачивая перед читателем картину духовного мира и человека в нем.

**Духовный поиск**

Когда острота всех прежних видов поиска: поиска партнера, места под солнцем, своей ниши в обществе и так далее тускнеет, – это значит, что пришла пора самого важного из них – духовного поиска.

Книга «Духовный поиск» дает представление о структуре и цели мироздания, о возможности человека перейти от простого познания окружающего к постижению мира в его цельности и завершенности, которое обращает простого «двуногого прямоходящего» в человека. Наука каббала предоставляет практическую инструкцию, без которой подобное обращение невозможно.

### Богоизбранность

Настоящая книга объясняет существование общего закона развития природы, задача которого – привести человечество к совершенному состоянию. Исследованием этого закона развития занимается наука каббала. Основы науки каббала заложил около 4000 лет назад Авраам, житель Междуречья (Месопотамии), который основал первую каббалистическую школу. Его последователи и стали называть себя «народом Израиля».

### Учение Десяти Сфирот

Материал книги основан на курсе, прочитанном руководителем Международной академии каббалы, ученым-каббалистом, профессором Михаэлем Лайтманом по фундаментальному каббалистическому источнику – «Учение Десяти Сфирот», соединяющему глубочайшие знания двух великих каббалистов – Ари (XVI в.) и Бааль Сулама (XX в.).

«Учение Десяти Сфирот» – основной учебник по науке каббала, раскрывающий полную картину мироздания. Книга, в которую вошли комментарии М. Лайтмана на 1-ю, 3-ю и 9-ю части этого уникального научного труда, дает возможность постижения этой картины.

### Последнее поколение

Книга «Последнее поколение» включает в себя наиболее актуальные для нашего времени статьи и беседы Михаэля Лайтмана и его комментарии к трудам знаменитого каббалиста XX века Бааль Сулама (Й. Ашлага), в которых говорится о завершающих этапах развития человечества и возможности создания основ общества будущего.

**Зарождение общества будущего**

Все человечество достигнет, по замыслу Творения, счастья, совершенства и вечности. Это не очередная философская или социальная утопия – это наше реальное будущее, которое делаем мы сами.

Книга «Зарождение общества будущего» показывает начало этого процесса и пути его развития.

---

**Создание мировой души**

Сотни людей, из 25-ти стран мира приехали в Израиль на осенний каббалистический конгресс 2003 года, чтобы вместе разобрать вопросы, касающиеся духовного будущего человечества.

Их беседы и занятия по изучению оригинальных каббалистических источников с учителем – ученым-каббалистом, профессором Международной академии каббалы, Михаэлем Лайтманом, его ответы на сущностные вопросы о строении мира и о роли человека в нем – весь этот уникальный материал представляется вниманию читателя в книге «Создание мировой души».

---

**Освобождение**

Великие каббалисты прошлого предсказывали, что с конца XX века в самых разных уголках Земли начнется духовное пробуждение человечества.

Этому был посвящен каббалистический конгресс весной 2002 года, на который съехались сотни учеников Михаэля Лайтмана со всего мира. Десятки лекций, бесед и уроков, проведенных им на конгрессе и собранных в эту книгу, дадут читателю возможность понять смысл духовного освобождения от эгоистической природы и ощутить Высший свет, дарующий всему творению вечность и совершенство.

---

**Мир вне нас**

Эта книга включает в себя серию статей, объединенных одной темой: каков наш дальнейший путь в этом мире? Сможем ли мы вырваться за его рамки?

Сегодня мы обнаруживаем тупик, разочарование в прошлом, отчаяние и страх за будущее. Именно поэтому сейчас возможно найти путь к Источнику – к Высшей природе, раскрыть замысел Творения и свое предназначение в этом мире. В настоящей книге говорится о том, как достичь этого совершенного состояния.

## Развитие души

Каббала – это наука, которая оперирует только духовными понятиями, то есть тем, что происходит неощутимо для наших пяти органов чувств, что находится вне их (как мы говорим) – в Высшем мире. И потому каббала была запрещена столько лет, вплоть до нашего времени: развитие человека было недостаточным, для того чтобы он не отождествлял ее с мистикой и колдовством – там, где говорится совершенно о другом.

Только с девяностых годов XX века разрешено и необходимо распространение науки каббала. Почему? Потому что в процессе развития люди уходят от примитивных взглядов на силы природы, и готовы представить себе Высший мир как мир энергий, силовых полей, мир вне материи.

Вот этим-то миром сил, мыслей и оперирует наука каббала, и об этом данная книга.

## Введение в каббалу

Согласно науке каббала, существует духовный мир. Этот мир информации, мыслей и чувств, воздействуя на нас посредством законов материальной (ощущаемой) природы и случая ставит нас в определенные условия, в соответствии с которыми мы вынуждены функционировать. Мы – рабы окружающего нас мира, мир определяет и наши поступки, и их последствия.

Так кто же мы, в чем же наша свобода воли?

Откройте эту книгу…

## Центры изучения каббалы
(обучение бесплатное)

| | |
|---|---|
| США (Восточное побережье) | +1 (800) 540-3234 |
| США (Западное побережье) | +1 (650) 533-1629 |
| Канада | +1-866 LAITMAN |
| Израиль | +972 (545) 606-701 |
| Россия | +7 (495) 979-01-31 |

## Заказ книг

Россия и страны СНГ ............ www.kabbalahbooks.ru
+7 (495) 649-62-10

Америка ............ www.kabbalahbooks.info
+1 (646) 435-0121

Канада ............ www.kabbalahbooks.info
+1-866 LAITMAN

Израиль ............ www.kabbalahbooks.co.il/ru
+972 (3) 921-7172, +972 (545) 606-810

Австрия ............ +43 (676) 844-132-200

Заказ книг и учебных материалов на английском языке
**+1-866 LAITMAN**

Сайт Академии каббалы ............ www.kabbalah.info/rus
Прямая трансляция занятий ............ www.kab.tv/rus
Курсы дистанционного обучения ............ www.kabacademy.com
Архив учебных материалов ............ www.kabbalahmedia.info
Подписка на электронную версию газеты «Каббала сегодня» ....... www.kab.co.il/rus
Интернет-газета «Каббала миру» ............ www.kabmir.com

### Почтовый адрес:
Bnei Baruch
P.O.B. 3228
Petah Tikva 49513
Israel

russian@kabbalah.info

В создании книги принимали участие:

М. Адмони, А. Балапаева, Б. Белоцерковский, М. Бруштейн,
С. Винокур, Э. Винокур, Л. Высоцкая, Д. Гринштейн, И. Дион,
Д. Гольдин, М. Гонопольский, А. Ицексон, О. Ицексон,
П. Календарев, Б. Коган, З. Куцина, А. Козлов, С. Крупенин,
О. Леви, Н. Мошкин, Г. Протасова, М. Санилевич,
И. Смагин, А. Софер, О. Софронова, О. Уткина, Л. Фирер, Б. Ховов,
М. Шапиро, Л. Шиндер, Г. Штарк, Г. Шустерман.

www.ingramcontent.com/pod-product-compliance
Lightning Source LLC
LaVergne TN
LVHW010155070526
838199LV00062B/4361